〔元〕脱脱 等撰

陳述 補注

遼史補注

第三册

卷一八至卷二四（紀三）

中華書局

遼史補注卷十八

本紀第十八

興宗一

興宗神聖孝章皇帝，諱宗真，字夷不堇，小字只骨。聖宗長子，母曰欽哀皇后蕭氏。上始生，齊天皇后取養之。〔一〕幼而聰明，長而魁偉，龍顏日角，豁達大度。善騎射，好儒術，通音律。三歲封梁王，太平元年册爲皇太子，〔二〕十年六月判北南院樞密使事。

十一年夏六月己卯，聖宗崩，即皇帝位於柩前。壬午，尊母元妃蕭氏爲皇太后。甲申，遣使告哀于宋及夏、高麗。〔三〕是年，御宣政殿放進士劉貞等五十七人。〔四〕辛卯，大赦，改元景福。乙未，奉大行皇帝梓宫，殯于永安山〔五〕太平殿。辛丑，皇太后賜駙馬蕭鉏不里、〔六〕蕭匹敵死，圍場都太師女直著骨里、右祗候郎君詳穩蕭延留等七人皆棄市，籍其家，遷齊天皇后于上京。

秋七月丙午朔，皇太后率皇族大臨于太平殿。高麗遣使弔慰。上召晉王蕭普古等飲博，夜分乃罷。丁未，擊鞠。戊申，以耶律韓八爲左夷離畢，特末里爲左祗候郎君詳穩，横帳郎君樂古權右祗候郎君詳穩。己酉，以耶律鄭留爲于厥迪烈都詳穩，高八〔七〕爲右皮室詳穩。庚戌，振薊州民饑。癸丑，詔寫大行皇帝御容。甲寅，録囚。以觀察姚居信爲上將軍。建慶州于慶陵〔八〕之南，徙民實之，充奉陵邑。乙卯，以比歲豐稔，罷給東京統軍司糧。丁巳，上謁大行皇帝御容，哀慟久之，因詔寫北府宰相蕭孝先、南府宰相蕭孝穆像于御容殿。以蕭阿姑軫爲東京留守。丁卯，謁太平殿，焚先帝所御弓矢。幸晉王普古第視疾。辛未，録囚。壬申，上謁神主帳，時奥隈蕭氏〔九〕始入宮，亦命拜之。〔一〇〕

八月壬午，〔一一〕遷大行皇帝梓宮於菆塗殿。

九月戊申，躬視慶陵。庚戌，問安于皇太后。辛亥，宋遣王隨、曹儀致祭，王鬷、許懷信、梅詢、張綸來慰兩宮，范諷、孫繼業賀即位，孔道輔、魏昭文賀皇太后册禮。〔一二〕戊午，焚弧矢、鞍勒于菆塗殿。庚申，夏國遣使來慰。庚午，以宋使弔祭，喪服臨菆塗殿。甲戌，遣御史中丞耶律翥、司農卿張確、詳穩耶律勵、四方館使高維翰謝宋弔慰。〔一三〕

冬十月戊寅，宰臣呂德懋薨。癸未，殺鉏不里黨彌勒奴、觀音奴等。丙戌，遣工部尚書高德順、崇禄卿李可封致先帝遺物于宋；〔一四〕以右領軍衛上將軍耶律遜、少府監馬憚充皇太后謝宋使；右監門衛上將軍耶律元載、引進使魏永充皇帝謝宋使。丁酉，夏國遣使來

賻。〔一五〕戊戌，以蕭革、趙爲果、耶律郁、馬保業充來歲賀宋正旦使副。〔一六〕

閏月辛亥，謁菆塗殿，閱玄宮闕器。有司請以生辰爲永壽節，皇太后生辰爲應聖節，從之。辛酉，閱新造鎧甲。丁卯，振黄龍府饑民。

十一月壬辰，上率百僚奠于菆塗殿。出大行皇帝服御、玩好焚之，縱五坊鷹鶻。甲午，葬文武大孝宣皇帝于慶陵。乙未，祭天地。問安皇太后。丙申，謁慶陵，以遺物賜羣臣，名其山曰慶雲，〔一七〕殿曰望仙。

十二月癸丑，至自慶陵。皇太后聽政，帝不親庶務，羣臣表請，不從。

是歲，以興平公主下嫁夏國王李德昭子元昊，以元昊爲夏國公、駙馬都尉。〔一八〕

〔一〕本史卷一五紀開泰五年二月戊戌，皇子宗真生。

〔二〕契丹國志卷八：「興宗皇帝諱宗真，番名木(朮)不孤。聖宗第八子，順聖元妃所生，帝生於顯州東錐子河。」

〔三〕本史卷一六紀開泰七年五月封梁王；太平元年十一月册爲皇太子。

〔三〕長編：天聖九年(一〇三一)「秋七月丙午朔，契丹遣奉陵軍節度使耶律克實來告哀。上爲成服於東門之幄殿，引使者入左掖門，歷左升龍門入朝堂之西側門，至文德殿門，奉書博士贊導，由西階至西上閤門階下，北向跪以授閤門使，閤門使授入内都知以進，次引使者見於幄殿，帝向其國五舉哀而止。皇太后舉哭如上儀。遣近臣詣館弔慰。帝服黑帶繫鞵，不珮玉」。高麗史卷五：德宗辛未秋（一〇三一）七月「己未，契丹報哀使工部郎中南承顔來告聖宗崩，宣詔於顯宗返魂堂。辛酉，王引契丹報哀使舉哀於内殿」。西夏書事卷一一：「天聖九年（太平十一年）夏六月，契丹使至興州告哀。契丹聖宗崩也。」

〔四〕劉貞疑即劉師貞，此與次年放進士劉師貞等五十七人疑複出。羅校：「是年句列此間於文義不順。且聖宗初崩，興宗方立，不應遽有臨軒策士之舉。重熙元年紀末亦有是年放進士劉師貞等五十七人文。蓋誤以次年事列此耳。」檢本史卷一七紀去年七月，詔來歲行貢舉法。本史卷八九楊晳傳：「太平十一年擢進士乙科。」晳又複出作楊績，本史卷九七有傳，亦稱太平十一年進士及第。全遼文卷八張績墓誌銘：「太平歲末，進士乙科登第。」則是年曾放進士。

〔五〕本史卷一六紀太平三年秋七月「賜緬山名曰永安山」。索隱卷二：「一統志：永安山在阿霸陔左翼東南百四十里，蒙古名托克托爾。」

〔六〕本史卷一六紀太平元年三月、卷一七紀六年十月並作駙馬蕭紹業；太平七年七月作蕭鉏不；卷六五公主表作蕭啜不；卷六二刑法志、卷七一仁德皇后傳、卷八七蕭孝先傳、卷八八蕭匹敵傳並作蕭浞卜。

〔七〕本史卷八三耶律休哥傳：「子，高八官至節度使。」或是此人。

〔八〕本史卷三七地理志一及全遼文卷六，聖宗皇帝哀册並作永慶陵，此是簡稱。册文稱六月八日赴慶州，是六月已有慶州之名。

〔九〕按即仁懿皇后。

〔一〇〕高麗史卷五：七月「丁卯，渤海監門軍大道行郎等十四人來投。己巳，渤海諸軍判官高真祥、孔目王光禄自契丹持牒來投。契丹賀先王生辰使耶律温德、趙象玄來。壬申，傳命於返魂堂」。

〔一一〕全遼文卷六聖宗皇帝哀册作「六月八日甲申，發赴慶州，八月丙子朔，二十七日壬寅，殯於攢塗殿」。

〔一二〕長編：六月辛丑，「命御史中丞王隨爲祭奠使，西上閤門使曹儀副之；龍圖閣待制孔道輔爲賀登位使，崇儀副使孫繼鄴副之；龍圖閣待制梅詢爲國母弔慰使，昭州刺史張綸副之；鹽鐵副使、司封員外郎王礐爲國主弔慰使，内殿承制、閤門祗候許懷信副之」。七月「戊午，命樞密直學士寇瑊爲賀契丹登位使。改賀登位使孔道輔爲契丹母册禮使，西染院使魏昭文副之。契丹母册禮使自此始」。八月「辛巳，以天章閣待制范諷爲賀契丹登位使，寇瑊病不能行故也。諷過幽州北，見原野平曠，慨然曰：『此爲戰地不亦佳哉！』北人相目不敢對」。

〔一三〕長編：「十二月丙午，契丹遣廣德軍節度使耶律勵，四方館使高惟翰來賀謝册禮。」長編：九月「庚午，以吏部尚書知天雄軍王曾爲彰德節度使，仍知天雄軍。契丹使者往還，肅車徒而後過，無敢大聲疾呼者。人樂其政，爲畫像而生祠之」。

〔一四〕長編：閏十月「己酉，契丹遣工部尚書蕭德順，崇禄卿李可封以隆緒遺留物來獻。（蕭德順，本史作高德順。常例以蕭爲是。）癸丑，詔御吏臺，自今契丹使見辭，遇假日及雙日並爲常朝」。

〔一五〕西夏書事卷一一：「太平十一年（一〇三一）冬十月，德明先遣使奉慰，繼使銀州都押牙賀惟貴奠慰。」

〔一六〕長編：「十二月丙寅，契丹遣昭信軍節度使耶律郁，西上閤門使馬保來賀皇太后正旦。（按本史作馬保業，是。）丁卯，又遣彰武軍節度使蕭格，左監門衛大將軍趙果來賀正旦。」趙爲果，長編作趙果。

高麗史卷九四王可道傳：德宗即位，「時遣工部郎中柳喬、郎中金行恭如契丹會葬，且賀即位。可道奏：『契丹與我通好交贄，然每有併吞之志，今其主殂，駙馬匹梯叛據東京，宜乘此時請毁鴨緑城橋，歸所留我行人。若不聽，可與之絶。』乃附表請之，契丹不從。王命羣臣議……王從可道及（徐）訥等議，停賀正使，仍用聖宗太平年號」。卷五：德宗辛未冬十月「丁丑，契丹王守男等十九人來投，處之南地」。辛巳，「遣工部郎中柳喬如契丹會葬，郎中金行恭賀即位。表請毁鴨緑城橋，歸我被留行人」。十一月「辛丑，金行恭回報契丹不從所奏。遂停賀正使，仍用聖宗太平年號」。

〔一七〕本史卷三七地理志山本名黑嶺，清一統志卷四〇六：「慶雲山，在翁牛特右翼西百十五里。」

〔一八〕自六月改元景福，景福爲唐昭宗舊號。本史卷八八耶律資忠傳：耶律資忠上言「不當復用唐舊號」，明年改元重熙。

西夏書事卷一一：「公主，契丹宗室女，興宗遣兵衛公主至興州，元昊以數萬騎托言親迎，留屯府州境，知州折惟忠率麾下備禦，戒士卒勿妄動。一夕，風霾，有數誕馬突走惟忠營，衆驚報，惟忠卧不起，徐命擒獲之。元昊知不可動，乃退。」

重熙元年春正月壬申朔，皇太后御正殿，受帝與羣臣朝。宋遣任布、王遵範、陳琰、王克善來賀。乙亥，宋遣鄭向、郭遵範來賀永壽節。〔一〕丁丑，如雪林。〔二〕

二月，大蒐。〔三〕

三月壬申朔，尚父、漆水郡王敵烈復爲惕隱。〔四〕

是春，皇太后誣齊天皇后以罪，遣人即上京行弒。后請具浴以就死，許之。有頃，后崩。

夏四月乙巳，清暑別輦斗。〔五〕

秋七月，獵平地松林。以蕭達溥、王英秀、蕭麓、張素羽充來歲賀宋正旦生辰使。〔六〕

八月丙午，駐蹕剌河源。〔七〕皇子洪基生。〔八〕

冬十月己酉，幸中京。〔九〕

十一月己卯，帝率羣臣上皇太后尊號曰法天應運仁德章聖皇太后；羣臣上皇帝尊號曰文武仁聖昭孝皇帝。大赦，改元重熙。癸未，宋遣劉隨、王德本來賀應聖節。〔一〇〕以楊佶爲翰林承旨。〔一一〕丙戌，夏國遣使來賀。辛卯，五國酋長來貢。夏國王李德昭薨，册其子夏國公元昊爲夏國王。〔一二〕

十二月庚戌，宋遣胥偃、王從益、崔暨、張懷志來賀來歲正旦；又遣楊日嚴、王克纂來賀永壽節。〔一三〕以北大王耶律求翰同平章事。〔一四〕

是年，放進士劉師貞等五十七人。

〔一〕長編：天聖九年冬十月「乙酉，以度支員外郎、知制誥鄭向爲契丹生辰使，供備庫使郭遵範副之；淮南、江浙、荆湖制置發運使、祠部郎中任布爲契丹母正旦使，左藏庫副使王遵範副之；度支判官、殿中侍御史陳炎爲契丹正旦使，西染院副使、閤門宣事舍人王克忠副之」。陳炎本史作陳琰，宋史卷三〇一有傳，作炎者蓋清人避諱所改也。王克忠，宋史卷二五〇附父王承衍傳中，嘗爲西染院閤門通事舍人，本史作王克善。

〔二〕長編：明道元年（一〇三二）正月「丙子，契丹遣左千牛衛上將軍耶律順、衛尉卿王義府來賀長寧節。戊子，降閤門宣事舍人夏元正爲閤門祗候，坐捧契丹書失儀也」。

高麗史卷五：德宗元年（一〇三二）正月「乙酉，契丹遺留使來至來遠城，不納，遂城朔州寧仁鎮派川等縣備之」。戊戌，「渤海沙志、明童等二十九人來投」。

〔三〕高麗史卷五：「二月壬寅朔，以通州振威副尉户長金巨、別將守堅，當庚戌丹兵之來堅壁固守，又禽其大夫馬首，加金巨郎將，守堅贈郎將。」「戊申，渤海史通等十七人來投。」

〔四〕高麗史卷五：三月「癸酉，契丹殿直高善悟，殿前高真成等十五人，左厢都指揮使大光，保州懷化軍事判官崔運符，鄉貢進士李運衡等來奔」。

〔五〕索隱卷二：「按即撒里乃，詳下。又即石輦鐸，見天祚紀。」

長編：四月「辛亥，契丹遣安東軍節度使蕭好古，太僕卿王永孚來賀乾元節」。

高麗史卷五：四月「戊申，契丹奚家内乙古等二十七人來投」。五月「丁丑，渤海薩五德等十五人來投」。六月「辛亥，渤海亏音若己等十二人來投」。乙卯，「渤海所乙史等十七人來投」。

〔六〕長編：明道二年十二月丁巳，「契丹國母遣彰信節度使蕭傳、東上閤門使王英秀，國主遣歸義節度使蕭麗、將作少監張素羽來賀正旦」。蕭達溥作蕭傳，蕭麓作蕭麗。且不賀生辰，分别爲國母、國主賀正旦使，抵宋竟在一年半以後。與此舛錯。

高麗史卷五：「七月壬申以李禮均等八人使於契丹，被留不還，賜妻子物有差。」「丙申，渤海高城等二十人來投。」

〔七〕索隱卷二：「案剌河即今老河，一統志：『老河在承德府平泉州西北，源出平泉州屬之永安山。』

又曰：『老河在喀喇沁右翼南百九十里，源出明安山，東北流五百里許與潢河合，實即一河，以喀喇沁右翼即平泉州地也。』太祖紀作土河，此紀文多與諸紀異。」

〔八〕全遼文卷二聖宗欽愛皇后哀册、聖宗仁德皇后哀册並作弘基。

〔九〕高麗史卷五：「十月丙午，渤海押司官李南松等十人來奔。」「壬子，契丹主簿劉信思等五人來奔。丙寅，契丹濟乙男等十人來奔。」

〔一〇〕長編：八月「壬子，以鹽鐵副使、刑部員外郎劉隨爲契丹國母生辰使，内殿承制、閤門祗候王德基副之；開封府判官、職方員外郎楊日嚴爲國主生辰使，客省副使王克基副之；太常博士、直集賢院同修起居注胥偃爲國母正旦使，閤門宣事舍人王從益副之；監察御史崔暨爲國主正旦使，東染院副使趙振副之，尋命内殿崇班閤門祗候張懷志代振」。本史王德基作王德本，王克基作王克纂，避道宗名弘基改。長編：景祐二年九月丁酉，「工部郎中、天章閣待制劉隨卒，始使契丹還，會貶，而官收所得馬十五乘」。

〔一一〕按本史卷四七百官志三，全稱爲翰林學士承旨，此是簡稱。

〔一二〕西夏書事一一：「明道元年十二月，元昊告哀契丹，契丹主以婚好之誼，遣宣徽南院使、朔方節度蕭從順，潘州觀察使鄭文囿持册封元昊夏國王，賜良馬三十匹，精甲二具。」

〔一三〕長編：明道元年十二月「壬戌，契丹遣奉先軍節度使蕭式，少府監張推保來賀皇太后正旦。癸亥，契丹遣左驍衛上將軍蕭察，安東軍節度使夏亨謚來賀正旦。是歲契丹主改元重熙。邊吏言：『諜知契丹將大舉入寇。』輔臣爭言擇帥備邊之策。參知政事薛奎獨曰：『先帝與契丹約和，歲遺甚厚，必不敢輕背約。』已而皆如奎所料」。

〔一四〕高麗史卷五：十二月「甲辰，契丹羅骨等十人來投」。

二年春正月庚辰，東幸。乙酉，夏國遣使來貢。〔一〕壬辰，女直詳穩臺押率所部來貢。宋遣曹琮來告母后劉氏哀，章得象、安繼昌來饋母后遺物。〔二〕即遣興聖宮使耶律壽寧、給事中知制誥李奎充祭奠使；天德軍節度使耶律卿寧、大理卿和道亨、河西軍節度使耶律嵩、引進使馬世卿充兩宮弔慰使。〔三〕

秋七月甲子朔，以耶律寔、高升、耶律迪、王惟允〔四〕充兩宮賀宋生辰使副，以耶律師古、劉五常充賀宋來歲正旦使副。〔五〕

八月丁酉，幸溫泉宮。乙卯，遣使閱諸路禾稼。〔六〕

冬〔七〕十一月甲申，宋遣劉寶、符忠、李昭述、張茂實等來謝慰奠。〔八〕

十二月乙未，宋遣丁度、王繼凝來賀應聖節。〔九〕己酉，禁夏國使沿路私市金、鐵。甲寅，宋遣章頻、李懿、王冲睦、張綽、李紘、李繼一來賀永壽節及來歲正旦。〔一〇〕庚申，以北府宰相蕭孝先爲樞密使。〔一一〕

〔一〕長編：「明道二年（一○三三）正月壬申，契丹遣右金吾衛上將軍耶律霸、昭德節度使韓椅來賀長寧節。」

高麗史卷五：德宗二年（一○三三）正月「乙未，契丹仇乃等十八人來奔。左右衛猛校尉吴幸、李璜、申先立等抄掠丹兵七人，賜職一級」。

〔二〕長編：二年四月丙申朔，「遣東上閤門使曹琮告哀於契丹」。庚子，「命翰林學士章得象爲大行皇太后遺留契丹國信使，崇儀使安繼昌副之」。

景文集卷五九文憲章公墓誌銘：「章公諱得象……奉使則再充契丹國信……」即謂天聖二年與明道二年兩次奉使。

長編：四月「戊申，始聽政於崇政殿西廂，并詔對契丹賀乾元節使崇義軍節度使蕭達、客省使劉日省，罷乾元節上壽」。

〔三〕長編：「二年八月甲午朔，契丹國母及國主遣天德節度使耶律信寧、大理卿和道亨、河西節度使耶律嵩、引進使馮世卿來弔慰，興聖宫使耶律守寧、知制誥李奎來祭奠。」壽寧作守寧，卿寧作信寧，馬世卿作馮世卿。

契丹國志卷八：「春二月，有星孛於東北，光芒長二尺。」

高麗史卷五：「二月壬寅，西女真持印古音波及契丹大師古省唤等十一人來獻土物及兵仗。」

長編：三月己卯，「録度支判官度支員外郎戴融子荀爲三班借職，融送伴契丹使，道病死，故卹及之」。「(元年八月)壬午,(劉平)奏曰:『臣嚮爲沿邊安撫使,與安撫都監劉志嘗陳備邊之畧,臣今徙真定路,由順安、安肅、保、定州界至邊吴淀望趙曠川、長城口乃契丹出入要害之地,東西不及一百五十里。臣竊謂聖朝七十餘年,守邊之臣,何可勝數,皆不能爲朝廷預設深溝高壘,以爲扼塞。臣聞太宗朝嘗有建請置方田者,今契丹國多事,兵荒相繼,我乘此以引水植稻爲名,開方田,隨田塍四面穿溝渠,縱廣一丈,深二丈,鱗次交錯,兩溝間屈曲爲徑路,纔令通步兵,引曹河、鮑河、徐河、鷄距泉分注溝中,地高則用水車汲引,灌溉甚便。願以劉志知廣信軍與楊懷敏共主其事,數載之後,必有成績。』遂密敕平與懷敏漸建方田。」

高麗史卷五:三月,「契丹奚家古要等十一人來投,處之江南。夏四月戊戌,渤海首乙分等十八人來投」。「戊午,渤海可守等三人來投」。五月「癸巳,渤海監門隊正奇叱火等十九人來投。」

據長編、宋史:「夏六月甲午朔,日有食之。」契丹國志作重熙元年,誤。

高麗史卷五:「六月辛丑,渤海先宋等七人來投。」

〔四〕長編:景祐元年(一〇三四)四月「庚子,契丹國母遣右威衛上將軍耶律迪、利州觀察使王惟永;國主遣廣德節度使耶律述、永州觀察使高昇來賀乾元節」。耶律述此作耶律寔,王惟永此作王惟允。

〔五〕按長編:景祐元年十二月「辛巳,契丹遣左千牛衛上將軍耶律師古、東上閤門使劉五常來賀正旦」。師古等於十二月到達,應是賀景祐二年(重熙四年)正旦。

〔六〕長編：明道二年八月「己亥，詔契丹國所獻禮幣甚厚，其於常所遺物外，增黄金三百兩」。

〔七〕高麗史卷五：「十月丁未，契丹侵静州。」

長編：十二月「丁巳，詔明年改元曰景祐」。（原注：歐陽脩歸田録云：「明道犯契丹諱故遽改，恐誤。契丹主隆緒者，明記子，雖諱明，然不應二年始改。」要是契丹初不問年號。但趙元昊以明字犯其父名，故輒稱顯道，契丹事則未聞。今止從詔語。）

〔八〕長編：八月「丁未，命度支判官、刑部郎中劉賽，西染院副使兼閤門通事舍人符惟忠，度支判官、司封員外郎李昭述，東染院副使張茂實使契丹，謝國母及國主來弔慰祭奠」。符惟忠，宋史卷四六三有傳，本史脱惟字，劉賽本史作劉寶。

〔九〕長編：八月「戊午，命兵部員外郎知制誥丁度，右騏驥使王繼凝爲契丹國母生辰使」。

〔一〇〕長編：八月戊午，「度支副使、兵部員外郎李紘，禮賓副使李繼一爲國主生辰使；度支判官、刑部郎中章頻，禮賓副使李遵懿爲國母正旦使；開封府推官、金部員外郎王仲睦，供奉官、閤門祇候郭崇爲國主正旦使，崇留不行，以供備庫副使張瑋代之」。李遵懿本史作李懿，王仲睦本史作王冲睦，張瑋本史作張緯。

〔一一〕本史卷八七蕭孝先傳作「北院樞密使」。

高麗史卷五：十二月「癸丑，渤海奇叱火等十一人來投，處之南地」。

長編：十二月丁巳，「契丹國母遣彰信節度使蕭傳、東上閤門使王秀英，國主遣歸義節度使蕭麗、將作少監張素羽來賀正旦」。參見去年注〔六〕。

三年春正月丁卯，宋使章頻卒，詔有司賻贈，命近侍護喪以歸。〔一〕辛卯，如春水。〔二〕

二月壬辰朔，〔三〕以北院樞密使蕭普古爲東京留守。戊申，耶律大師奴有侍禖祓恩，詔入屬籍。

夏四月甲寅，振耶迷只部。〔四〕

五月庚申朔，清暑沿柳湖。是月，皇太后還政於上，躬守慶陵。〔五〕

六月己亥，以蕭普古爲南院樞密使。

秋七月戊子朔，上始親政，以耶律庶徵、劉六符、耶律睦、薄可久充賀宋來歲正旦使副。〔六〕壬辰，如秋山。〔七〕

冬十月己未，駐蹕中會川。〔八〕

十二月，宋遣段少連、杜仁贊來賀來歲正旦，楊偕、李守忠來賀永壽節。〔九〕

〔一〕長編：明道二年十一月「己丑，以度支判官、刑部郎中張頻兼侍御史知雜事。頻時奉使契丹未還，尋卒於紫濛館，契丹遣內侍就館奠祭。命接伴副使吳克荷護其喪，以錦車駕橐駞，載至中京，斂以銀飾棺。又具鼓吹羽葆，吏士持甲兵衛送至白溝。詔遣其子訪乘傳護柩歸。仍以知雜誥賜其家」。明道二年八月作章頻，與本史合（參見去年注〔一〇〕），張字誤。

夢溪筆談卷二五：「天聖中，侍御史知雜事章頻使遼，死於虜中，虜中無棺櫬，轝至范陽方就殮，自後遼人常造數漆棺，以銀飾之，每有使人入境，則載以隨行，至今爲例。」按宋已改元景祐，非天聖，載至中京，非范陽。

〔二〕本史卷三二營衛志：「春捺鉢：曰鴨子河濼在長春州東北三十五里，四面皆沙堝，多榆柳杏林，春盡乃還。」

長編：景祐元年（一〇三四）春正月，「趙元昊始寇府州」。

〔三〕朔字，據本史卷四四朔考補。

〔四〕長編：夏四月「庚子，契丹國母遣右威衛上將軍耶律迪、利州觀察使王惟永；國主遣廣德節度使耶律述、永州觀察使高昇來賀乾元節」。「丙午，罷大宴，命參知政事王隨押賜契丹使御筵於都亭驛，用教坊樂。」

〔五〕本史卷七一欽哀皇后傳：「（重熙）三年，后陰召諸弟議，欲立少子重元，重元以所謀白帝。帝收太后符璽，遷于慶州七括宮。」

長編：八月壬甲，「契丹法天太后專制其國，用蕭氏弟兄分監南北蕃漢事。蕭氏奴爲團練、防禦、節度、觀察使者至四十人。范陽無賴輩以故多占名爲蕭氏奴，契丹主以上尊酒銀帶賜樂工，太后怒，鞭樂工，契丹主疑内品告太后，使左右殺内品一人。太后愈怒，下吏雜治，語連契丹主，契丹主曰：『我貴爲天子，乃與囚同答狀。』鬱鬱不平。即與耶律熹孫謀率兵逐太后，以黄布車載送慶州守聖宗塚。遂殺永興宫都總管郭沁格及内侍數十族，命内庫都提點王繼(恩)、内侍都知趙安仁等監南北面蕃漢臣僚。每歲遣使賀契丹主生辰、正旦，并及其母，於是罷之」。契丹國志卷三畧同。内庫都提點王繼恩，本史卷一〇九有傳。此脱恩字。

長編：五月「癸亥，知宣州兵部員外郎劉隨爲工部郎中知應天府。故事，奉使契丹者，遣皇城卒二人與偕，察其舉措，使者悉姑息以避中傷，隨前賀契丹母生辰，以病足痺不能拜，爲皇城卒所誣。有司劾奏，奪一官，出知信州。徙宣州，踰年未復。既而天章閣待制李紘賀契丹主生辰還，具言其枉，乃遷隨南京」。

〔六〕長編：景祐二年(一〇三五)四月「甲子，契丹遣林牙保大節度使耶律庶幾，政事舍人劉六符來賀乾元節」。庶幾，本史作庶徵。本史卷八九有耶律庶箴傳，疑幾爲形誤，徵爲聲誤，即耶律庶箴。又按長編，庶幾、六符爲賀乾元節使副，此脱「生辰」二字。

〔七〕契丹國志卷八：「秋八月，有星孛於張，翼長七尺，闊五寸，十二日而没。」

〔八〕本史卷四一地理志五，奉聖州有兩河會，兩河會即此紀中會川。

〔九〕長編：景祐元年八月壬申，「度支判官、兵部員外郎、直集賢院謝絳爲契丹生辰使，内殿承制、閤門祗候李守忠副之；度支判官、刑部員外郎、直集賢院段少連爲正旦使，供奉官、閤門祗候杜贇副之」。十月「癸未，户部員外郎兼侍御史知雜事楊偕爲契丹生辰使，謝絳以父疾辭也」。杜仁贊，長編作杜贊。

長編：十二月丁卯，「或傳契丹聚兵幽、涿間，河北皆警。癸酉，命（張）亢爲如京使知安肅軍，因入對曰：『敵歲享金帛甚厚，今其主孱而歲歉，懼中國見伐，特張言耳，非其實也。萬一有倍約，臣請環甲爲諸軍先。』朝廷欲大發軍爲邊備，輔臣迭議，上前參知政事蔡齊畫三策，料契丹必不渝盟，已而果契丹祭天幽州，以兵屯境上爾」。「辛巳，契丹遣左千牛衛上將軍耶律師古、東上閤門使劉五常來賀正旦。」

全遼文卷七耶律宗政墓誌銘：「重熙三年，改知遼興軍節度平灤營等州觀察處置等使。」

四年春正月庚寅，如耶迷只里。

三月乙酉朔，立皇后蕭氏。

夏四月甲寅朔，如涼陘。

五月庚子，清暑散水源。〔一〕

六月癸丑朔，皇子寶信奴生。〔二〕以耶律信、吕士宗、〔三〕蕭袞、郭揆充賀宋生辰及來歲正旦使副。

秋七月壬午朔，獵于黑嶺。〔四〕

九月己酉，駐蹕長寧淀。

冬十月，如王子城。

十一月壬午，改南京總管府爲元帥府。乙酉，行柴册禮於白嶺，大赦。加尚父耶律信寧、政事令耶律求翰耆宿贊翊功臣。〔五〕

十二月癸丑，詔諸軍砲、弩、弓、劍手以時閱習。庚申，宋遣鄭戩、柴貽範、楊日華、張士禹來賀永壽節及正旦。〔六〕

〔一〕索隱卷二：「案即子河。營衛志道宗每歲先幸黑山，乃幸子河避暑。子河在吐兒山東北三百里，蓋道宗此舉始於興宗。」

高麗史卷六：靖宗元年（一〇三五）五月，「契丹來遠城使檢校右散騎常侍安署牒興化鎮曰：『竊以當郡，最近仁封，有小便宜，須至披達，載念貴國，元爲附庸，先帝每賜優洽，積有歲月，靡倦梯航。昨因伐罪之年，致阻來庭之禮，既翦除於兇逆，合繼續於貢輸。曷越數年，不尋舊好，累石城而擬遮大路，竪木寨而欲礙奇兵。不知蜀國之中，別有石牛之徑。舉是役也，深取誚焉。今皇上紹累聖之基坰，統八方之國界。南夏帝主，永慕義以通歡；西土諸王，長向風而納欵。惟獨東溟之域，未賓北極之尊。或激怒於雷霆，何安寧於黎庶，其於違允，自有變通。』」六月，「寧德鎮迴牒契丹來遠城云：『竊以公文聿至，備見親仁。責諭頗多，回須宣剖，畧言一槩，無至多譚。其來示云，昨因伐罪之年，致阻來庭之禮，既剪除於兇惡，合繼續於責輸者。竊念當國於延琳作亂之初，是大國興兵之際，道途艱阻，人使寢停。厥後內史舍人金咢慶克復於東都；戶部侍郎李守和，續進獻其方物。先大王之棄國也，閤門使蔡忠顯將命而告終；先皇帝之升遐也，尚書左丞柳喬嵩征而會葬；今皇帝之繼統也，給事中金行恭乘傳而朝賀。然則平遼以來，就日相繼，豈可詔致阻來庭之禮乎？又云累石城而擬遮大路，竪木寨而欲礙奇兵者，且義爻設險，有土常規；魯國廢關，通人深誡。是以列茲城寨，備我提封，蓋圖其帖息邊氓，非欲以負阻皇化。又云唯獨東溟之域，未賓北極之尊者，昨緣梯航六使，被勒留於上國之中；宣、定兩城，致入築於我疆之內，未蒙還復，方切禱祈，幸遇皇帝陛下啟運惟新，與民更始，天上之汪洋四洽，日邊之章奏尋陳，乞放行人，併歸侵地，無由得請，以至於今，倘俞懇實之誠，敢怠樂輸之禮。祇在恩命，何煩責言。又云或激怒於雷霆，何安寧於黎庶者，伏想今皇上字小情深，聽卑道廣，乃睠寅賓之域，必加推置之恩，於我無辜，有何憑怒。細詳來誨，似涉戲言。』」

高麗史卷九四徐熙傳附子（徐）訥傳：「靖宗時（重熙四年）判都兵馬使，王遣戶部郎中庾先如契丹謝安撫。訥奏曰：『往歲契丹欲於鴨江東加築城堡，今復和親，可因庾先附表請罷。』王從之。」

〔二〕本史卷六四皇子表：興宗三子：長子道宗弘基，生於重熙元年八月；次子和魯斡，即胡盧斡里，生於重熙十年十月。本年所生皇子寶信奴，或以夭折脫漏，亦未見夭折年月。

〔三〕長編：景祐三年四月「己未，契丹遣鎭國節度使耶律信、政事舍人呂士宗來賀乾元節」。澠水燕談録卷二：「景祐中，蔡君謨爲四賢一不肖詩，布在都下，人争傳寫，契丹使至，密市以還。張中庸奉使過幽州，館中有書君謨詩在壁上。」

〔四〕索隱卷二：「案紀上云黑嶺即黑山，此白嶺亦即白山。楊賓柳邊紀畧曰：『泠山積素凝，高出衆山之上，土人呼爲白山，以其無冬夏雪白也。』又高士奇扈從日録曰：『寧古塔城西北小白山巖岫嵌巇，冰雪夏積。』」

契丹國志卷八：「帝因獵過祖州白馬山，見齊天太后墳冢荒穢，又無影堂及掃灑人，只空山中一孤冢。惻然而泣曰：『吾早同今日，汝不至於此也。』左右皆沾涕。因詔上京留守耶律貴寧、鹽鐵使郎玄化等於祖州陵園内選吉地改葬。其影堂、廊庫等並同宣獻太后園陵。」

〔五〕全遼文卷七耶律宗政墓誌銘：「重熙四年，進封魯王。」

〔六〕長編：景祐二年（一〇三五）八月「戊辰，以鹽鐵判官、度支郎楊日華爲契丹生辰使，禮賓副使張士禹副之；太常博士、直史館修起居注鄭戩爲正旦使，供奉官、閤門祗候柴貽範副之」。長編：十二月「乙亥，契丹遣利州觀察使耶律睦，大理少卿薄可久來賀正旦」。「是歲契丹主加號文武仁聖昭孝皇帝。」

長編：景祐三年十二月辛未，「趙元昊自製蕃書十二卷，字畫繁冗，屈曲類符篆，教國人紀事悉用蕃書，私改廣慶三年曰大慶元年，再舉兵攻回紇，陷瓜、沙、肅三州，盡有河西舊地，將謀入寇，恐唃廝羅制其後，復舉兵攻蘭州諸羌，南侵至馬銜山，築城瓦蹋、凡川會留兵鎮守，絶吐蕃與中國相通路」。（原注：沈存中云：「元昊叛，其徒約噶先創造蕃字，獨居一樓上，累年方成，至是獻之，元昊乃改元，制衣冠禮樂，下令國中，悉用蕃書、胡禮，自稱大夏國。」史載用蕃書，即改元大慶。按大慶二年，元昊叛。）

五年春正月甲申，如魚兒濼。樞密使蕭延寧〔一〕請改國舅乙室小功帳〔二〕敞史爲將軍，從之。

夏四月庚申，以潞王查葛爲南府宰相，崇德宮使耶律馬六爲惕隱。甲子，幸后弟蕭無曲〔三〕第，曲水泛觴賦詩。丁卯，頒新定條制。〔四〕己巳，上與大臣分朋擊鞠。

五月甲午，南幸。丁未，如胡土白山清暑。庚申，幸北院大王高十行帳拜奠，賜銀絹。壬戌，詔修南京宮闕府署。〔五〕

秋七月辛丑，録囚。耶律把八誣其弟韓哥謀殺己，有司奏當反坐。臨刑，其弟泣訴，臣惟一兄，乞貸其死，上憫而從之。

九月癸巳，獵黃花山，〔六〕獲熊三十六，賞獵人有差。

冬十月丁未，幸南京。〔七〕辛亥，曲赦析津府境內囚。壬子，御元和殿，以日射三十六能賦、幸燕詩試進士于廷；賜馮立、趙徽四十九人進士第。以馮立爲右補闕，趙徽以下皆爲太子中舍，賜緋衣、銀魚，遂大宴。御試進士自此始。宋遣宋郊、王世文來賀永壽節。〔八〕甲子，宰臣張儉等請幸禮部貢院，歡飲至暮而罷，賜物有差。以耶律祥、張素民、〔九〕耶律甫、王澤〔一〇〕充賀宋生辰正旦使副。〔一一〕

〔一〕本史卷八七蕭孝先傳：「孝先字延寧。」時爲北院樞密使。

〔二〕小功帳，本史卷四五百官志一作小翁帳。

〔三〕即蕭撒八。本史卷八七本傳：「字周隱。」蕭孝穆次子。上文卷一六太平四年六月作蕭順。

〔四〕此新定條制較太平條制爲寬。

〔五〕全遼文卷六韓椅墓誌銘：「重熙五年，在燕京也。備清蹕之來臨，徯翠華之降幸。葺修宮掖，仰期飲鎬；崇飾祠寺，企望問峒。舉揚百司，支遣萬計。勤恤夙夜，犯凌寒暑。遇疾潛驚於壞寢，求醫不遂於針肓。……以九月二十五日，椅告薨于宣徽衙之正室。天子緬懷盡瘁，軫悼殲良，賻賵之外，賜錢五十萬，俾襄其事，非常例也。」

〔六〕索隱卷二：「一統志：山在大同府山陰縣北，即魏書序紀，北齊書文宣紀之黃瓜堆，金史地理志：山陰縣有黃花嶺，舊志謂之黃花山。黃花山之名，實本此紀，在遼應州河陰縣境。河陰，金改名山陰。」

〔七〕全遼文卷七王澤墓誌銘：「重熙五禩，今主上睠燕民之係望，法馭親幸。」

〔八〕長編：景祐三年（一〇三六年）八月「丙辰，左正言、知制誥、史館修撰宋祁爲契丹生辰使，禮賓副使王世文副之，工部郎中、判户部勾院李宗詠爲正旦使，供奉官、閤門祗候崔準副之」。宋祁，本史作宋郊，是，長編誤。宋史卷二八四宋庠傳：「仁宗欲以爲右諫議大夫、同知樞密院事，中書言，故事無自知制誥除執政者，乃詔爲翰林學士……庠初名郊，李淑恐其先己，以奇中之，言曰：『宋，受命之號；郊，交也，合姓名言之爲不祥。』……因改名庠。」同傳附弟祁傳，祁官知制誥在慶曆三年。知長編誤郊爲祁。

〔九〕長編：景祐四年四月「癸丑，契丹遣林牙、啟聖節度使耶律祥、崇禄少卿張素民來賀乾元節」。

〔一〇〕長編：景祐四年十二月「癸未，契丹遣始平節度使耶律甫、衛尉卿王澤來賀正旦」。應是賀景祐五年即宋寶元元年（遼重熙七年）正旦。當在明年十二月。

全遼文卷七王澤墓誌銘：「（重熙）六年，充賀南朝正旦副使。」

〔一一〕長編：景祐三年十月「丙辰，以契丹歸明人蒙佐爲三班奉職，賜名守中，仍賜錢五萬」。十二月「己巳，契丹遣遼州觀察使耶律充、西上閤門使郭揆來賀正旦。辛未，契丹使還，出京畿，聽用樂」。

六年春正月丁丑，西幸。〔一〕

三月戊寅，以秦王蕭孝穆爲北院樞密使，徙封吴王；晉王蕭孝先爲南京留守。

夏四月，獵野狐嶺。〔二〕

閏月，獵龍門縣西山。〔三〕

五月己酉，清暑炭山。〔四〕以耶律韓八爲北院大王，蕭把哥左夷離畢，王子郎君詳穩鼻姑得〔五〕林牙，簽北面事耶律涅哥同簽點檢司。甲寅，録囚。以南大王耶律信寧故匿重囚及侍婢贓污，命撻以劍脊而奪其官；都監坐阿附及侍婢罪，皆論死，詔貸之。丙辰，以耶律信寧爲西南路招討使。庚申，出飛龍厩馬，賜皇太弟重元及北南面侍臣有差。癸亥，以上京留守耶律胡覩衮爲南大王，平章事蕭查剌寧上京留守，侍中管寧行宫都部署，耶律蒲奴寧烏古迪烈得都詳穩。甲子，以上京留守耶律洪古爲北院大王。〔六〕

六月壬申朔，以善寧爲殿前都點檢，護衛太保耶律合住兼長寧宫使，蕭阿剌里、耶律烏魯斡、耶律和尚、蕭韓家奴、蕭特里、蕭求翰爲各宫都部署。上酒酣賦詩，吴國王蕭孝穆、北宰相蕭撒八等皆屬和，〔七〕夜中乃罷。己卯，祀天地。癸未，賜南院大王耶律胡覩衮命，上親爲製誥詞，并賜詩以寵之。丙申，以北院大王侯哂爲南京統軍使。

秋七月辛丑朔，以北南樞密院獄空，賞賚有差。壬寅，以皇太弟重元生子，賜詩及寶玩器物，曲赦死罪以下。癸卯，如秋山。〔八〕

八月己卯，北樞密院言越棘部〔九〕民苦其酋帥坤長不法、多流亡；詔罷越棘等五國酋

帥，以契丹節度使一員領之。〔一〇〕

冬十月癸酉，駐蹕石寶岡。〔一一〕

十一月己亥朔，阻卜酋長來貢。辛亥，以契丹行宮都部署蕭惠爲南院樞密使。壬子，以管寧爲南院樞密使，〔一二〕蕭掃古諸行宮都部署，耶律褭里知南面行宮副部署，蕭阿剌里左祇候郎君詳穩，耶律曷主右祇候郎君詳穩。庚申，幸晉國公主行帳視疾。封皇子洪基爲梁王。

十二月，以楊佶爲忠順軍節度使。遣耶律斡、秦鑑、〔一三〕耶律德、崔繼芳〔一四〕賀宋生辰及正旦。

〔一〇〕高麗史卷六：靖宗三年（一〇三七）二月「己未，西北路兵馬使捕東女真交通契丹者沙伊邏等五十五人，送於西京」。

〔一一〕索隱卷二：「案遼野狐嶺有三。沈堯釋西遊記野狐嶺，引一統志曰：嶺在今萬全縣東北三十里，勢極高峻。遼史重熙六年獵於野狐嶺，明洪武三年李文忠北伐出野狐嶺，景泰中，也先送上皇至野狐嶺，皆即此。此一統志文在宣化府山川，本方輿紀要舊説也。一統志大同府山川又曰：野狐嶺在大同縣（西北）二十里。亦引遼史此紀，及元史木華黎傳，則亦遼之西京道。一統志蒙古山川又曰：「野狐嶺在喀喇沁右翼東北一百里，蒙古名五納格爾和邵，是遼之中京道更有一野狐嶺矣。此紀之嶺，以下龍門西山揆之，必非中京道。」

〔三〕索隱卷二：「案方輿紀要：龍門衞，唐末置龍門縣屬新州，契丹屬奉聖州，明宣德六年始置衞。又建龍門守禦千户所，所西五十里西高山，即此紀西山。」在今宣化市青邊口西北。

〔四〕在今宣化市城西一百二十里。

〔五〕鼻姑得，本史卷六四皇子表作别古特。

〔六〕本史卷九五本傳，洪古作弘古，本年由上京留守遷南院大王。又弘古字胡篤堇，此與上文以上京留守耶律胡覩衮爲南大王係一事重出，北院應作南院。

〔七〕蕭撒八，原誤「八撒」。本史卷八一蕭孝忠傳：「字撒板……太平中擢北府宰相，重熙七年爲東京留守。」即此北宰相蕭八撒，撒八，撒板異譯，據乙正。下文重熙七年十二月「北府宰相撒八寧再任兼知東京留守事」，亦即此人。

〔八〕長編：景祐四年秋七月「戊申，有星數百，皆西南流，其最大者一星至東壁没，（契丹國志卷八作「有星數百，從西南而流至壁東。」）光燭地，久之不散，已而黑氣長丈餘，出畢宿下。」

〔九〕即本史卷三三營衞志五國部之越里吉部。

〔一〇〕高麗史卷六：九月，「契丹來遠城奉皇帝宣旨牒寧德鎮曰：『高麗之國，早務傾輸，近歲以來，稍聞稽闕。欲載修於職貢，合先上於表章，苟驗實誠，别頒俞命。』門下侍中徐訥等十四人議奏曰：『宜遣使告奏。』」（東國通鑑一六同。）

〔一〕高麗史卷六：十月「丙子，西北路兵馬使奏，契丹以船兵侵鴨緑江。」

〔二〕按連日以一官任二人，不合。檢上文本年五月，以侍中管寧爲行宫都部署，本史卷九三蕭惠傳云「興宗即位，兼侍中」，「重熙六年，復爲契丹行宫都部署」，「徙王趙，拜南院樞密使」。是管寧即蕭惠，一事重出。

〔三〕長編：寶元元年四月「丁丑，契丹遣保平節度使耶律幹（斡），崇禄少卿秦鑒來賀乾元節」。保平軍不見本史卷三七—四一地理志，雙州保安軍，建州保静軍，此或誤字。按紀另有遥授保大軍，又保定軍，保義軍，並不見地理志，或屬遥授虚銜。有時亦同義借字。

〔四〕長編：寶元元年十二月「丁亥，契丹遣高州觀察使耶律德，廣州團練使崔繼芳來賀正旦」。寶元元年爲重熙七年，應是賀寶元二年正旦，此錯前一年。

本史卷九五蕭滴洌傳：「（重熙）六年，奉詔使宋，傷足而跛，不告遂行。帝怒。及還，決以大杖，降同簽南京留守事。」

高麗史卷六：「十二月丁亥，遣殿中少監崔延嘏如契丹奏云：『當國伏自前皇太后、聖帝，降册命以頒宣，疏土封而定分。但兹東域，仰戴北辰，連年不絶以勤王，遞代相傳而述職。頃以先臣亡兄纂承祖業，歸附皇朝。聞一德之君臨，新頒慶澤；將兩條之公事，專奏宸聰。未垂俞允之恩，轉積遲疑之慮。自從曩歲，以到今辰，雖迭换於炎涼，且久停於朝貢。近蒙睿旨，頗愜鄙懷，謹當遵太后之遺言，固爲藩屏；撫小邦之弊俗，虔奉闕庭。更從文軌以輸誠，永效梯航而展禮。』」（東國通鑑同。）長編：景祐四年，「是歲……趙元昊……委酋豪分統其衆，自河北至鄂爾寧山七萬人，以備契丹」。

七年春正月戊戌朔，宋遣高若訥、夏元正、謝絳、張茂實來賀正旦及永壽節。〔一〕辛丑，如混同江。〔二〕

二月庚午，如春州。乙亥，駐蹕東川。〔三〕丁丑，高麗遣使來貢。壬午，幸五坊閱鷹鶻。乙酉，遣使慶州問安皇太后。

三月戊戌朔，幸皇太弟重元行帳。壬寅，如蒲河淀。〔四〕辛亥，夏國遣使來貢。甲寅，録囚。〔五〕

夏四月己巳，以興平公主薨，遣北院承旨耶律庶成持詔問夏國王李元昊，公主生與元昊不睦，没，詰其故。己卯，獵白馬堝。〔六〕甲申，射兔新淀井。乙未，獵金山，〔七〕遣楊家進鹿尾茸于大安宫。〔八〕

六月乙亥，御清凉殿試進士，賜邢彭年以下五十五人及第。〔九〕

秋七月甲辰，録囚。乙巳，阻卜酋長屯秃古斯〔一〇〕來朝。戊申，如黑嶺。〔一一〕

九月丁未，駐蹕平淀。〔一二〕

冬十月甲子朔，渡遼河。丙寅，駐蹕白馬淀。〔一三〕壬申，録囚。〔一四〕

十一月癸巳朔，以耶律元方、張泥、韓至德、蕭傅充賀宋生辰正旦使副。〔一五〕辛丑，問安皇太后，進珍玩。庚申，録囚。〔一六〕

十二月，召善擊鞠者數十人于東京，令與近臣角勝，上臨觀之。己巳，以皇太弟重元判北南院樞密使事，北府宰相撒八寧再任兼知東京留守事，耶律應穩南府宰相，查割折大內惕隱，〔一七〕乙室巳帳蕭翰乾州節度使，劉六符參知政事，王子帳冠哥王子郎君詳穩，鉏窨大王平州節度使，宰臣張克恭〔一八〕守司空，宰臣韓紹芳加侍中，惕隱耶律馬六北院宣徽使，傅父耶律喜孫南府宰相。〔一九〕癸未，宋遣王舉正、張士禹來賀永壽節。〔二〇〕甲申，命日進酒于大安宮，致薦慶陵。丁亥，録囚。非故殺者減科。南面侍御壯骨里詐取女直貢物，罪死；〔二一〕上以有吏能，黥而流之。

〔一二〕長編：景祐四年八月「丙子兵部員外郎知制誥謝絳爲契丹生辰使，供備庫使連州刺史帶御器械張茂實副之；起居舍人直史館知諫院高若訥爲正旦使，西京左藏庫使兼閤門通事舍人夏元正副之」。

宋周南山房集卷八：「景祐五年十一月庚子，有事於南郊，大赦，改元寶元。」按運歷圖，蓋十一月十八日南郊也。是年既改寶元，作史者便以此五年爲寶元元年。長編遂無景祐五年，即寶元元年也，今紹運亦然。按長編四年丁度爲內翰，八月，知制誥謝絳爲契丹生辰使。

景文集卷六〇高觀文墓誌銘：「……公諱若訥字敏之……待制時，假節京西爲安撫使，在臺兼理檢使，知貢舉再，使契丹一……」

〔二〕高麗史卷六：靖宗「四年（一〇三八）春正月戊戌朔，契丹遣馬保業來」。

長編：「寶元元年（一〇三八）春正月癸卯，元昊請遣人供佛五臺山，乞令使臣引護并給館券。從之。元昊實欲窺河東道路故也。」

契丹國志卷八：「正月，有衆星西北流。」

〔三〕索隱卷二：「案此爲長春州之東川。」即州東曠原。

〔四〕按此淀亦在上京道。

〔五〕高麗史卷六：「三月辛亥，崔延嘏還自契丹，詔曰：『省所奏，乞修朝貢事，具悉。以小事大，列國之通規；捨舊謀新，諸侯之格訓。卿本世禀聲朔，歲奉梯航，先國公方屬嗣藩，遂稽任土，時候屢更於灰管，天朝未審於事情。近覽奏章，備觀誠懇，欲率大弓之俗，薦陳楛矢之儀。載念傾虔，信爲愛戴，允俞之外，嘉歎良多，勉思永圖，無曠述職。』」東國通鑑引作「卿世禀聲朔，歲奉梯航，近覽奏章，備觀誠懇，嘉歎良多，勉思永圖，無曠述職」。即此詔之節畧。

〔六〕按即下文十月白馬淀。

〔七〕按本史卷三七地理志金山屬泰州，天慶六年升静州。此時未升州，故曰金山。

〔八〕高麗史卷六：夏四月，「遣尚書左丞金元冲如契丹起居謝恩，仍請年號」。

〔九〕「及」字原缺，據前後文例補。按全遼文卷一〇王師儒墓誌銘：「父諱祁，重和七年二十一歲舉進士狀元第。」

〔一〇〕本史卷七〇屬國表作屯秃古斯。

〔一一〕高麗史卷六：秋七月「甲寅，金元冲還自契丹，詔曰：『省所上表，夏季起居事，具悉。卿挺生方署，善撫世封，得愛戴於東韓，盡傾虔於北闕，屬歊蒸之在候，馳章奏以問安，嘉矚之懷，每興增切。』又詔曰：『省所上表，謝恩令朝貢，并進捧金吸瓶、銀藥瓶、幞頭紗、紵布，貢平布、腦原茶、大紙細墨、龍鬚蓌席等事，具悉。卿權司國宇，欽奉朝廷，昨差使人，遠敷忠款，述累世傾輸之節，達近年阻限之由。乞重效於梯航，願永爲於藩翰，載觀恭順，尋示允從，煩致謝章，仍陳貢篚，顧閲之際，媿歎良深。』又詔曰：『省所奏已，行用重熙年號事，具悉。卿昨者乞修朝貢，尋允奉陳。使介回旋，知我紀年之號；書文禀用，見其向日之誠。省覽歎嘉，不忘於意。』八月乙丑朔，始行契丹重熙年號」。「丁卯，遣持禮使閤門祇候金華彦如契丹東京。」契丹國志卷八：「八月，熒惑犯南斗。」

〔一二〕平淀即廣平淀。

〔一三〕本史卷三二營衞志：「廣平淀，在永州東南三十里，本名白馬淀。」

〔一四〕高麗史卷六：「冬十月辛卯，契丹遣馬保業來，詔曰：『卿協副人情，分權國務。昨馳章表，遠達闕庭。述阻絶之端由，瀉傾輸之懇欵，雖已從於告奏，宜特示於綏存，注想所深，不忘于意，今差東上閤門使左千牛衞大將軍馬保業往彼安撫。』」

長編：十月「己巳，以契丹歸明人張惟良爲三班奉職，賜名慶，弟惟成爲下班殿侍，賜名顯」。「甲戌，趙元昊築壇受册，僭號大夏始文英武興法建禮仁孝皇帝，改大慶二年曰天授禮法延祚元年。遣攀密布、伊里馬奇點兵集蓬子山，自詣西涼府祠神，仍遣使以僭號來告。」

〔一五〕長編：寶元二年四月「辛未，契丹遣彰聖軍節度使耶律九方，政事舍人張渥賀乾元節」。元方、九方，元方是。張泥、張渥，渥是。全遼文卷七王澤墓誌銘：「重熙……奉詔與故散騎常侍張公渥考試析津……」即此人。

長編：寶元二年閏十二月「辛亥，契丹遣天德軍節度使蕭溥，太僕少卿韓志德來賀正旦」。蕭溥應是正使居前，韓爲副使應在後，南北所記使副二人亦姓合名歧。宋庠元憲集卷二七有賜蕭溥韓志德茶藥詔。

〔一六〕長編：寶元元年十一月「己未，河北屯田司言，欲於石塚口導百濟河水，以注緣邊塘泊，請免所經民田稅，從之。時歲旱，塘水涸，知雄州葛懷敏慮契丹使至，測知其廣深，乃擁界河水注之，塘復如故」。

高麗史卷六：十一月「乙卯，契丹東京回禮使義勇軍都指揮康德寧來。己未，遣崔忠恭如契丹賀永壽節，仍賀正」。

〔一七〕查割折即查葛，漢名宗政。全遼文卷七耶律宗政墓誌銘：「重熙九年，拜大内惕隱。」此差前二年。

〔一八〕張克恭，開泰七年舉進士第一，太平二年十月，以堂後官被遣充夏國李德昭生日使。全遼文卷八韓資道墓誌銘：「父造，諸宫制置使檢校太尉，君即太尉之長子也。先夫人張氏所出，即守司徒兼中書令克恭之外孫也。」續通鑑改張克恭爲張儉，誤。

〔一九〕按一官同時任二人，不合。本史卷九七耶律喜孫傳，字盈隱。應穩即盈隱異譯，一事重出。

〔二〇〕長編：寶元元年八月「丙子，工部郎中、知制誥王舉正爲契丹生辰使，禮賓副使張士禹副之」。

〔二一〕「罪死」應作罪當死三字，文義較明。從輕論處，應屬八議中之議能。

八年春正月壬辰朔，宋遣韓琦、王從益來賀。〔一〕丙申，如混同江觀魚。戊戌，振品部。庚戌，叉魚于率没里河。〔二〕丁巳，禁朔州鬻羊于宋。

二月丙子，駐蹕長春河。〔三〕

夏〔四〕六月乙丑，詔括户口。〔五〕

秋七月丁巳，謁慶陵，致奠于望仙殿；迎皇太后至顯州，謁園陵，還京。〔六〕

冬十月，駐蹕東京。

十一月甲午，詔有言北院處事失平，擊鐘及邀駕告者，悉以奏聞。戊戌，朝皇太后，召僧論佛法。戊申，皇太后行再生禮，大赦。己酉，城長春。〔七〕

閏十二月壬辰，視吳國王蕭孝穆疾。宋遣龐籍〔八〕杜贊來賀永壽節。〔九〕

〔一〕長編：寶元元年八月丙子，「右司諫、直集賢院韓琦爲正旦使，左藏庫使高繼嵩副之」。「庚辰，詔繼嵩復知環州。以西染院副使兼閤門通事舍人王從益代使契丹。」韓琦安陽集卷四使回戲成詩：「專對慙非出使才，拭圭申好斂旍回；禮煩偏苦元正拜（虜廷元日拜禮最煩），户大猶輕永壽杯（永壽虜主生辰節名，其日以大白酌南使）；攲枕頓無歸夢擾，據鞍潛覺旅懷開，明朝便是侵星去，不怕東風拂面來。」

〔二〕叉魚謂以叉捕魚。左傳：「公矢魚於棠。」矢魚即叉魚射魚之事。率没里河即率河，没里，河也，此河應距混同江、長春河不遠。

〔三〕按此河即太平四年二月改名長春河之撻魯河。高麗史卷六：靖宗五年（一〇三九）「二月壬戌朔，遣殿中監李成功如契丹獻方物。丁卯，遣户部郎中庾先謝安撫，仍請罷鴨江東加築城堡」。

〔四〕高麗史卷六：「夏四月辛酉朔，庾先還自契丹，詔曰：『省所告鴨江東城壁似妨耕鑿事，具悉。乃睠聯城，置從先廟，蓋邊隅之常備在疆土以何傷。朕務守成規，時難改作。先臣欽曾煩告奏，致阻傾輸。卿襲爵之初貢章纔至，所欲當遵於曩舊，乃誠更勵於恭勤。即是永圖，兼符至意，厥惟墾殖，勿慮驚騷。』」（東國通鑑同。）「契丹遣大理卿韓保衡來册王，詔曰：『地控東域，星擐北宸，愈堅奉上之心，宜舉策勳之典。遐馳使馭，載啓王封。是謂恩榮，所宜祇荷。今差大理卿韓保衡往彼，賜卿官告一通、敕牒一道，到可抵受。』官告曰：『朕體天洪覆，酌古通規。内則推皇家懷遠之誠，外則付王國專征之柄。航棧不可以輕入，車書不可以妄同。庶及羣雄，永全大義。與其軒習弧矢，而夏陳干戚；曷若周分藩屏，而漢誓山河。其有業重桓文，望高辰下，紹祖宗（宗，一作服）之云始，革先王之不恭。貢土疆而廣我提封，奉玉帛（帛，一作幣）而首諸方回。安和是務，忠肅爲容。宜舉彝章，特敷寵數。權知高麗國王王亨奇姿玉瑩，偉量淵渟。鼇丘聳架海之雄，旁鍾秀拔；龍宿挺麗天之采，俯降精英。而自守名區，大開霸府。動静克遵於典則，寐興能制於驕矜。千里甸畿，先臻富庶；一方民俗，感荷恩榮。成奕世之令名，得殿邦之異畧。是用專馳騑轡，遠降龍綸。玄菟全封，榮加於一字；温貂峻秩，兼示於三師。馭貴崇階、褒功懿號；廣輸（一作疏）井賦，茂獎忠庸。於戲！星辰在拱北之躔，則爲合度；江漢得朝宗之路，乃是安流。勉服斯言，勿煩常訓。可授開府儀同三司、守太保兼侍中上柱國高麗國王，食邑七千户、食實封一千户。仍賜輸忠保義奉國六字功臣。』」

〔五〕長編：寶元二年（一〇三九）六月「丙戌，詔河東安撫司移文諭契丹，以元昊反，已奪官除籍及緣邊益兵之意」。

〔六〕本史卷一〇九趙安仁傳謂「親馭奉迎」。契丹國志卷八：「先是帝於重熙二年幽母法天太后於慶州，既改葬齊天后，羣僚勸帝復迎之，且以覬宋朝歲聘之利，皆不從，因命僧建佛寺，聽講報恩經，感悟，即遣使迎法天太后，館置中京門外，笹日以見，母子如初。」隆平集卷二〇曰：「天聖末，隆緒死，宗真立。宗真，隆緒之第八子也。母曰順聖元妃，隆緒遺命以正室齊天皇后爲太后，元妃蕭氏爲太妃，太妃殺齊天而自立爲太后，多殺戮功臣，而專用其兄弟，御宗真甚嚴，宗真不能堪，景祐初，遂率兵逐其母，使守隆緒冢，其國人有勸迎其母，以覬朝廷歲賜之物，雖從之，而所居相距常十餘里，蓋懼其或相害爾。」（長編畧同。）

高麗史卷六：「秋七月，契丹遣少府監陳邁來賀生辰。遣右散騎常侍林維幹如契丹謝册封。」長編：九月，「太子中允直集賢院富弼上疏曰：『……頃者元昊援契丹爲親，私自相通，共謀寇難。緩則指爲聲勢，急則假其師徒，至有犄角爲奇，首尾相應。彼若多作牽制，我則困於分張。蓋先已結大敵之援，方敢立中原之敵。此元昊反狀有素者六也。……』」

〔七〕按春秋書法，新建曰城，增修曰築。本史卷三七地理志上京道長春州，興宗重熙八年置。高麗史卷六：「十二月丁巳朔，遣户部侍郎宋融如契丹賀永壽節兼賀正。」

〔八〕長編：八月「乙酉，刑部員外郎、天章閣待制龐籍爲契丹生辰使，内殿崇班閤門祇候杜贇副之」。

長編：十一月戊戌，「兵部郎中知制誥聶冠卿爲契丹生辰使，代龐籍也。冠卿五世祖師道，楊行密版奏號問政先生、鴻臚卿。及使契丹，契丹主謂曰：『君家先世奉道，子孫固有昌者。嘗觀所著蘄春集，詞極清麗。』因自擊毬縱飲，命冠卿賦詩，禮遇特厚」。宋史卷二九四聶冠卿傳同。又卷二〇八藝文志七有「聶冠卿蘄春集十卷」，是冠卿確曾奉使，本史著龐籍者，似修史者據宋人記録，或是換人未換名。

〔九〕高麗史卷六：「閏（十二）月丁亥朔，契丹東京回禮使大堅濟等九人來。」長編：「是月，元昊復遣賀九言齎嫚書納旌節及以所授敕告并所得敕牓置神明匣留珪年族而去。其書略曰：『……元昊與契丹聯親通使，積有歲年。炎宋亦與契丹玉帛交馳，儻契丹聞中國違信示賞，妄亂蕃族，諒爲不可。』又曰：『伏冀再覽菲言，深詳微懇，回賜通和之禮，洊行結好之恩。』」

九年春正月丙辰朔，〔一〕上進酒于皇太后宫，御正殿。宋遣王拱辰、彭再思來賀。〔二〕

庚申，如鴨子河。〔三〕

二月，駐蹕魚兒濼。

三月辛未，以應聖節，大赦。〔四〕

五月乙卯朔，〔五〕清暑永安山。

六月，射柳祈雨。〔六〕

秋七月癸酉，宋遣郭禎以伐夏來報，〔七〕遣樞密使杜防報聘。〔八〕丁丑，如秋山。〔九〕

冬十月癸未朔，駐蹕中會川。〔一〇〕

十一月甲子，女直侵邊，發黄龍府鐵驪軍拒之。宋遣蘇伸、向傳範〔一一〕來賀應聖節。〔一二〕

十二月庚寅，以北大王府布猥帳郎君自言先世與國聯姻，許置敞史，命本帳蕭胡覩爲之。辛卯，以所得女直户置肅州。〔一三〕以蕭迪、劉三嘏、耶律元方、王惟吉、〔一四〕耶律庶忠、孫文昭、蕭紹筠、秦德昌〔一五〕充賀宋生辰及來歲正旦使副。詔諸犯法者，不得爲官吏。諸職官非婚祭，不得沉酗廢事。有治民安邊之畧者，悉具以聞。〔一六〕

〔一〕據長編、宋史：「日有食之。」契丹國志作重熙八年，誤。

〔二〕長編：「康定元年（一〇四〇）春正月丙辰朔，日有食之。知諫院富弼請罷宴徹樂。雖契丹使在館，亦宜就賜飲食而已。參知政事宋庠以爲不可。弼曰：『萬一契丹行之，爲朝廷羞。』後使契丹還者云：『契丹罷宴如弼言。』上深悔之。」長編：去年（寶元二年）八月「乙酉，右正言直集賢院判都磨勘司王拱辰爲正旦使，西京左藏庫副使彭再問副之」。

續通鑑引本史此紀丙辰朔王拱辰、彭再思來賀事云：「蓋遼以里差不見日食，故司天不奏，初未嘗罷宴也。長編係傳聞之謁。」

夢溪筆談卷二五：「慶曆中，王君貺使契丹，宴君貺於混融江，觀釣魚，臨歸，戎主置酒謂君貺曰：『南北修好歲久，恨不得親見南朝皇帝兄，託卿爲傳一杯酒到南朝。』乃自起酌酒，容甚恭，親授君貺，舉杯，又自鼓琵琶，上南朝皇帝千萬歲壽。先是戎主之弟重元爲燕王，有全燕之衆，久蓄異謀，戎主恐其陰附於朝廷，故特效恭順。重元後卒以稱亂誅。」拾遺卷九云：「沈括世父名同，故諱混同江爲混融江。」

公是集卷五一王開府行狀：「寶元二年知制誥充北朝正旦國信使。」

長編：康定元年二月「己酉，知延州范雍言……太宗朝，繼遷猶是新集烏合之衆，命李繼隆等五路進兵，亦無功而還。況今倚契丹爲援，吞并西土三十年，聚畜國家所賜財貨，與當時固不相侔。然臣以爲朝廷久以恩信接契丹，願試遣一介之使。令其出師助我，復厚以金繒賂唃厮羅及二子，亦令舉兵犄角而前，庶此賊可指期而滅。如得綏、宥、銀、夏數州，則每歲更增賜契丹十萬，縱未能必取，亦可以破其借助之謀也」。三月「壬申，以宫苑使、達州刺史高志寧爲河北諸州軍安撫使兼兩路營田使……志寧又言：『元昊北與契丹通，宜爲備。』故有此命，俾經畧之」。

〔三〕此河非太平四年改名之混同江，已詳前。

高麗史卷六：靖宗六年（一〇四〇）正月「壬申，遣右散騎常侍秦玄錫如契丹獻方物」。

〔四〕按三月乙卯朔，己未初五日，辛未十七日。應聖節凡五見，四次均在初五日，疑辛未爲己未之誤。

〔五〕高麗史卷六：「夏四月丙戌，契丹東京民巫儀老吴知桀等二十餘人來投，賜物及田宅，處之嶺南。辛丑，契丹横宣使、秦州防禦使馬世長等來。」五月乙卯朔，高麗同，宋五月甲寅朔。長編：五月己未，「以契丹歸明人田瑋爲江陵尉，張珪爲當塗尉，并録珪父永佐及弟玘，仍賜其家衣服錢絹」。

高麗史卷六：「六月乙巳，遣尚書右丞柳伯仁如契丹謝恩。」

〔六〕宣府鎮志卷五：「六月戊辰，有星出尾西南入濁。」

〔七〕宋史卷一〇仁宗紀：「秋七月乙丑，遣使以討元昊告契丹。」長編：七月「乙丑，遣刑部員外郎、集賢校理、同修起居注郭稹，供備庫副使夏防使契丹告以方用兵西邊也。議者謂元昊潛結契丹，恐益爲邊患，故特遣稹等諭意，契丹主厚禮之。與同出觀獵，延稹射，一發中走兔，敵人愕視，契丹主遺以所乘馬及他物，甚厚」。稹，宋史卷三〇一有傳，本史此紀作禎，誤。

〔八〕樞密使，本史卷八六本傳作「太平中，拜樞密副使。重熙九年，夏人侵宋，宋遣郭稹來告，請與夏和，上命防使夏解之，如約罷兵，各歸侵地」。長編作「契丹遣工部尚書、修國史杜防來聘。報郭積也」。繫於康定元年（即重熙九年）十二月，此是帶叙。蓋防先奉命使夏調解，繼又如宋報郭稹之聘。

〔九〕高麗史卷六：秋七月，「契丹遣夏州觀察使趙安仁來賀生辰」。八月乙酉，「遣工部侍郎庾昌如契丹賀皇太后生日」。九月庚申，「契丹東京回禮使、都指揮使高維翰來。」

長編：七月「丙子，宮苑使、達州刺史、河北安撫使高志寧爲西上閤門使，知滄州。初命志寧經度河北諸州軍城池，爲戰守備，既而議者恐契丹寖有所疑，故罷之」。

〔一〇〕高麗史卷六：十月，「庾昌還自契丹，詔曰：『近以羣輿抗議，徽懿加尊，雖答疏以屢回，而叫閽之莫却。載矜懇到，難默都俞。眷藩國之同休，宜詔函之寵錫。今已定十二月上旬，大行禮册，故兹詔示。』」

〔一一〕長編：康定元年八月「乙未，刑部員外郎、知制誥蘇紳爲契丹國母生辰使，西京左藏庫副使向傅範副之」。蘇紳，宋史卷二九四有傳，本史作伸，誤。

〔一二〕高麗史卷六：十一月「辛未，遣工部侍郎李仁静如契丹賀永壽節兼賀正」。

〔一三〕本史卷三八地理志二：「肅州，重熙十年，州民亡入女直，取之復置。」

〔一四〕長編：康定元年夏四月「乙未，契丹母遣始平軍節度使耶律元、方州觀察使王惟吉；契丹主遣左千牛衛上將軍蕭迪，右諫議大夫、知制誥劉三嘏來賀乾元節」。（契丹國志卷八同，宋史卷一〇仁宗紀亦著此使事。）

〔一五〕長編：十二月「丙午，契丹國母遣左千牛衛上將軍耶律庶忠，崇祿卿孫文昭；契丹主遣崇儀節度使蕭紹筠，西上閤門使、維州刺史秦德昌來賀正旦」。

〔一六〕高麗史卷六：十二月「契丹東京民二十餘户來投」。

遼史補注卷十九

本紀第十九

興宗二

十年春正月辛亥朔，宋遣梁適、張從一、富弼、趙日宣來賀。甲子，復遣吴育、馮戴來賀永壽節。〔一〕

二月庚辰朔，詔蒲盧毛朵部歸曷蘇館户之没入者使復業。甲申，北樞密院言南北二王府洎諸部節度、侍衛、祗候郎君皆出族帳，既免與民戍邊，其祗候事，請亦得以部曲代行。詔從其請。〔二〕

夏四月，詔罷修鴨渌江浮梁及漢兵屯戍之役。又以東京留守蕭撒八言，弛東京擊鞠之禁。〔三〕

六月戊寅朔，〔四〕以蕭寧、耶律坦、崔禹稱、馬世良、〔五〕耶律仁先、劉六符充賀宋生辰使副；耶律庶成、趙成、耶律烈、張旦充來歲賀宋正旦使副。

秋七月壬戌，詔諸職官私取官物者，以正盜論。諸敢以先朝已斷事相告言者，罪之。諸帳郎君等於禁地射鹿，決三百，不徵償；小將軍決二百以下；及百姓犯者，罪同郎君論。〔六〕

八月丙戌，以醫者鄧延貞治詳穩蕭留寧疾驗，贈其父母官以獎之。〔七〕

九月辛亥，朝皇太后。國舅留寧薨。〔八〕庚申，皇太后射獲熊，上進酒爲壽。癸亥，上獵馬盂山，〔九〕草木蒙密，恐獵者誤射傷人，命耶律迪姑各書姓名于矢以志之。丙寅，夏國獻宋俘。〔一〇〕以石硬砦太保郭三避虎不射，〔一一〕免官。

冬十月丙戌，詔東京留守蕭孝忠察官吏有廉幹清强者，具以名聞。庚寅，以女直太師臺押爲曷蘇館都大王。辛卯，以皇子胡盧斡里生，〔一二〕北宰相、駙馬撒八寧迎上至其第宴飲，上命衛士與漢人角觝爲樂。壬辰，復飲皇太后殿，以皇子生，肆赦。夕，復引公主、駙馬及内族大臣入寢殿劇飲。甲午，幸中京。庚子，以駙馬都尉蕭忽列〔一三〕爲國舅詳穩。〔一四〕

十一月丙辰，回鶻遣使來貢。

十二月丙子朔，宋遣劉沆、王整來賀應聖節。〔一五〕乙未，置撻朮不姑酋長。以胡撻剌爲平章事。上聞宋設關河，治壕塹，恐爲邊患，與南北樞密吴國王蕭孝穆、趙國王蕭貫寧謀取宋舊割關南十縣地，〔一六〕遂遣蕭英、劉六符使宋。〔一七〕庚寅，宋遣張沔、侯宗亮、薛申、侍其濬、施昌言、潘永照來賀永壽節及來歲正旦。〔一八〕以宣政殿學士楊佶爲吏部尚書、判順義軍節度使事。〔一九〕丁酉，議伐宋，詔諭諸道。〔二〇〕

〔一〕長編：康定元年八月乙未，「右正言、知制誥吳育爲契丹主生辰使，東頭供奉官、閤門祇候馮載副之。右正言梁適爲契丹國母正旦使，西染院副使張從一副之；太常丞、史館修撰富弼爲契丹主正旦使，供備庫副使趙日宣副之」。（原注：據富弼語録，副使乃張從一，非趙日宣也。）馮載本史作馮戴。

〔二〕宋史卷一一仁宗紀：慶曆元年（一〇四一）正月，「元昊請和」。

〔三〕宋史卷一一：二月「元昊寇渭州。（宋）敗於好水川」。

〔四〕蕭撒八即本年十月之蕭孝忠，又作撒八寧。本史卷八一有傳，字撒板。重熙七年爲東京留守，時禁渤海人擊毬習武。本年因撒八上言弛其禁。

長編：慶曆元年五月「己未，代州言：『陽武寨有北界人侵耕禁地。蓋由前寨主彌文寶等失巡防所致，請自今緣邊諸寨有失巡防致北界侵耕者，準透漏賊盜條論罪。』從之」。

〔四〕朔字，據本史卷四四朔考補。

〔五〕長編：慶曆二年（重熙十一年）夏四月「甲申，契丹國母遣保寧節度使耶律坦、左監門衛上將軍蕭寧，契丹遣嚴州防禦使馬世長、東上閤門使崔禹來賀乾元節」。崔禹，本史作崔禹稱。按本史文例，耶律坦、馬世長爲國母所遣正副使。蕭寧、崔禹爲國主所遣正副使。

長編：慶曆元年夏四月「己丑，契丹國母遣林牙、臨海軍節度使耶律仁先，吏部郎中、知制誥、史館修撰張宥，契丹主遣右監門衛上將軍蕭福善，光禄少卿、崇禄（疑是「文」字）館直學士王綱來賀乾元節」。

〔六〕高麗史卷六：靖宗七年七月「辛酉，契丹遣衛尉少卿耿致君來賀生辰」。

宋史卷一一：七月，「元昊寇麟、府州」。

〔七〕鄧中舉墓誌（一九七六年出土於内蒙古寧城縣一肯中鄉萬家營子村）：「大父延正，通術數，尤長於醫卜，興宗皇太后齒疾三治不效，召延正入，遂以術止之，爾後出入扈從。」延正即延貞。

長編：八月乙未，「以契丹歸明人趙英爲洪州觀察推官，賜緋衣銀帶及錢五萬，更名至忠。至忠嘗爲契丹中書舍人，得罪宗真，挺身來歸，言慶曆以前契丹事甚詳」。（原注：至忠又見嘉祐二年四月、熙寧二年七月。）

宋史卷一一：八月，「元昊寇金明砦，破寧遠砦，陷豐州」。

〔八〕按此國舅留寧，即上月詳穩蕭留寧，因官國舅詳穩。

長編：景德四年（統和廿五年）十二月「戊午，契丹遣使左威衛上將軍蕭留寧，副使崇禄少卿邢詳來賀明年正旦」。本史卷八八蕭拔剌傳：「拔剌，字別勒隱……開泰間，始補郎君。重熙中，遷四捷軍詳穩……尋改國舅詳穩，卒。」或留寧爲別勒隱即蕭拔剌。

〔九〕遼馬盂山有二：一在上京，一在中京。此云草木蒙密，宋王沂公（曾）行程録云：「馬雲山，山多鳥獸林木，國主多於此打圍。」似是中京馬盂山，即今喀喇沁右翼以南之山。

〔一〇〕西夏書事卷一五：「初，（宋）仁宗詔河東安撫使移文諭契丹，以元昊反，奪官削姓，已發兵討之，契丹亦以興平公主故憾元昊，使人入聘。元昊懼南北合兵，會府州折繼閔護送冬服至麟州，伏兵盡奪之，遣使獻俘契丹，以求和好。」

〔一一〕硬砦（寨）太保，官名，見本史卷四五百官志一及卷二九紀保大三年四月，「石」字衍。

〔一二〕本史卷六四皇子表作和魯斡，興宗第二子。本史卷七二有補傳。

〔一三〕本史卷六五公主表：聖宗女泰哥第十二，下嫁蕭忽烈。

〔一四〕長編：冬十月「戊寅，河北轉運司請調夫修諸州城，凡二十一州，從之。時聞契丹將謀入寇也」。

〔一五〕長編：慶曆元年八月「戊子，右正言、知制誥劉沆爲契丹國母生辰使，崇儀副使王整副之。」劉攽中山詩話：「劉沆亦使虜，使凌壓之，契丹館客曰：『有酒如澠，繫行人而不住』，沆應聲曰：『在北曰狄，吹出塞以何妨』。」長編：慶曆二年四月「壬午，右正言、知制誥劉沆出知潭州。始沆使契丹，館伴杜防强沆以酒，沆霑醉拂袖起曰：『我不能飲，何强我？』因詈之，於是契丹使來以爲言，故出之，尋又降知和州，因詔奉使契丹及接伴送伴臣僚，每燕會，毋得過飲，其語言應接，務存大體」。

〔一六〕按蕭貫寧即蕭惠，本史卷九三有傳。上文六年五月、十一月並作管寧，此時已更王齊。謀求關南十縣事，蕭惠贊成，孝穆力諫不可，既而採張儉建議，始不用兵而遣使索地。劉六符亦同張儉之見，有自請出使一説，參本書卷八〇張儉傳及卷八六劉六符傳注。

〔一七〕按明年正月，遣南院宣徽使蕭特末、翰林學士劉六符使宋，取晉陽及瓦橋以南十縣地，與此爲一事。英即特末漢名。此記定議遣使，明年正月成行。

〔一八〕長編：慶曆元年八月「戊子，禮部員外郎兼侍御史知雜事施昌言爲國主生辰使，左侍禁、閤門祇候何九齡副之；權鹽鐵判官、工部郎中張沔爲國母正旦使，内殿崇班侯宗亮副之；權度支判官、兵部員外郎王球爲國主正旦使，内殿崇班、閤門祇候侍其濬副之」。昌言，宋史卷二九九有傳。劉敞公是集卷五三張沔墓誌銘：「……轉工部郎中，復入爲鹽鐵判官假諫議大夫使契丹，還言敵情驕慢，疑有非常，宜敕邊爲備，既而敵果以兵臨境求關南地，如公策。」陸心源以此入宋史翼卷一本傳。

〔一九〕義，原誤「度」。順義爲朔州軍號。據本史卷四一地理志五及卷八九楊佶傳改。

〔二〇〕長編：十二月「庚辰，代州言：『契丹舊封界在蘇直等見耕之地，而近輒移文欲以故買馬城爲界，慮寖有侵耕不便。』詔本府牒諭之」。（宋會要同。）

長編：「慶曆元年十二月庚子，契丹國母遣左監門衛上將軍耶律元德、春州觀察使韓永錫，契丹遣長寧節度使耶律福、太府卿韓保衡來賀正旦。」

高麗史卷六：「是歲遣翰林學士承旨朴有仁，右丞李惟亮如契丹賀册禮，判衛尉事柳參獻方物。」

全遼文卷七耶律宗政墓誌銘：「九年，拜大內惕隱。十年，改授諸行宮都部署兼侍中。」

十一年春正月戊申，奉迎皇太后于內殿。庚戌，遣南院宣徽使蕭特末、翰林學士劉六符使宋，取晉陽及瓦橋以南十縣地；且問興師伐夏及沿邊疏濬水澤，增益兵戍之故。〔一〕

二月壬寅，如鴛鴦濼。〔二〕

夏四月甲戌朔，頒南征賞罰令。〔三〕

六月乙亥，宋遣富弼、張茂實奉書來聘，以書答之。〔四〕壬午，御含涼殿，放進士王寔〔五〕等六十四人。禁氈、銀鬻入宋。

秋七月壬寅朔，詔盜易官馬者減死論。外路官勤瘁正直者，考滿代；不治事者即易之。〔六〕

八月丙申，宋復遣富弼、張茂實奉書來聘，乞增歲幣銀絹，以書答之。〔七〕

九月壬寅，遣北院樞密副使耶律仁先、漢人行宮副部署劉六符使宋約和。是時，富弼爲上言，大意謂遼與宋和，坐獲歲幣，則利在國家，臣下無與；與宋交兵，則利在臣下，害在國家。上感其言，和好始定。〔八〕

閏月癸未，耶律仁先遣人報宋歲增銀、絹十萬兩、匹，文書稱「貢」，送至白溝；帝喜，宴羣臣于昭慶殿。是日，振恤三父族之貧者。辛卯，仁先、劉六符還，進宋國誓書。

冬〔九〕十一月丁亥，羣臣加上尊號曰聰文聖武英畧神功睿哲仁孝皇帝，册皇后蕭氏曰貞懿宣慈崇聖皇后。大赦。〔一〇〕梁王洪基進封燕國王。〔一一〕

十二月癸卯，朝皇太后。甲辰，封皇太弟重元子涅魯古爲安定郡王。〔一二〕己酉，以宣獻皇后忌日，上與皇太后素服，飯僧于延壽、憫忠、三學三寺。辛亥，詔蠲預備伐宋諸部租税一年。壬子，以吐渾、党項多鬻馬夏國，詔謹邊防。〔一三〕己未，宋遣賀正旦及永壽節使居邸，帝微服往觀。丁卯，禁喪葬殺牛馬及藏珍寶。〔一四〕

〔一〕長編：慶曆二年（一〇四二）正月庚戌，「詔河北、京東、西：『民間以歲不稔，伐樹撤屋，鬻賣甚多。宜令轉運司以省錢依價收市，修蓋新添軍營。』又詔京西轉運司：『速發省倉粟貸民，户二石。』」「壬戌，分遣内臣往河北路催募兵，及萬人者賞之。」「甲子，詔河北河東陝西轉運司：『體量知縣、縣令、幕職官老疾不任事者，以名聞。』」

長編：慶曆二年正月「丙寅，詔奉使契丹不得輒自賦詩，若彼國有請者聽之」。

西夏書事卷一五：「宥州界首蕉蒿寨距大順城不及五十里，范仲淹使供備庫副使范恪破之，元昊遣數千騎赴援，恪弓勝一石七斗，矢鏃如鏵，每發輒貫二人，衆不敢逼，已而總管杜維序，鈐轄高繼隆又分兵襲新築漢乞、薛馬、都嵬三砦，元昊慮漢兵深入，以所掠緣邊人馬獻於契丹請援，契丹集兵幽州，聲言分侵河北，使西南面招討使蕭塔列葛約元昊出別道以會，中國彊埸戒嚴，通判安肅軍李及之言：『契丹與夏人姻，故出兵姑應其請，必不終失誓好，願毋過虞。』已而兵果不出。」

〔二〕長編：二月丁丑，「契丹謀聚兵幽薊，遣使致書求關南地，知保州衣庫使王果先購得其書藁以聞，且言：『契丹先與昊賊相結，將必渝盟。請自廣信軍以西，緣山口賊馬出入之路，豫爲控守。』詔劄付河北安撫司密修邊備」。（原注：杜惟序亦先購得書藁以聞，而實録不載，疑惟序所奏在王果之後也。）

涑水記聞卷九：「契丹乘西鄙用兵，中國疲敝，陰謀入寇，朝廷聞之，十月始修河北諸州城，又籍民爲壯强以備之，又籍陝西、河東民爲鄉兵弓手，時天下久承平，忽聞點兵，民情驚擾。敕諭以今籍民兵止令守衛，慮有不逞之徒，妄相驚煽云。官欲文面爲兵，發之戍邊，有爲此言者，聽人告捕，當以其家財充賞。二年正月，契丹大發兵屯幽薊間，先使其宣徽南院使蕭英，翰林學士劉六符奉書入見。己巳，邊吏以聞。朝廷爲之旰食。壬申，以右正言知制誥富弼假中書舍人充接伴。」

宋元通鑑卷二〇：「慶曆二年春三月己巳，契丹來求關南之地。時契丹主漸長，國内無事，户口蓄息，慨然有南侵之意。會元昊反，中國旰食，欲乘釁取瓦橋關以南十縣地。五月，聚兵幽薊，聲言南下。」

長編：二月「乙未，詔：『真定府、定州、天雄軍、澶州，各備兵馬十萬人，芻糧二年及器甲五萬副。』又詔河北路提點刑獄：『視所部州軍城隍應修者，悉修之。』」「丁酉，升河北廳子馬及無敵、招收軍，並隸禁軍。仍詔輦致本路諸縣鎮糧草入州城。河北安撫司請下緣河州軍，密造戰船。詔京東、西路造五百隻赴河北。」三月「己巳，契丹遣宣徽南院使、歸義節度使蕭英，翰林學士、右諫議大夫、知制誥同修國史劉六符來致書曰：『弟大契丹皇帝謹致書兄大宋皇帝：粵自世修歡契，時遣使軺，封圻殊兩國之名，方册紀一家之美。蓋欲洽於緜永，固將有以披陳。竊緣瓦橋關南是石晉所割，迄至柴氏，以代郭周，興一代之狂謀，掠十縣之故壤。人神共怒，廟社不延。至於貴國祖先，肇創基業，尋與敝境，繼爲善鄰。暨乎太宗，紹登寶位。於有征之地，才定并汾；以無名之師，直抵燕薊。羽召精鋭，禦而獲退。遂至移鎮國强兵、南北王府并内外諸軍，彌年有戍境之勞，繼日備渝盟之事。始終反覆，前後諳嘗。竊審專命將臣，往平河右，炎涼屢易，勝負未聞，兼李元昊於北朝久已稱藩，累曾尚主，克保君臣之道，實爲甥舅之親。設罪合加誅，亦宜垂報。邇者郭稹特至，杜防又回，雖具音題而但虞詐諜，已舉殘民之伐，曾無忌器之嫌。營築長隄，填塞隘路；開決塘水，添置邊軍。既潛稔於猜嫌，慮難敦於信睦。儻或思久好，共遺疑懷，曷若以晉陽舊附之區，關南元割之縣，俱歸當國，用康黎人。如此則益深兄弟之懷，長守子孫之計。緬惟英悟，深達悃悰，適届春陽，善綏沖裕。』先是西兵久不決，六符以中國爲怯且厭兵，因教其主且聚兵幽涿，聲言欲入寇，而六符及英，先以書來求關南十縣。先是正月己巳，邊吏言契丹泛使且至，朝廷爲之旰食。歷選可使敵者，羣臣皆憚行。宰相呂夷簡舉右正言、知制誥富弼入對便殿，叩頭曰：『主憂臣辱，臣不敢愛其死。』上爲動容。壬申，命弼爲接伴。弼以二月丙子發京師，至雄州。久之，英等始入境。遣中使慰勞。英稱足疾不拜。弼謂曰：『吾嘗使北，病卧車中，聞命輒拜。今中使至而君不起，此何禮也。』英矍然起，遂使人掖而拜。弼詧英等自以先違盟約，及其從者，皆有懼心可動。故每與之開懷盡言，冀以鈎得其情。英等以故亦推誠無隱，乃密以其主所欲得告弼，且曰：『可從，從之，不從，更以一事塞之。王者愛養生民，舊好不可失也。』弼具以聞，及英等至，命御史中丞賈昌朝館伴，朝廷議所欲與，不許割地，而許以信安僖簡王允寧女與其子梁王洪基結婚，或增歲賂。獨弼以結婚爲不可。」冬十月「戊辰……始昌朝館伴契丹使者，建言和親辱國，而尺地亦不可許。朝議欲以金帛啗契丹，使攻元昊。昌朝曰：『契丹許我而有功，則責報無窮，且以我市於元昊。昔尚給貫欲助唐討朱泚，而陸贄以爲不可，後乃知吐蕃陰與泚合。今安知契丹計不出此耶。』於是命昌朝報使契丹，昌朝力辭，因奏此疏，上嘉納之」。此疏凡言六事，疏文見長編慶曆二年冬十月戊辰，其四曰：「制外域，今遠藩蕩然與中國通，北方諸國則臣契丹，其西諸國則臣元昊，而西北合從以犄角中國之勢，就使西戎來服，不免與之重賄，是朝廷歲遺二敵，不可勝計，古之備邊，西則金城、上郡，北則雲中、鴈門，今自滄之秦，緜亘數千里，非有山海峻深之阻，獨恃州縣鎮戍耳，凡歲所供贍，又不下數千萬，以天下歲入之數，纔可取足，而一穀不熟，則或至狼狽也。契丹近歲兼用燕人，治國建官，一同中夏。昊賊據河南列郡而行賞罰，善於用人，此中國之患也。」

華陽集卷五六賈文元公昌朝墓誌銘：「契丹遣使求關南之地，且議和親，復爲館伴使，公言和親辱國而尺地不可許。議者又欲以金繒啗契丹而使平夏州。公言吐蕃尚結贊欲助唐復京師，而宣公數諫止之。後得諜者，乃朱泚賂吐蕃欲使陰爲之援。今契丹乘元昊叛，有求於我，未必遽肯出兵，就使兵出而小有勝，何以塞貪驁之心，時方命公使契丹，於是力辭其行。」

臨川集卷八七賈魏公神道碑：「公諱昌朝，姓賈氏……慶曆二年，契丹來求地、請婚，公主其使，責以信義，告之利害，客詘服不能發口，執政議使契丹攻元昊。公曰：『契丹許我而有功，則必驕以弱我，而責報無窮已。不且以我市於元昊矣。』……乃言所以待夷狄者凡六事，上皆行其策。」

長編：三月己巳，「初國主之弟崇元者號太弟，挾太后勢用事，横於國中，嘗自通書幣，上欲因今使答之，令昌朝問六符，六符辭曰：『此於太后則善，然於本朝不便也。』昌朝曰：『既如此，而欲以梁王求和親，皇帝豈安心乎？』六符不能對。既而敵卒罷結婚之議」。並見太平治蹟統類、龍川別志。

〔三〕長編：夏四月「己卯，京東安撫使陳執中請河北緣邊安撫司，凡得契丹事宜並移報本司，從之」。

〔四〕長編：夏四月「庚辰，詔以右正言知制誥富弼爲回謝契丹國信使，西上閤門使符惟忠副之。復書曰：『昔我烈考章聖皇帝保有基圖，惠養黎庶，與大契丹昭聖皇帝弭兵講好，通聘著盟。肆余纂承，共遵謨訓。邊民安堵，垂四十年。兹者專致使臣，特詒緘問。且以瓦橋内地，晉陽故封，援石氏之割城，述周朝之復境，繫於異代，安及本朝，粤自景德之初，始敦鄰寶之信，凡諸細故，咸不寘懷，況太宗皇帝親駕并郊，匪圖燕壤，當時貴國，亟發援兵，既交石嶺之鋒，遂舉薊門之役，義非反覆，理有因緣。元昊賜姓稱藩，禀朔受禄，忽謀狂僭，俶擾邊陲，顯議討除，已嘗聞達，杜防、郭稹，傳道備詳，及此西征，豈云無報。聘軺旁午，屢聞嫉惡之談；慶問交馳，未喻聯親之故。忽窺異論，良用憫然。謂將軫於在原，反致譏於忌器，復云營築隄埭，開決陂塘，昨緣霖潦之餘，大爲衍溢之患，既非疏導，當稍繕防，豈蘊猜嫌，以虧信睦，至於備塞隘路，閱習兵夫，蓋邊臣謹職之常，乃鄉兵充籍之舊，在於貴境，寧撤戍兵，一皆示於坦夷，兩何形於疑阻，顧惟歡契，方保悠長，遽興請地之言，殊匪載書之約。信辭至悉，靈鑒孔昭，兩地不得相侵，緣邊各守疆界。誓書之外，一無所求，期在久要，勿違先志。諒惟聽達，應切感思，甫屬清和，妙臻戩穀，自餘令富弼口陳。』書詞翰林學士王拱辰所撰也。初契丹書言太宗舉無名之師，直抵燕薊，一時莫知所答，拱辰獨請間曰：『河東之役，本誅僭僞，契丹遣使行在致誠欵，已而寇石嶺關，潛假兵以援賊，太宗怒其反覆，既平繼元，遂下令北征，安得謂之無名。』上喜曰：『事本末乃如此。』乃諭執政曰：『非拱辰詳識故事，殆難答也。』劉六符嘗謂賈昌朝曰：『南朝溏濼何爲者哉，一葦可航，投筆可平。不然決其隄十萬土囊遂可踰矣。』時議者亦請涸其池以養兵，上問拱辰，對曰：『兵事尚詭，彼誠有謀，不應以語敵，此六符誇言耳，設險守國，先王不廢，且祖宗所以限胡騎也。』上深然之」。五月「癸丑，命知貝州供備庫使、恩州團練使張茂實回謝契丹國信副使，代符惟忠也。惟忠行至武强，病卒。富弼請以茂實代之，詔從其請」。張茂實，後避宋英宗諱改名孜，宋史卷三二四有傳。

契丹國志卷八：「初，涿州進士梁濟世嘗主文書於帳下，一日得罪歸宋，言契丹將有割地之請。又知雄州杜惟序亦先得其事以聞，至是宋仁宗發書示輔臣，色皆不動。六符亦疑其書之先漏。夏四月，宋遣知制誥富弼往契丹爲回謝使，西上閤門使張茂實副之。富弼至契丹，與帝往反論難，力拒其割地之意。……遼帝感悟，遂欲求婚。弼曰：『婚姻易於生隙，人命修短不可知，豈若歲幣之爲堅久。本朝長公主出降，齎送不過十萬緡，豈若歲幣無窮之利。』帝曰：『卿且歸，再來當擇一事爲報，并以誓書來。』弼歸復命。」

長編：四月「甲午，徙知澶州王德用爲真定府定州路都部署，仍降詔諭以選任之意。初，劉六符見德用於澶州，喜曰：『聞公名久，乃幸見於此，今歲大熟，非公仁政所及耶。』德用謝曰：『明天子在上，固嘗多豐年，因言己衰老，中國多賢士大夫。』指坐客歷陳其家世，六符竦聽」。

長編：慶曆二年四月「甲申，契丹國母遣保寧節度使耶律坦，嚴州防禦使馬世長，契丹遣左監門衛上將軍蕭寧，東上閤門使崔禹（稱）來賀乾元節」。（長編原以蕭寧與馬世長舛誤，茲特乙正。）

長編：五月甲辰，「西上閤門使、忠州刺史、并代鈐轄、專管勾麟府軍馬張亢，領果州團練使，爲高陽關鈐轄。……朝廷慮契丹將渝盟，乃徙亢高陽。殿中丞平棘郭諮言：『恐契丹背盟犯界，請決御、洨、葫蘆、新、唐五河，使之北出，則深、冀、瀛、鄚諸州皆在水東，足以限隔敵騎。』宰相呂夷簡薦諮言可用」。「庚戌，河北都轉運使李昭述請修澶州北城，從之。先是河決久未塞，昭述但以治隄爲名，調農兵八萬，逾旬而就。劉六符過之，真以爲治隄也，及還而城具，甚駭。」癸亥，「以西界僞侍中密香爲順德軍節度使，封順德郡王，賜姓名曰白守中，堪威爲會州防禦使，布達約噶爲叙州防禦使，仍並賜對衣金帶，密香管宥州兵馬龐籍使珪年族軍主阿克阿入西界伺事，密香言：『元昊以所掠緣邊人馬送契丹，請助兵入漢界，宜預爲之備。』續遣人齎僞補文字求封，既而堪威等亦求内附，命雖下，然其後俱不至」。

宋元通鑑卷二〇：「六月，契丹兵壓境，詔王德用判定州兼三路都部署，德用時教士卒習戰，契丹遣人來覘，或請捕之。德用曰：『吾軍整而和，使覘者得實以歸，是屈人兵以不戰也。』明日，大閱於郊，下令具糗糧，聽吾皷，視吾旗所向，覘者歸告虜中，謂漢兵將大至，和議益決。」

長編：五月丙寅，「（張）亢去高陽，每遣諜者，輒厚與金帛無所吝，亢間處便坐，有弟子行首入曰：『願屏人白事。』亢慢罵久之。其人曰：『所白機事也。』不肯去。亢爲屏人。乃曰：『閤使使錢如糞土。』曰：『何故？』曰：『閤使所與非其人，如我乃可與耳。』亢復罵久之，曰：『我非與閤使劇，我外甥女子自小教歌舞甚妙麗，爲敵騎掠去。今幸與敵主日夜居帳中。將相皆事之，今遣人有所市，閤使善結之。敵中情僞如指掌也。』亢曰：『所市何物？』曰：『某大王納女婿，須紫竹鞭。閤使所執可與也。及餘所市物非一。』亢皆從之。自是敵中動靜必告，時邊臣多警，每一掛搭，費甚厚，惟高陽獨否」。

「丁卯，徙知成德軍龍圖閣直學士兵部郎中張存爲河北轉運使。先是存上言契丹與元昊爲婚，恐陰相首尾，河北城久不治，宜留意無忽，於是悉城河北諸州，俾存督察之。」

六月「辛巳，詔雄州、代州安撫司，每得契丹事宜，並報麟府軍馬司」。

〔五〕全遼文卷七清寧八年耶律宗政墓誌銘，署：「翰林學士中散大夫中書舍人史館修撰上騎都尉太原縣開國子，食邑五百户，賜金紫魚袋王實奉敕撰。」

〔六〕高麗史卷六：靖宗八年（一〇四二）秋七月，「乙卯，契丹遣吏部郎中馮立來賀生辰。」

長編：七月壬戌，「初，富弼、張茂實以結婚及增歲幣二事往報契丹，惟所擇。弼等至穆丹河，劉六符館之。謂弼曰：『北朝皇帝堅欲割地如何？』弼曰：『北朝如欲割地，此必志在敗盟，假此爲名。南朝決不從，有横戈相待耳。』六符曰：『若南朝堅執，則事安得濟？』弼曰：『北朝無故求割地，南朝不即伐兵拒卻，而遣使好辭，更議嫁女益歲幣，猶不從，此豈南朝堅執乎？』及見契丹，弼曰：『兩朝人主，父子繼好，垂四十年。一旦忽求割地何也？』國主曰：『南朝違約，塞雁門，增塘水，治城隍，籍民兵，此何意也？羣臣競請舉兵，而寡人以謂不若遣使求關南故地，求而不得，舉兵未晚也。』弼曰：『北朝忘章聖皇帝之大德乎？澶淵之役，若從諸將之言，北兵無得脱者。且北朝與中國通好，則人主專其利，而臣下無所獲；若用兵，則利歸臣下，而人主任其禍。故北朝諸臣爭勸用兵者，皆爲其身謀，非國計也。』國主驚曰：『何謂也？』弼曰：『晉高祖欺天叛君，而求助於北。末帝昏亂，神人棄之，是時中國狹小，上下離叛，故契丹全師獨克，雖虜獲金幣充牣諸臣之家，而壯士、健馬，物故大半，此誰任其禍者？今中國提封萬里，所在精兵以萬計，法令修明，上下一心，北朝欲用兵，能保其必勝乎？』曰：『不能。』弼曰：『勝負未可知。就使其勝，所亡士馬，羣臣當之歟，抑人主當之歟？若通好不絕，歲幣盡歸人主，臣下所得，止奉使者歲一二人耳，羣臣何利焉。』國主大悟，首肯者久之。弼又曰：『塞雁門者以備元昊也。塘水始於何承矩，事在通好前。地卑水聚，勢不得不增，城隍皆修舊，民兵亦舊籍，特補其闕耳。非違約也。』國主曰：『微卿言不知其詳，然寡人所欲得者，祖宗故地耳。』弼曰：『晉高祖以盧龍一道賂契丹，周世宗復伐取關南，皆異代事。宋興已九十年，若各欲求異代故地，豈北朝之利乎？』國主無言。徐曰：『元昊稱藩尚主，南朝伐之，不先告我何也？』弼曰：『北朝向伐高麗、黑水，豈嘗報南朝乎？天子令臣致意於陛下曰：向不知元昊與弟通姻，以其負恩擾邊，故討之，而弟有煩言，今擊之則傷兄弟之情，不擊則不忍坐視吏民之死。不知弟何以處之？』國主顧其臣語良久，乃曰：『元昊爲寇，豈可使南朝不擊乎？』既退，六符謂弼曰：『昔太宗既平河東，遂襲幽燕，今雖云用兵西夏，無爲復欲謀燕薊乎？』弼曰：『太宗時，北朝先遣拽刺梅里來聘，既而出兵石嶺以助河東，太宗怒其反覆，遂伐燕薊，蓋北朝自取之也。』六符又曰：『吾主恥受金帛，堅欲十縣如何？』弼曰：『南朝皇帝嘗言，朕爲人子孫，豈敢妄以祖宗故地與人。昔澶淵白刃相向，章聖尚不與昭聖關南，豈今日而可割地乎？且北朝欲得十縣，不過利其租賦耳。今以金帛代之，亦足坐資國用，朕念兩國生民，不欲使之肝腦塗地，不愛金帛，以徇北朝之欲，若北朝必欲得地，是志在背盟棄好，朕獨能避用兵乎？且澶淵之盟，天地神祇，實共臨之。今北朝先發兵端，朕不愧於心，亦不愧天地神祇矣。』六符謂其介曰：『南朝皇帝存心於此，大善，當共奏，使兩主意通。』翌日，國主召弼同獵，引弼馬自近，問所欲言。弼曰：『南朝惟欲歡好之久爾。』國主曰：『我得地，則歡好可久。』弼曰：『南朝皇帝遣臣聞於陛下曰：北朝欲得祖宗故地，南朝亦豈肯失祖宗故地耶？且北朝既以得地爲榮，則南朝必以失地爲辱矣。兄弟之國，豈可使一榮一辱哉。朕非忘燕薊舊封，亦安可復理此事，正應彼此自喻爾。』退而六符謂弼曰：『皇帝聞公榮辱之言，意甚感悟。然金帛必不欲取，惟結婚可議爾。』弼曰：『結婚易以生釁，況夫婦情好難必，人命修短或異，則所託不堅。不若增金帛之便也。』六符曰：『南朝皇帝必自有女』，弼曰：『帝女纔四歲，成婚須在十餘年後，雖允迎女成婚，亦在四五年後，今欲釋目前之疑，豈可待哉？』弼揣敵欲婚，意在多得金帛。因曰：『南朝嫁長公主故事資送不過十萬緡爾。』由是敵結婚之意緩。且諭弼歸，弼曰：『二論未決，安敢徒還，願留畢議。』國主曰：『竢卿再至，當擇一事授之。』宜遂以誓書來也。』弼還奏。」「癸亥，弼與茂實再以二事往，於是呂夷簡傳帝旨，令弼草答契丹書并誓書，凡爲國書二，誓書三，議婚則無金帛。若契丹能令夏國復納款，則歲增金帛二十萬，否則十萬。弼奏於誓書內創增三事：一、兩界塘淀毋得開展；二、各不得無故添屯兵馬；三、不得停留逃亡諸色人。弼因請録副以行。中使夜齎誓書五函并副，追及弼於武强授之。弼行至樂壽，自念所增三事，皆與契丹前約，萬一書詞異同，則敵必疑，乃密啟副封觀之，果如弼所料。即奏疏待報。又遣其屬前陵州團練推官宋城蔡挺詣中書白執政，上欲知敵中事，亟召挺問，挺時有父喪，聽服衫帽對便殿。乃詔弼三事但可口陳，弼知此謀必執政欲變己所與北朝初議者，乃以禮物屬茂實，疾馳至京師，日欲晡，叩閤門求對。閤門吏拘以舊制，當先進名，對仍翌日，弼責之，遂急奏得入見，曰：『執政固爲此，欲致臣於死。臣死不足惜，奈國事何？』上急召呂夷簡等問之，夷簡從容曰：『此誤爾，當改正。』弼語益侵夷簡。晏殊言夷簡決不肯爲此，真恐誤爾。弼怒曰：『殊姦邪，黨夷簡以欺陛下。』遂詔王拱辰易書。其夕，弼宿學士院，明日乃行」。

〔七〕長編：慶曆二年（重熙十一年）八月「壬辰，以兵部員外郎兼侍御史、知雜事程戡爲契丹國母生辰使，西上閤門副使張得一副之；太常丞、直集賢院張方平爲國主生辰使，東頭供奉官、閤門祇候劉舜臣副之；兵部員外郎、集賢校理、判三司開拆司楊偉爲國母正旦使，禮賓副使王仁旭副之；監鐵判官、兵部員外郎方偕爲國主正旦使，禮賓副使王易副之」。

契丹國志卷八：「八月，宋再命富弼同張茂實齎書至契丹，書曰：『來書云：章聖皇帝與昭聖皇帝誓書，每歲以絹二十萬匹、銀十萬兩，以助軍旅之費。今以兩朝修好，三紀於茲，關南縣邑，本朝傳守已久，懼難依從。每年更增絹十萬匹、銀十萬兩。恭惟二聖威靈在天，顧茲纂成。各當遵奉，共循大體，無介小嫌。餘依景德、統和兩朝誓書。』帝不復求婚，而意在增幣。乃曰：『南朝遺我書當曰獻，否則曰納。』弼固爭不可。……帝曰：『吾當遣人議之。』於是留所許增幣誓書，復使耶律仁先、劉六符以誓書詣宋求爲獻納。弼奏曰：『臣以死拒之，可勿許，其無能爲也。』宋帝從之。時契丹固惜盟好，特爲虛聲以動宋朝，宋方困西夏，許予過厚，契丹既歲得金帛五十萬，因勒碑紀功，擢劉六符爲顯官。」

長編：慶曆二年十月「丙午，以右正言、知制誥、史館修撰富弼爲翰林學士，弼言於上曰：『增金帛與敵和，非臣本志也，特以朝廷方討元昊，未暇與敵角，故不敢以死争爾，功於何有，而遽敢受賞乎？願陛下益修武備，無忘國耻。』卒辭不拜，敵既復修和好，有忌弼功高，妄指他事，譖弼奉使不了，乞斬於都市者，上雖不聽，而弼深畏恐，故每遷官，輒力辭云」。

〔八〕長編：九月癸亥，「富弼、張茂實以八月乙未至契丹清泉淀金氈館，持國書二，誓書三，以語館伴耶律仁先、劉六符，仁先、六符問所以然者。弼曰：『姻事合則以姻事盟，能令夏國復歸款，則歲入金帛增二十萬，否則十萬，國書所以有二，誓書所以有三也。』翌日，引弼等見契丹國主，太弟宗元、子梁王洪基侍，蕭孝惠、蕭孝穆、馬保忠、杜防分立帳外。國主曰：『姻事使南朝骨肉睽離，或公主與梁王不相悦，則將奈何。固不若歲增金帛，但無名爾。須於誓書中加一獻字乃可。』弼曰：『獻字乃下事上之辭，非可施於敵國，況南朝爲兄，豈有兄獻於弟乎？』國主曰：「南朝以厚幣遺我，是懼我也。獻字何惜？」弼曰：『南朝皇帝守祖宗之土宇，繼先皇之盟好，故致幣帛以代干戈，蓋惜生靈也。豈懼北朝哉，今陛下忽發此言，正欲棄絶舊好，以必不可冀相要爾，則南朝亦何暇顧生靈哉。』國主曰：『改爲納字如何？』弼曰：『亦不可。』國主曰：『誓書何在，取二十萬者來。』弼既與之。國主曰：『必與寡人加一納字，卿無固執，恐敗乃主事。我若擁兵南下，豈不禍乃國乎？』弼曰：『陛下用兵，能保其必勝否？』國主曰：『不能。』弼曰：『勝未可必，安知其不敗邪。』國主曰：『南朝既以厚幣與我，納字何惜，況古有之。』弼曰：『自古惟唐高祖借兵於突厥，故臣事之。當時所遺，或稱獻納，亦不可知。其後頡利爲太宗所擒，豈復更有此理？』國主默然。見弼詞色俱厲，度不可奪。曰：『我自遣使與南朝皇帝議之。若南朝許我，卿將何如？』弼曰：『若南朝許陛下，請陛下與南朝國書，具言臣等於此妄有爭執，請加之罪，臣等不敢辭。』國主曰：『此乃卿等忠孝爲國之事，豈可罪乎。』弼退而與劉六符言，指帳前高山曰：『此尚可踰，若欲獻納二字，則如天不可得而升也。使臣頸可斷，此議決不敢諾。』於是敵留所許歲增金帛二十萬誓書。復遣耶律仁先、劉六符齎其國誓書以來，仍求納字。二十萬誓書蓋明著令夏國納款事，國主不悅，欲令弼改之，弼不可，敵亦卒不肯報其事於誓書。但於國書中叙述耳。是月乙巳，弼等還至雄州，詔即以弼爲接伴，事有朝廷合先知者，急置以聞，弼奏曰：『彼求獻、納二字，臣既以死拒之。敵氣折矣，可勿復許。』然朝廷竟從晏殊議，許稱納字。弼不預也。（太平治蹟統類畧同。）乙丑，契丹樞密副使、保大節度使耶律仁先、樞密使、禮部侍郎同修國史劉六符入見。其誓書曰：『維重熙十一年，歲次壬午，八月壬申朔，二十九日庚子，弟大契丹皇帝謹致書於兄大宋皇帝闕下，來書云：「謹按景德元年十二月七日章聖皇帝與昭聖皇帝誓曰：『共遵成約，虔守歡盟，以風土之儀物，備軍旅之費用。每歲以絹二十萬匹、銀一十萬兩，更不差使臣專往北朝，只令三司差人般送至雄州交割。沿邊州軍，各守疆界，兩地人户，不得交侵。或有盜賊逋逃，彼此勿令停匿。至於隴畝稼穡，南北勿縱騷擾。所有兩朝城池，並各依舊存守，淘壕完葺，一切如常，即不得創築城隍，開決河道，誓書之外，一無所求。各務協心，庶同悠久。自此保安黎庶，謹守封疆，質於天地神祇，告於宗廟社稷，子孫共守，傳之無窮，有渝此盟，不克享國，昭昭天鑒，共當殛之。』」昭聖皇帝復答云：「孤雖不才，敢遵此約。謹當告於天地，誓之子孫，神明具知。嗚呼！此盟可改，後嗣何述。」竊以兩朝修睦，三紀於兹，邊鄙用甯，干戈載偃。追懷先約，炳若日星。今綿禩已深，敦好如故。如關南縣邑，本朝傳守，懼難依從，別納金帛之儀，用代賦税之物。每年增絹一十萬匹、銀一十萬兩，前來銀絹，般至雄州白溝交割。兩界塘淀，已前開畎者並依舊外，自今已後，不得添展。其見堤堰水口，逐時決洩壅塞，量差兵夫，取便修疊疏導，非時霖潦別至，大段漲溢，並不在關報之限。南朝河北沿邊州軍，北朝自古北口以南沿邊軍民，除見管數目，依常教閲，無故不得大爲添屯兵馬，如有事故添屯，即令逐州軍移牒關報，兩界所屬之處，其自來乘例更替及本路移易，並不在關防之限。兩界逃走作過諸色人，並依先朝誓書外，更不得似日前停留、容縱。恭惟二聖威靈在天，顧兹纂承，各當遵奉，共循大體，無介小嫌。且夫守約爲信，善鄰爲義。二者缺一，罔以守國。皇天厚地，實聞此盟。（宋會要有

「無或廢墮，以速殃咎」句，又作「其盟文藏於宗廟」。）文藏宗廟，副在有司，餘並依景德、統和兩朝盟書。顧惟不德，必敦大信，苟有食言，必如前誓。』時契丹實固惜盟好。特爲虛聲以動中國。中國方困西兵，宰相呂夷簡等持之不堅，許與過厚，遂爲無窮之害。敵既歲得金帛五十萬，因勒碑紀功，擢劉六符極漢官之貴，子孫重於國中」。

洪邁容齋四筆卷一：「富公奉使契丹，虜主言欲舉兵，公曰：『北朝與中國通好，則人主專其利，而臣下無所獲；若用兵則利歸臣下，而人主任其禍。故北朝羣臣爭勸舉兵者，此皆其自謀，非國計也。勝負未可知，就使其勝，所亡士馬，羣臣當之歟、抑人主當之歟？』是時語録傳於四方，蘇明允讀至此曰：『此一段議論，古人有之否？』東坡未十歲，在旁對曰：『記得嚴安上書云：「今徇南夷、朝夜郎、畧薉州、建城邑，深入匈奴，燔其龍城，議者美之，此人臣之利，非天下之長策也。」正是此意。』明允以爲然。」聞見近録：「寶元、康定間，西人犯邊，用兵累歲，遼人窺我，遣使求關南之地，富文忠既行，疑時相與己不協，輒發國書觀之，乃與所授詞果不同。馳歸請對，具言之，詔付文忠詣學士院，視學士改書然後行，元授書五函，皆許其添歲賜也。每出一函，待不從，然後旋出之。文忠輒留二函於雄州，既至，文忠抗論不屈，徐出一書，遼人意未厭，復出一書，至於三，遼人密探文忠篋中止有三書，遂從約。文忠使還，持二函以歸，歲減聘幣中二十萬。」

顧炎武日知録卷二七：「宋史富弼傳言使契丹爭獻納二字，聲色俱厲，契丹主知不可奪，乃曰：

『吾當自遣人議之。』復使劉六符來，朝廷竟以納字與之。遼史劉六符傳則云：『宋遣使增歲幣以易十縣，六符與耶律仁先使宋，定進貢名。宋難之。六符曰：「本朝兵彊將勇，人人願從事於宋，若恣其俘獲，以飽所欲，與進貢字孰多？」宋乃從之。歲幣稱「貢。」』二史並脱脱監修，而不同如此。」本史卷八六劉六符傳：「與耶律仁先使宋，定『進貢』名，宋難之，六符曰……宋乃從之，歲幣稱『貢』。」卷九六耶律仁先傳：「乃定議增銀、絹十萬兩匹，仍稱『貢』。」朱翠猗覺寮雜記卷下：「富鄭公使遼爭獻、納二字甚切，後之議者，以爲二字不可苦爭，孔子適季孫，季孫之宰曰：『君使人假馬，將與之乎？』孔子曰：『吾聞君取於臣謂之取，與於臣謂之賜，臣取於君謂之假，與於君謂之獻。』季孫悟，遂命其宰，自今往君有取之，一切不得復言假也。鄭公力不肯言獻，以此也。夫然，非博學通古今，其可出疆。」

孔氏談苑卷三：「姚跂回曰：『自來奉使北朝，禮遇之厚，無如王拱辰。預鉤魚、放鶻之會，皇帝親御琵琶以侑酒。是時先父館判，相得甚歡，拱辰謂先父曰：「南朝峭漢惟吾。」異日先父爲上道此語。上曰：「拱辰答問似此語言極多，其才器不在人下。然識量不足，難於遠到。吾見奉使之人，惟富弼不可量也，因問南朝人才有幾，弼曰：臣斗筲之器不足道，本朝人才勝如臣者，車載斗量，安可數計。察斯人大未可量也。」』」宋史卷一一：慶曆二年冬十月「丙辰，知制誥梁適報使契丹」。

陳振孫直齋書録解題卷七：「奉使别録一卷、河南富弼彦國撰。慶曆（中）使契丹，歸爲語録以進。機宜事節則具於此録。又一本有兩朝往來書附於末。」「契丹講和記一卷，不記名氏。載契丹初講和本末，末有慶曆增幣後北國誓書。」韋居誨梅磵詩話卷上引三蓮詩：「或傳富鄭公奉使遼國，遼使者云：『早登雞子之峯，危如累卵。』答曰：『夜宿丈人之館，安若泰山。』又曰：『酒如綫，因鍼乃見。』答曰：『餅如月，遇食則缺。』」東坡集卷三七有富鄭公神道碑稱弼對遼主之言：「北朝忘章聖皇帝之大德乎，澶淵之役，若從諸將言，北兵無得脱者。」東都事畧、宋史即據碑而修，考澶淵結盟，宋人以歲幣請和，此言縱其歸還以爲德，似不足以服遼人。長編引范純仁行狀及弼奉使録亦無此語。至於利在臣下，利在國家之言，則遼主似若有所感者。

長編：閏九月「戊戌，詔河北都轉運使緣邊安撫司，今契丹再議和好，其告諭居民，諸科徭悉罷之」。

〔九〕長編：冬十月「丙辰，命右正言知制誥梁適回謝契丹國信使」。（宋史同，謂梁適報使契丹，東都事畧載於明年二月。）「丙寅，契丹遣林牙保大節度使蕭偕來報撤兵。」蕭偕，宋會要同；劉敞公是集卷五一作蕭階。

華陽集卷五八梁莊肅公（適）墓誌銘：「遂改右正言、諫院供職管句國子監，奉使契丹。」

〔一〇〕全遼文卷七耶律宗政墓誌銘：「（重熙）十一年冬，車駕幸燕，普徇羣情，載加懿號。……進封宋王。」

〔一一〕長編：「十一月壬申，詔閤門：『自今契丹使，不以官高下，並移坐近前。』舊例：垂拱殿燕，契丹使坐在西皇親、節度使位少後。集英殿大燕，在學士少後，並近南別行。至是蕭偕言：『北朝坐南使班高，而南朝坐北使位絶下。』既許升坐，偕又言：『與北朝儀制未同。』故又遇大燕，移參知政事皆在東。陞契丹使坐自此始。」「壬午，供備庫使、恩州團練使、知貝州張茂實爲西上閤門使，知瀛州。茂實副富弼再使契丹，議論雖出弼，然茂實亦安重習事，故特遷之。」丁酉，「初契丹使蕭偕入境而接伴未至，（太常博士梁）蒨遂引至京師。知諫院田況劾其不俟命，故徙之。知雄州、六宅使、忠州刺史杜惟序，尋亦徙知滄州，坐專遣蒨也。及知諫院張方平使契丹還，言雄州守將委任甚重，惟序雖未能有長才遠畧，察其識用頗爲通審，去春以來，值邊圉多事，隨宜應副，無大曠失，臣比在朝，聞議者多以蕭偕之來，惟序不合專遣通判接伴入界。蓋其時北戎已釋兵，聞朝廷未弛備，戎帳不自安於燕京，故遣偕走馬來使。又涿州諜報，先約定過界日辰，詳此事理，惟序倉卒處置，蓋慮止之，別召疑生事爾。臣竊觀河北中路武臣守郡者，悉出惟序之下，其於崇飾厨傳，惟序實不足，向來雄州守將如葛懷敏等，皆以善承迎，得虚譽，誤採擢，終敗大事。若惟序守分務實，今乃左遷，恐非所以勸邊臣也」。

高麗史卷六：「靖宗八年冬十一月辛卯，契丹遣檢校禮部尚書兼御史王永言來，詔曰：『朕以關南十縣，我國舊基，將舉兵師，議復土壤。宋朝累馳專介，懇發重言，定於舊貢銀絹三十萬兩匹外，每年別納金繒之儀，用代賦與之物，再論盟約，永卜歡和。其諸道兵馬等，優給蠲免賦調，並已放還本部。夫何眇躬，成此美事。今文武百辟，中外庶官，屢拜封章，載稽典故。謂予有元功大畧，加予以懿號鴻名，不獲固辭，勉依羣請。已撰定十一月三日，兩宮並行大禮，卿稱藩事上，望闕輸忠，遐想聞知，必增慶悅。今差禮部尚書王永言賫詔往彼示諭。』」

〔一二〕涅魯古本史卷一一二有傳，漢名洪孝。

〔一三〕西夏書事卷一六：「元昊自彭陽敗回，數遣人於吐谷渾、党項諸處市馬，契丹主慮其勢盛，禁約諸蕃，令沿邊築障砦防遏之。」

〔一四〕長編：十二月「乙丑，契丹國母遣林牙河西節度使耶律庶成、崇祿卿趙成，契丹主遣定難節度使耶律寧、少府監張旦等來賀正旦」。

長編：是歲，「种世衡……爲蠟書遺王嵩遺綱朗凌，言……知王有向漢心，命爲夏州節度使……綱朗凌得書大懼，自所治執嵩歸元昊……元昊遣教練使李文貴以綱朗凌旨報世衡，且言不達所遺書意，豈欲通和乎？文貴自言，用兵來，牛羊悉已賣契丹，一絹之直，爲錢二千五百。人情便於和，時世衡已去青澗城，籍不信其言，意虜欲欵吾軍，止文貴於青澗城，數月，賊果大入，敗葛懷敏於定川。朝廷益厭兵，會契丹使者來，亦言元昊欲歸款南朝而未敢，若南朝以優禮懷來之，彼宜洗心自新。（原注：記聞〔涑水記聞〕稱：梁適使契丹，契丹主親與言，按適以十月十七日受命，其還朝必在冬末或明年春首。按籍自青澗城召文貴至延州，遣至夏州，又從夏州卻回延州，必數月事，而明年正月賀從勗已來，從勗之來，又在文貴卻回延州後，期程太迫，然則契丹所言優禮元昊，不當是適初聞之契丹主也。蕭偕以十月二十六日入見，此言或蕭偕所致，適歸自契丹，亦繼言此，故朝廷亟遣適與籍議之。其密詔籍招懷元昊，必不因適使歸始有，此密詔決在前矣。今約墓誌銘稍删潤之。王珪撰梁適墓誌云：「契丹遣劉六符來報元昊欲納款，朝廷命適復聘契丹，已而元昊令賀從勖齎表至境上。又命適使延州，遂定元昊復臣之禮。」按六符以九月二十五日持契丹誓書與富弼俱來，六符之來，乃報聘也。十月二十六日，又遣蕭偕來言撤兵。梁適先以十六日受命爲回謝契丹使，所云回謝，蓋即蕭偕非劉六符矣。墓誌恐誤，然亦可見使南朝以優禮招懷元昊，實非梁適初聞於契丹主，劉六符固嘗言之，或優禮招懷之言，更自蕭偕出，記聞審誤也。記聞所以誤，蓋緣實録所載賀從勖語云：「南朝遣梁侍郎到北朝令北朝諭西界通和。」不知北朝欲令西界通和，劉六符、富弼已先言之，梁適往聘，蓋申舉前議，雖契丹實對梁適遣人諭元昊通和，又語適令南朝優禮招懷，亦非事實也。今載優禮招懷元昊事，但云契丹使者來言，不指名劉六符及蕭偕以示疑。）於是密詔籍招納元昊，元昊苟稱臣，雖仍其僭號，亦無害。若改稱單于可汗，則固大善」。

十一年春正月辛未，遣同知析津府事耶律敵烈、樞密院都承旨王惟吉諭夏國與宋和。〔一〕壬申，以吴國王蕭孝穆爲南院樞密使，北府宰相蕭孝忠北院樞密使，封楚王，韓國王蕭惠北府宰相、同知元帥府事，韓八南院大王，〔二〕耶律侯哂東京留守，〔三〕北院樞密副使耶律仁先同知東京留守事，〔四〕北面林牙蕭革北院樞密副使。甲戌，如武清寨葦淀。〔五〕

二月壬寅，禁闕南漢民〔六〕弓矢。己酉，夏國以加上尊號，遣使來賀。甲寅，耶律敵烈等使夏國還，奏元昊罷兵，即遣使報宋。〔七〕

三月辛卯，幸南京。壬辰，高麗國以加上尊號，遣使來賀。〔八〕

夏四月己亥，置回跋部詳穩、都監。庚子，夏國遣使進馬駞。〔九〕

五月〔一〇〕辛卯，斡魯、蒲盧毛朵部二使來貢失期，宥而遣還。乙未，詔復定禮制。是月，幸山西。

六月丙午，詔世選宰相、節度使族屬及身爲節度使之家，許葬用銀器；仍禁殺牲以祭。庚戌，詔漢人宫分户絶，恒産以親族繼之。辛亥，阻卜大王屯秃古斯弟太尉撒葛里來朝。丙辰，回鶻遣使來貢。甲子，以南院樞密使吴國王蕭孝穆爲北院樞密使，徙封齊國王。

秋七月丙寅朔，北院樞密使蕭孝忠薨，特釋繫囚。庚寅，夏國遣使上表，請伐宋，不從。〔一一〕

八月丙申，謁慶陵。辛丑，燕國王洪基加尚書令，知北南院樞密使事，進封燕趙國王。戊午，以前西北路招討使蕭塔烈葛爲右夷離畢。庚申，于越耶律洪古薨。〔一二〕甲子，阻卜來貢。〔一三〕

九月壬申，朝皇太后，謁望仙殿。壬午，謁懷陵。

冬十月丁酉，駐蹕中會川。己亥，北院樞密使蕭孝穆薨，追贈大丞相、晉國王。庚子，詔諸路上重囚，遣官詳讞。辛亥，參知政事韓紹芳爲廣德軍節度使，三司使劉六符長寧軍節度使。壬子，以夏人侵党項，遣延昌宫使高家奴〔一四〕讓之。甲子，北府宰相蕭惠爲北院樞密使，豳王遂哥爲惕隱，惕隱敵魯古封漆水郡王、西北路招討使，樞密副使蕭阿剌同知北院宣徽事。出飛龍廄馬，分賜羣臣。

十一月丁丑，追封楚王蕭孝忠爲楚國王。丁亥，以上京歲儉，復其民租稅。癸巳，朝皇太后。〔一五〕

十二月戊申，改政事省爲中書省。〔一六〕

〔一〕西夏書事卷一六：「會契丹主遣同知析津府耶律敵烈，樞密院都承旨王惟吉諭令罷兵。元昊令使者詣京師，言，北朝曾封德明夏國王，許令自置官屬，自元昊襲爵，遣人進奉，每辭見宴會，並坐矮殿，今南北事同一家，已令元昊請罪歸欵，其封册典制，能如北朝，以優禮懷來之，彼亦洗心自新矣。」

〔二〕耶律韓八，本史卷九一本傳作北院大王，是。

〔三〕耶律侯哂，侯原誤「遼」。據下文及本史卷九二本傳改。

〔四〕全遼文卷八耶律仁先墓誌銘及本史卷九六本傳並作同知南京留守事。此作東京誤。參見本書卷九六本傳注〔八〕。

〔五〕今河北省武清縣南三角淀。

長編：慶曆三年(一〇四三)春正月癸巳，「(李)文貴與(賀)從勗持元昊書至保安軍。(龐)籍令保安軍簽書判官事邵良佐視其書，元昊自稱男邦泥鼎國烏珠郎霄上書父大宋皇帝，從勗又言契丹使人至本國，稱：『南朝遣梁適侍郎來言，南北修好已如舊，惟西界未寧，知北朝與彼爲婚姻，請諭令早議通和。』故本國遣從勗上書，緣本國自有國號，無奉表體式，其稱烏珠，蓋如古單于可汗之類，若南朝使人至本國，坐蕃宰相上。烏珠見使人時，離雲牀，問聖躬萬福。而從勗亦自請詣闕」。

〔六〕此是金、元區分漢人、南人之先例。

〔七〕長編：二月「癸卯，知并州明鎬請自今并代路制置軍馬事連契丹界者，委經畧使便宜處分。從之」。乙卯，「集賢校理余靖言：『臣竊聞昊賊差私署官入境，相次到闕，欲與朝廷通和事。伏以息兵滅費，外域順命，國家大臣至於邊將，咸欲息肩，以休士卒。臣愚料之，以謂挫北敵之氣，折西羌之鋭，不如不和，最爲得策。假如元昊貪我財貨，其心臣伏，此之爲禍，大於今日。臣請别白言之：伏自國家用兵以來，五年之間，三經大戰，軍覆將死，財用空虛，天下嗷嗷，困於供給。今乃因契丹入一介之使，馳其號令，遂使二國通好，君臣如初。吾數年之辱，而契丹一言解之。

若契丹又遣一介，有求於我，以爲之謝，其將何詞以拒之？若國家又有所惜，必將興師責我，謂之背惠，則北鄙生患，二境受敵矣。矧西戎自僭名號，未嘗挫折，何肯悔禍，輕屈於人？今若因其官屬初來，未有定約，但少許之物，無滿其意。堅守名分，以抑其僭，雖賜以甘言，彼必不屈。則吾雖西鄙受敵，而契丹未敢動也。何以知之？昨梁適使契丹之時，國主面對行人，遣使西邁，意氣自若，自言指呼之間，便令元昊依舊稱臣，今來賊昊不肯稱臣，則是契丹之威，不能使西羌屈伏，彼自喪氣，豈能來責，故臣謂今之不和，則吾雖西鄙受敵，而契丹未敢動也。若便與西戎結盟，則我之和好，權在敵國，中國之威，於是盡矣。契丹責我，則二鄙受敵，其憂深矣！伏願陛下與執政大臣密謀而深思之，無令陷敵計中。必不得已而與貨財，須作料錢、公使名目，便將靈、鹽、銀、夏作兩鎮，則賜與倍于往時，而君臣名分不改矣。或欲速成和好而屈名分，則天下共耻之，雖强兵在境，有血戰而已矣。若他年賊自有釁，來求和者，權在於我，則不必拒之也。惟陛下裁之」。

〔八〕長編：三月甲午，「(富)弼時再上章辭所除官曰：『臣昨奉使契丹，彼執政之官，漢使所未嘗見者，臣皆見之。兩朝使臣，昔所諱言者，臣皆言之，以故得詳知其情狀，彼惟不來，來則未易禦也。願朝廷勿以既和而忽之。』……」

〔九〕長編：「夏四月己亥，資政殿學士富弼言，今元昊遣其僞官，持書欲議通好，而外皆傳言元昊未肯稱臣，昨聞傳宣下西人所過州郡，加迎候之禮，又令逐州通判就驛燕勞，待之太過，深恐其後難爲處置，失中國制御遠人之術；兼聞西使之來，蓋因契丹所論，元昊既稟畏契丹，則朝廷可且持重，縱使其議未合，亦有後圖，大凡制事在乎初，初若失宜，後難救正，今日又聞西使入見，賜與甚厚，既許其僞輔之稱，則元昊自謂得志。臣去年使契丹，與館伴劉六符語，將來若使元昊復稱臣，則本朝歲增金帛之遺，初既不避其名，今又未即如約，枉受前耻而不獲後效，甚可惜也。今朝廷過有許可，所憂有二事：若契丹謂中國既不能臣元昊，則豈肯受制於我，必將以此遣使來，未知以何辭答之。若契丹謂元昊本稱臣於兩朝，今既於南朝不稱臣，漸爲敵國，則以爲獨尊矣。異日稍緣邊隙，復有所求，未知以何術拒之。」「丙午，以右侍禁蒙守中爲大理評事，守中本乾寧人，景德初，陷契丹，嘗舉進士及第，歸朝補右侍禁，監和州稅，至是自陳不願爲武吏，故改命之。戊申，契丹國母遣歸義節度使耶律希烈、威衛大將軍馬貽教，契丹遣朔方節度使蕭日休、鄜州觀察使趙爲節等來賀乾元節。」

〔一〇〕據長編、宋史：「丁卯朔，日有食之。」契丹國志作十一年，誤。

〔一一〕長編：秋七月癸巳，「（韓）琦上章曰：今西界遣人議和，其患有三，昨朝廷曾達意契丹，欲令元昊納欵，其答書云：『梁適口陳夏臺之事，已差右金吾衛上將軍耶律祥（此書並見於韓魏公集卷十二家傳。右作左）、彰武軍節度使王唯吉，齎詔諭元昊，令息兵。況其先臣德昭，北朝曾封夏國主（主，家傳作王，是），仍許自置官屬，至元昊亦容襲爵，自來遣人進奉，每辭見宴會，並陞坐於矮殿，今兩朝事同一家，若元昊請罪，其封册禮待，亦宜一如北朝。』臣觀邵良佐賊中語録乃云：

賊言朝廷議和，必往問契丹，昨昊賊先遣人至保安軍，言爲朝廷差梁諫議適往北朝令本國議和，北朝亦差耶律祥等至本國，故遣賀從勗等持書而來盟，是昊賊因契丹達意而來，及與良佐語，反不承納，又所求稱號即與契丹書中事體相違，此事固有可疑，若朝廷且務休兵，許其不臣，契丹聞之，必然別索名分，既不可屈，則恐因此爲名，再隳誓約，此一患也。若只許册爲國主，畧增良佐所許歲遺之數，朝廷更不差人，只令來人齎詔而回，恐賊未副所望，則謂朝廷已與之絶，必忿而興兵，契丹亦謂阻其來意，緣此生事，此二患也。若再使人齎詔，諭以封册之禮，不可異於北朝，更優增良佐所許之數，賊既從命，則契丹以爲己功，遣使來賀，或過自尊大，或頻有邀求，久則難從，此三患也。朝廷始欲假契丹以制元昊，事未可知，而三患已形，勢不得已，則莫若擇其輕者行之。……望且令中書、樞密院再三論難，使朝廷得大體，契丹無争端，以此議和，庶爲得策」。「甲午，樞密副使韓琦上疏曰：『……竊以契丹宅大漠，跨遼東，據金燕數十郡之雄，東服高麗，西臣元昊，自五代迄今垂百餘年，與中原抗衡，日益昌熾，至於典章文物，飲食服玩之盛，盡習漢風，故敵氣愈驕……近者復幸朝廷西方用兵，違約遣使求關南之地，以啟争端，朝廷愛念生民，爲之隱忍，歲益金幣之數，且固前盟；而尚邀獻納之名以自尊大，其輕視中國，情可見矣。又元昊父祖以來，蓄養姦謀……至元昊則好亂逞志，併甘涼諸蕃以拓境土，自度種落强盛，故僭號背恩，鼎連契丹，欲成北峙之勢……元昊累歲盜邊，官軍屢衄，今乘定川全勝之勢，而遣人約和，則知其計愈深，而其事可虞也。議者或謂昨假契丹傳導之力，必事無不合，豈不思契丹既能使元昊罷兵，豈不能使元昊舉兵乎？……亦恐有合從之策，夾困中原，朝廷若軫西民之勞，暫求休養元元，且以金帛啗之，待以不臣之禮，臣恐契丹聞之，謂朝廷事力已屈，則又遣使移書，過邀尊大之稱，或求朝廷不可從之事，隳其誓約，然後驅犬羊之衆，直趨大河，復使元昊舉兵，深寇關輔，當是時，未審朝廷以何術而禦之。」

〔一一〕高麗史卷六：靖宗九年（一〇四三）「秋七月丁卯，契丹遣侍御史姚居善來賀生辰」。

〔一二〕本史卷九五本傳作耶律弘古，卒於十三年。

〔一三〕長編：八月「己酉，起居舍人、知制誥孫抃爲契丹國母生辰使，洛苑副使馮行己副之；鹽鐵副使、工部郎中張昷之爲契丹生辰使，西頭供奉官、閤門祇候丁億副之；戶部員外郎兼侍御史知雜事魚周詢爲契丹國母正旦使，閤門通事舍人李惟賢副之；工部郎中李鉞爲契丹正旦使，東頭供奉官、閤門祇候趙牧副之。仍詔惟賢權更名寶臣，億爲意，以避契丹諱。諫官歐陽脩言：『伏見差孫抃等使契丹，臣謂朝廷新遭契丹侮慢陵辱之後，必能發憤，每事掛心，凡在機宜，合審措置，及見抃等被選，乃知忘忽慮患，依舊因循。今西賊議和，事連北敵，中間屢牒邊郡，來問西事了與未了，今專使到彼，必先問及，應對之間，動關利害，一言苟失，爲患非輕，豈可令抃先往。抃本蜀人，語音訛謬，又其爲性，靜默自安，軍國之謀，未嘗與議，凡關機事，多不諳詳。臣聞古者遣使，最號難才，不授以辭，詳其專對，蓋取其臨事而敏，應變無窮。今抃既不可預教以言，則將何以應變，苟一疏脱，取笑遠人，其孫抃欲乞不令出使，或恐中書不能逆抃人情，尚守前議，即乞別令一人言語分明，稍知朝廷事者先往，貴不誤事。且契丹君臣，頗爲强黠，中國常落其計，不是不知，今欲雪前恥，雖知未能，其如後患，豈可不慮。』」十月「丁未，以右正言、集賢校理余靖爲契丹國母正旦使，代張昷之也」。十月「癸丑，諫官余靖使契丹，辭日，書所當奏事於笏，各以一字爲記，凡數十字，上顧見之，指其字，令一一條奏，日幾昃乃罷」。直齋書録解題卷七：「慶曆正旦國信語録一卷，余靖慶曆三年使虜所記。」

〔一四〕按即下文十三年六月耶律高家奴。長編，慶曆四年七月作耶律元衡，致宋國書中稱問罪西夏者爲林牙耶律祥等。

〔一五〕高麗史卷六：冬十一月「辛巳，契丹遣册封使蕭慎微、使副韓紹文、都部署利川管内觀察留後劉日行，押册使殿中監馬至柔、讀册將作少監徐化洽、傳宣檢校左散騎常侍韓貽孫等一百三十三人來。丁亥，王設壇受命，詔曰：『朕猥以眇德，嗣受丕圖。賴六聖之垂修，致八方之咸乂。近從羣懇，祗受鴻名。凡在照臨，畢均慶賞。卿世欽聲朔，地襲土茅，航海罄述職之儀，事大竭爲臣之節。屬陳鉅禮，載舉彝章。特推進秩之恩，併茂疇庸之數。今遣使左監門衛上將軍蕭慎微，使副尚書禮部侍郎韓紹文持節備禮，册命，并賜車服冠劍印綬及國信等物，具如別録，到可祗受。』册文曰：『朕膺穹旻之寄，紹祖宗之基。四表歸仁，偃靈旗而定霸；百官考禮，鏤寶册以加尊。遐眷帝臣，踐開國社。航海之誠靡怠，帶河之誓愈堅。屬覃慶之在辰，宜須恩而及遠。式遵徽典，特舉寵章。咨爾輸忠保義奉國功臣、開府儀同三司守太保兼侍中上柱國高麗國王，食邑七千户，實封一千户王亨，英哲閒時，仁慈纘服。張皇土宇，亘日域以分圻；尊獎天朝，仰宸居而送款。戴舜樹弼成之業，匡周規夾輔之勳。化被蒼隅，聲敷青畎。朕昨戒嚴駕，巡撫京畿，邦尹展肆覲之儀，都人契來蘇之望。干戈不試，獄市惟齊。羣方則慕義向風，交馳玉帛；鄰國則畏威懷德，增納金縑。聿臻累洽之期，適享虛名之册。是推皇澤，首及王藩。進絶席之崇資，正專車之峻秩。爰田益賦，美號褒功。是用遣使蕭慎微、使副韓紹文持節備禮，册命汝爲守太傅兼中書令、加食邑三千户、食實封三百户，仍賜「同德致禮」四字功臣，散官勳爵如故。於戲，守君子國，冠諸侯王，論道而爲周師，奮庸而登漢相。維堅臣節，以答皇家。享富貴於昌時，傳功名於長世。輝流竹素，永惟欽哉。』」

〔一六〕長編：十二月「己未，契丹國母遣彰國節度使蕭運、左諫議大夫李坤，契丹主遣懷德節度使耶律順、右諫議大夫郭瑋來賀正旦」。

十三年春正月甲子朔，朝皇太后。戊辰，如混同江。辛未，獵兀魯館岡。〔一〕

二月庚戌，如魚兒濼。丙辰，以參知政事杜防爲南府宰相。

三月丁亥，高麗遣使來貢。以宣政殿學士楊佶參知政事。是月，置契丹警巡院。〔二〕

夏四月己酉，遣東京留守耶律侯哂、知黄龍府事耶律歐里斯〔三〕將兵攻蒲盧毛朵部。

甲寅，南院大王耶律高十奏党項等部叛附夏國。丙辰，西南面招討都監羅漢奴、詳穩斡魯

母等奏，山西部族節度使屈烈以五部叛入西夏，〔四〕乞南北府兵援送實威塞州户。詔富者遣行，餘留屯田天德軍。〔五〕

五月壬戌朔，羅漢奴奏所發部兵與党項戰不利，招討使蕭普達、四捷軍詳穩張佛奴殁于陣。李元昊來援叛黨。戊辰，詔徵諸道兵會西南邊以討元昊。

六月甲午，阻卜酋長烏八遣其子執元昊所遣求援使窊邑改來，〔六〕乞以兵助戰，從之。駐蹕永安山。以將伐夏，遣延昌宫使耶律高家奴告宋。〔七〕丙申，詔前南院大王耶律谷欲、翰林都林牙耶律庶成等編集國朝上世以來事蹟。丙午，高麗遣使來貢。丁未，録囚。〔八〕

秋七月辛酉，香河縣民李宜兒以左道惑衆，伏誅。〔九〕庚午，行再生禮。庚辰，夏國遣使來朝。〔一〇〕

八月乙未，以夏使對不以情，羈之。丁巳，夏國復遣使來，詢以事宜，又不以實對，笞之。〔一一〕

九月戊辰，宋以親征夏國，遣余靖致贐禮。壬申，會大軍于九十九泉，〔一二〕以皇太弟重元、北院樞密使韓國王蕭惠將先鋒兵西征。〔一三〕

冬十月庚寅，祭天地。丙申，獲党項偵人，射鬼箭。丁酉，李元昊上表謝罪。己亥，元昊遣使來奏，欲收叛黨以獻，從之。〔一四〕辛亥，元昊遣使來進方物，詔北院樞密副使蕭革迓之。壬子，軍于河曲。革言元昊親率党項三部來，詔革詰其納叛背盟，元昊伏罪，賜酒，許以自新，遣之。召羣臣議，皆以大軍既集，宜加討伐。癸丑，督數路兵掩襲，殺數千人，駙馬都尉蕭胡覩爲夏人所執。〔一五〕丁巳，元昊遣使以先被執者來歸，詔所留夏使亦還其國。

十一月辛酉，賜有功將校有差。甲子，班師。丁卯，改雲州爲西京。辛巳，朝皇太后。

十二月己丑，幸西京。戊戌，以北院樞密副使耶律敵烈爲右夷離畢。己亥，高麗遣使來貢。戊申，蕭胡覩自夏來歸。〔一六〕

〔一〕索隱卷二：「案上云如混同江，下云如魚兒濼，並在今郭爾羅斯前後旗界，則此岡即前旗東八十里喀喇托賴圖岡。」

〔二〕本史卷一一二重元傳：「先是契丹人犯法，例須漢人禁勘，受枉者多，重元奏請五京各置契丹警巡使，詔從之。」

〔三〕本史卷九二耶律侯哂傳作蕭歐里斯。

〔四〕夢溪筆談卷二四：「黑水之西有連山，謂之夜來山。……山西別是一族，尤爲勁悍，唯啖生肉血，不火食，胡人謂之山西族，北與黑水胡，南與韃靼接境。」

〔五〕長編：慶曆四年（一〇四四）夏四月「乙未，監察御史裏行李京言：『近聞契丹築二城於西北，南接代郡，西交元昊，廣袤數百里，盡徙緣邊生户及豐州、麟州被虜人口居之，使絶歸漢之路，違先朝誓書，爲賊聲援，其畜計不淺，況國家前年方修河北緣邊故滿城、陰城，再盟之後，尋即罷役，請下河東安撫司詰其因，或依賀乾元節使人還責以信誓，使罷二城，以破未然之患。』從之」。（宋會要畧同。）「壬寅，契丹國母遣左監門衛上將軍蕭忠孝、利州觀察使劉從順，契丹主遣始平節度使蕭詣、高州觀察使趙柬之來賀乾元節。」「先是邊奏契丹修天德城及多建堡寨，知制誥田況意敵蓄姦謀，乃上疏曰：『朝廷予契丹金帛歲五十萬，朘削生民輸將，道路疲弊之勢，漸不可久，而近西羌通欵，歲又予二十萬，設或復肆貪黷，再有窺求，朝廷尚可從乎？』」

〔六〕求，原誤「來」。據本史卷七〇屬國表改。

〔七〕長編：秋七月「癸未，契丹遣延慶宫使耶律元衡來告將伐元昊。其書畧曰：『元昊負中國當誅，故遣林牙耶律祥等問罪，而元昊頑獷不悛，載念前約，深以爲媿，今議將兵臨賊，或元昊乞稱臣，幸無亟許。』其實納契丹降人，契丹討之，託中國爲名也。參知政事范仲淹言：『臣竊見契丹來書，志在邀功，勢將搆難，還答之際，尤宜慎重。』」（宋會要蕃夷誤爲十月二十四日，元衡亦誤爲元衝。宋史作七月癸未，即二十四日。）

〔八〕長編：六月「戊戌，諫官余靖言：『元昊遣人求和，皆出契丹之意。我之言議動息，彼必皆知。伏緣景德中，契丹舉國興師深入，先帝與之對壘河上，矢及乘輿，天下安危在於刻漏，止以三十萬物與之通和。今元昊戰雖屢勝，皆將帥輕敵易動，故爲邊鄙之憂。數年選將練兵，始知守戰之備，而鋭意解仇，與物遂至二十六萬，彼若不允，豈可更添。且夫戎事有機，國力有限，失之於始，雖悔何追。竊以景德之患，繫安危於頃刻，而物數如彼；今日之患，遠在邊鄙之外，而物數如此。臣雖愚賤，深所耻之。且元昊之書，其名雖順，其詞甚悖。自言通和之事，非其本心。今雖與物更多，邊亭豈敢撤備。又況契丹之力，能制元昊，聞其得物之數，寧不生心？無厭之求，終難應副。若移西而備北，爲禍更深。伏乞朝廷極慮商量，必令輕重得所，事有形比，須索隄防，元昊凡所過求，不宜盡許。一啓其源，塞之實難，惟察利害而審計之。但思和與不和，皆有後患，則不必曲意從之，以貽國羞。』」庚戌，「契丹歸明人進士梁濟世爲應天府楚邱縣主簿。濟世本涿州人，嘗主文書敵帳下，一日得罪來歸，且言將有割地之請。既而劉六符至，上發書以示輔臣，色皆不動。六符亦疑其事先漏也」。（原注：「朝廷先知北敵有割地之請，緣王果購得敵書本也，此又云梁濟世來告，豈濟世因果以歸附，止一事而史各言之，故不相屬乎？」）王果見十一年注〔二〕。宋會要蕃夷二：「先是歸明人梁濟世，本涿州人，嘗主文書虜帳下，一日得罪來歸，具言將有割地之請。及虜使至，仁宗發書以示輔臣，色皆不動，使者亦疑其事已泄，後事定乃録濟世一官。」（王果等所購書稿，似是濟世携來者。）

長編：六月壬子，「參知政事范仲淹爲陝西河東路宣撫使。先是仲淹言：『臣竊見契丹遣使來言欲西征，今邊上探報，皆稱契丹大發兵馬討伐呆兒族并夾山部落，及稱亦與元昊兵馬相殺。又報元昊亦已點集左厢軍馬，既是二國舉動，必有大事，以臣料之，夾山等蕃部小族，豈二國盡舉大兵攻討，此可疑一也。又元昊自來惟倚契丹侵凌中原，今無大故，何敢便與契丹相絕而舉兵相持，此可疑二也。自古聖賢議論，皆稱敵人無信，今朝廷便欲倚憑，此可疑三也。前來契丹邀中國進納物帛，欲屈伏朝廷；元昊僭號擾邊，屢擒將帥，如盟信可保，何至今日之舉，又可疑四也。河東地震數年，古書亦主城陷。今二國之兵萃於彼方，此又大可疑五也。又邊上探得契丹遣使三道，至南山寧化軍、岢嵐軍後面，覘得谷口道路，此又大可疑六也。設或二國不守盟信，卒然奔衝，以數十萬衆乘不備而來，河東軍馬不多，名將極少，衆寡不敵，誰敢決戰，此大可憂一也。契丹素善攻城，今探得點集床子弩，并礮手，皆攻城之具，與昔時不同，況元昊皆無城可攻，如卻入漢界，併攻三兩城，破而屠之，則其餘諸城，乘風可下，此大可憂二也。萬一此度卻未奔衝，以取中國之信，使安於疑，徐爲後舉之策，此大可憂三也。今乞聖慈顧問大臣，如契丹可以保信，必不入寇，亦不與元昊連衡，則乞今日同署一奏，納於御前，使中外安静，不更憂疑。他日或誤大事，責有所歸。如大臣不敢保信，則乞指揮大臣，今日更不歸廳，便畫河東禦捍之策，抽何路軍，用何人將帥，添若干錢帛，據何處要害。如此定策，猶恐後時不能當二敵之勢，更因循度日，直候大寇入境，然後爲謀，則河東一傾，危逼宗社。臣待罪兩府，義當極語論，不敢有隱，繫聖斷處之。』」戊午，「樞密副使富弼言：『伏見朝廷以契丹發兵會元昊討呆兒族路出河東境外，疑其變詐，恐爲河東之患，遂遣參知政事范仲淹宣撫，此陛下憂勞愛民之深也。……臣前歲奉使契丹，頗見情狀，又自去歲至京日，見河北河東探報契丹與呆兒族相持事宜，參驗得實，契丹必不寇河東決矣，彼既不來，是不宜枉有調發，空成勞費，雖不入寇，然張虛聲以困我，未必果來，今若勞費不悛，則正落賊計。……他時雖欲背盟自逞，必寇河北，第以河東爲犄角之地而已。伏乞陛下更令范仲淹相度，且往河東照管，未宜調發，若將來河東卻有契丹入寇，是臣有罔上誤國大計之罪，乞加臣身。』時仲淹疑契丹入寇，欲大發兵爲備，杜衍謂契丹必不來，兵不可妄出，仲淹爭議帝前，詆衍語甚切，仲淹嘗以父行事衍，衍不以爲恨，既退，仲淹猶力爭。韓琦曰：『若爾則琦當請行，不須朝廷一人一騎。』仲淹怒，再求對，首奏琦言，然兵卒不發，仲淹亦不以爲忤也。先是仲淹受命主西事，弼主北事，弼條上河北守禦十二策。……『六曰：北敵風俗貴親，率以近親爲名王將相，以治國事，以掌兵柄而信任焉。所以視中國用人亦如己國，燕王威望，著於北敵，知是皇叔，又爲王爵，舉天下之尊無以二，朝廷庶事，皆決於王。王善用兵，天下兵皆王主之。嚴刑好殺，而無敢當者，北敵疑此，益所畏懼，故燕薊小兒夜啼，輒曰『八大王來也』，於是小兒輒止啼。每牽牛馬渡河，旋拒未進，又曰『必是八大王在河裏』，其畏若此，敵使每見南使，未嘗不問王安否及所在，朝廷以王之故，亦見重於北敵，謂朝有如是親賢，每欲妄動，未必不畏王而止。今春王薨，識者亦憂之，謂王之生，北敵以朝廷爲重，王之薨，則北敵以朝廷爲輕矣。……且如北敵有南大王蕭孝穆，北大王蕭孝惠、魯王特哩袞、楚王伊勒希布，是其親近甚衆。臣前歲奉使，盡與之接。又詢其國人，未必實有才武，而中原聞之，莫不疑人人皆良將也。

其故何哉，蓋聞其名而疑其有實爾。……今契丹自盡服諸蕃，如元昊、回鶻、高麗、女真、渤海、烏舍、鐵勒、黑水靺鞨、室韋、韃靼、步奚等，弱者盡有其土，强者止納其貢賦。獨高麗不伏，自謂夷齊之後，三韓舊邦，詩書禮義之風，不減中國，契丹用兵，力制高麗。高麗亦力戰，後不得已而臣之。契丹知其非本意，頗常勞其制禦，高麗亦終有歸順朝廷之心。臣伏見淳化中，其國主王治以契丹兵入境，遣使元郁來朝納款，太宗不從，但婉順回答。又於咸平年中，其國主王誦遣户部郎中李宣古來使，真宗亦不納，但降優詔而已。又於祥符七年，其國主王詢遣工部郎中丹徵古齎表來使，表稱今斷絶契丹，歸附大國，仍乞降正朔及皇帝尊號，真宗又不許。陛下即位後，天聖二年，復曾遣使來朝，朝廷差柳植館接，其事甚邇。前後高麗四次遣使修貢，每來必稱不願附契丹而願附朝廷。朝廷終不允納，雖然，觀高麗款附之切，如渴者望飲、饑者望食，無一日而忘之，但畧有人翹發，則其來必矣。來即善遇之，許其歲朝京師。賜予差厚於前。使回其心；優爲詔命之辭，以悦其意。他時契丹復欲犯順，以逞凶志，我遣人使高麗激之，且約曰：『契丹往年無故取高麗三韓之地，又景德間興師深入，誅求無厭，高麗甚苦之，我先帝重惜民命，不欲數與之鬬，故歲遺亦厚，於茲四十年矣。今契丹又欲背施肆毒，犯我邊境，我軍民共怒，皆願死戰，我不敢違衆，行師有日，高麗其舉兵相應，表裏夾擊。契丹敗，則三韓之地及所得人民府庫，盡歸高麗，我秋毫不取，但止復晉所割故地耳。』高麗素怨契丹侵其地，又斂取過重，向者恨無大國之助以絶之，聞今之説，則欣然從命。然則契丹不足破也。或者款納高麗，則契丹可爲釁端，或以爲不便。臣答曰：『前歲之隙，豈納高麗興亂邪？』夷狄之性，變詐多端，苟欲背盟，何說不可，豈宜動自拘礙，不敢有爲，直竢禍來，坐受其斃。愚者尚不肯如此，況謀謨天下之事乎！高麗果入貢，假使契丹來問，我當答以中原自古受萬國貢獻，矧高麗素稟朝廷正朔，但中間廢隔，今卻復修舊好，使我何辭阻絶。亦與契丹納諸國之款一也。契丹安能使我必不納高麗之貢哉？臣又思若契丹寡弱，不足爲虞，或能謹守盟誓，無憑陵中國之志，則何用遠納高麗之款，而近忽契丹之約，今契丹盡吞諸蕃，勢力雄盛，獨與中原爲敵國，又常有憑陵之心。況前歲已生釁隙，自知不直，謂朝廷僞增金帛，後圖釋憾，不久又將先發以制我焉。發而謀之，謀不及矣，經營措置，今乃其時。臣久嘗聞契丹議曰：『我與元昊、高麗連衡攻中原，元昊取關西，高麗取登、萊、沂、密諸州。』又曰：『高麗隔海，恐不能久據此數州，但縱兵大掠山東官私財物而去。我則取河東三十六州軍，以河爲界。』臣聞此久矣。萬一果如此說，臣謂朝廷亦無以制之。外寇如此，竊中國因循，日過一日，臣不知終久如何。夫高麗累表乞貢奉，朝廷終不許。遂決志事契丹，所以爲契丹用也。契丹所教無不從。朝廷若能許高麗進貢，正遂其志，則必反爲我用也。契丹何能使之耶？臣熟知高麗雖事契丹，而契丹憚之。天聖三年，契丹常伐高麗，是年朝廷遣李維奉使，高麗殺契丹兵二十萬，匹馬隻輪無回者。自是契丹常畏之而不敢加兵，朝廷若得高麗，不必竢契丹動而求助，臣料契丹必疑高麗爲後患，卒未敢盡衆而南，只此已爲中國大利也。亦願陛下行之無疑。……臣頃聞河朔人説，契丹自山後斬伐林木，開鑿道路，直抵西山漢界而止。今則往來通快，可以行師。臣亦嘗細詰其由，云契丹舊亦疑朝廷有復燕之計，恐天兵渡河，直抵燕京，則敵人欲出我不意，由山後進兵，旁擊鎮、定，横行河朔，牽制王師也。臣料往年緣邊亦曾探報，聞於朝廷，今若契丹自廣信、安肅入境，我以重兵禦其鋒，復有西山别衆，横行背擊官軍，則大事去矣。此兵家切務，不可不知，當得廉幹謹密者，陰往經制。……凡此等守禦十二策總十三條，是臣庚辰、壬午年奉使契丹日，於河北往回十餘次，詢於沿邊土豪并内地故老，博採參較，得之甚詳，及於北廷議事，又頗見其情狀，以至稽求載籍，質以時務，用是裒聚選述，以副陛下委任之意，即非臣任胸臆罔聖聰，伏望陛下令兩府會議，可者速行之，其未可者更相致詰而是正之。……昨契丹背約，呼索無厭，朝廷以中國之尊，敵人敢爾……臣竊計北敵勢方强盛，可以入寇，而輒肯議和者有謀也，謀後舉事，以爲萬全之策也。又計中國之勢，如人坐積薪之上，而火已然，雖焰未及其身，可謂危矣。」

景文集卷二九議西人劄子：「臣伏見趙元昊遣使進納誓書西人在館，以待答報，伏知朝廷議欲降詔，遂相開納，止留册命，未便舉行，又聞俞青使回，北庭謂本朝若必行元昊封册，勿令使命深入，恐契丹兵馬一例殺傷，又其答書有『俟平定西鄙，遣人來報』之意，此皆含糊未決之辭，包奸蓄怨之語也。……且西、北二敵，連兵搆難，中國之利也。方當整勒兵馬，陰拱高視，候其大傷小亡，乃可以逞。今若便許元昊，同其誓文，則二國要約，固已先定，不待封册方正君臣，如此則元昊之貢獻必且續至，朝廷之金幣亦便頒分。假使北敵能勝西，則契丹必歸曲朝廷，以爲撫彼叛臣，逆其來信，負兵悖慢，勢必稱兵。而元昊得朝廷誓詔，必且取重外鄙，市怨耶律，肆其狡獪，因爲間諜，得我金幣，以救敗亡，是乃紓敵禍於一時，嫁外怨於中國矣。使西能勝北，則二敵之怨必深，契丹士兵更當讎賽，則朝廷却與元昊歡盟厚賂，安得不動敵情哉。契丹之怨朝廷益深，則元昊之結朝廷益固者，非謂與我爲金石交也，彼藉我之賄，假我之援，全境激敵，以誓劫我，使吾邊戍，束手瞪目，熟視流散，不得侵畧。然後首鼠窟穴，養成豺虎，斯其謀也。臣又料契丹未能得志於元昊，先且取償於河北，避强擊弱，有何不可。是朝廷免西鄙之小衄，結北方之巨釁，輕重之責，安得不懷，且契丹言恐一例殺傷，又云俟平定西鄙，此何等語，朝廷忽而不計耶。臣伏見元昊誓書中，要結天地，誓及子孫，言雖誇險，勢亦窘急，何者？彼蓋迫契丹之用兵，畏我境之乘便畧其邊寨，取其老小，重以詛誓，務在速成，必知朝廷已賜開許，不肯先違信誓。則彼一心捍北，永無東顧之虞，此賊昊之計，事在目前，確無可辨。臣以爲當今計者，不如且遣彼使，賜以存問詔書，詰難誓文，更令修正，遷延來往，以賒後期，兼令雄州謄報北帳，俟其雄雌之決，更議拒納之宜，撫西懷北，兩得其便。」

九朝編年備要卷一二：慶曆四年秋七月，「契丹來告伐元昊曰：『元昊負中國當誅，今將兵臨賊境，或元昊乞稱臣，幸無亟許。』其實以納契丹降人討之，託中國爲名也。復書畧曰：『聞親總師徒，直臨賊境，若以元昊於北失事大之禮，則自宜問罪，若以其於本朝稽效順之故，則不煩出師。況延州近奏，元昊已遣楊宗素齎誓文入界，若不依初約，則猶可沮還，如盡遵承，則何以卻也。』

乃命右正言余靖報使」。

東都事畧卷六八富弼傳：「契丹來告舉兵討元昊，時册命元昊爲夏國主，使將行而止之，以俟契丹使。富弼曰：『若契丹使未至而行，則事自我出。既至，則恩歸契丹矣。』從之。是歲契丹受禮雲中，且發兵會元昊伐呆兒族，於河東爲近。仁宗問弼曰：『契丹得無與元昊襲我乎？』弼曰：『契丹自幽薊不復，由河東入寇者，以河北平易富饒，而河東險瘠，且虞我出鎮、定，擣燕、薊之虚也。今兵出無名，契丹大國決不爲此，就使妄動，當出我不意，不應先言受禮雲中也。元昊本與契丹約相左右以困中國，今契丹背約結好於我，獨獲重幣，元昊有怨言，故契丹築威塞州以備之，呆兒屢殺威塞人，契丹疑元昊使之，故爲是役，安能合而寇我哉。』或請調發爲備，弼曰：『契丹雖不來，猶欲以虚聲困我，若調發正墮其計，臣請任之。契丹若入寇，臣爲罔上且誤國。』仁宗乃止。契丹卒不動。」

〔九〕全遼文卷八耶律仁先墓誌銘作武清李宜兒，蓋香河爲析武清、三河、潞三縣而置者。宜兒曾結衆千餘人，已稱帝及立相。參本書卷九六耶律仁先傳注。

〔一〇〕高麗史卷六：靖宗十年（一〇四四）「秋七月癸酉，契丹遣檢校太保劉從政來賀生辰，遣右僕射李瓌，尚舍奉御崔希正如契丹謝封册」。

〔一一〕長編：八月「壬子，右正言、秘閣校理孫甫爲契丹國母生辰使，如京使夏防副之；太常少卿、直史館劉夔爲契丹生辰使，崇儀使楊宗讓副之；鹽鐵判官、祠部員外郎、秘閣校理張瓌爲契丹國母正旦使，内園副使焦從約副之；開封府推官、監察御史劉湜爲契丹正旦使，東頭供奉官、閤門祗候李士勳副之」。「乙未，翰林學士承旨丁度，學士王堯臣、吴育、宋祁，知制誥孫抃、張方平、歐陽脩，權御史中丞王拱辰，侍御史知雜事沈邈等言：『中書樞密院聚廳召臣等宣示契丹來書并朝廷答書，臣等竊謂契丹、元昊相攻，虚實未可知，今來書大意且言以元昊不順朝廷之故，遂成釁興兵，恐深入討伐之後，元昊却歸朝廷，乞拒而不納。今答書便云於元昊理難拒絶，則是不從北鄙之請，堅納西人之盟，得新附之小羌，違久和之强敵，如聞契丹見屯兵甲，近在邊陲，萬一得書，違情生忿，回戈戎境，有以爲名，夫患有遲速，事有重輕，此朝廷不可不審度也。若阻契丹而納元昊，則未有素備之策；絶元昊而從契丹，又失綏懷之信，莫若以大義而兩存之，臣等謂宜降詔元昊，言昨許再盟，蓋因契丹有書來，言彼是甥舅之親，朝廷久與契丹結和，不欲傷鄰國之意，遂議開納，今卻知國中招誘契丹邊户，虧甥舅事大之禮，違朝廷納欵之本意，當須復順契丹，早除嫌隙，則誓書封册，便可施行，仍乞於契丹回書中言已降詔與元昊，若其悔過歸順貴國，則本朝許其欵附，若執迷不復，則議絶未晚。如此，則於西人無陡絶之曲，於北鄙無結怨之端，從容得中，不失大義，惟陛下裁擇。』」「戊戌，右正言、集賢校理、同修起居注余靖假右諫議大夫、史館修撰爲回謝契丹使。先是靖言：『伏聞契丹耶律元衡來聘，道路傳言專報西征之事，臣雖愚陋，竊用憂之，且敵人當無事之時，尚可窮巧極詐，乘我之怯，以恣無厭之求，況今用兵之際，豈得默而無請。臣竊料敵人之意，不出數策：一曰借兵於我，同力剪除；二曰見乏資糧，欲假邊粟；三曰軍興費廣，先借數年之資；四曰元昊與賊連謀，不宜更通和好。此皆目前所宜預備者也。……若云元昊懷貳，與賊通謀，同盟之國，所宜共嫉，惟此一事最難處置。從之則權在敵人，不從則强兵在境。酌今之勢，不能不從。伏緣北敵本參和議，彼既有隙，勢難兩交。若謂元昊已有好意不可拒絕，臣恐納元昊而疎耶律，則敵人移兵於我矣。臣愚以謂元昊之論未定，猶可緩之以順北敵之請，其餘不可從也。……』又言：『伏覩耶律元衡已朝見訖，中外臣僚但聞報西征事，又知河東邊奏警急，並無不憂懼，雖北邊事宜云征夾山部落，且夾山小族，而契丹舉國征之，事勢甚大，恐似別有謀者。臣竊思之，朝廷於西北大事，前後處置失錯，所以敵人乘釁肆其憑陵，今者使來，必此之故。切緣元昊累世稱藩，一日僭叛，招携出討，當自圖之，而乃屈中國之威，假契丹之援，借人之勢，權在他人。此謀始之失也。臣去年在敵中，敵主親與臣言：梁適去時，云河西事了，遣人來謝，及以元昊表示臣，俾知元昊畏伏之意。又與臣言：俟乾元節信使迴日，請仔細報來，及臣歸朝，首言此事，只緣夷簡病退，梁適差出，便乃隱諱，云無此言，暨乾元節信使蕭孝忠來，屢問館伴張錫，錫終不與言元昊商量次第朝廷當元昊叛時，則遣使告之，及其和約欲就則問而不對，必疑朝廷有異議矣。此始末不同之失也。……惟與元昊絕和，最難處置。臣竊計之：遜詞以謝北敵，緩詞以欵西戎，苟紓歲月之禍，誠當今可施之策也。……今若徇北敵而絕西戎，亦有兵禍；納西戎而違北敵，亦有兵禍；二敵連謀共爲矛楯之勢，北人纔去，西人必來，拒納之間，動皆有礙，擇禍就輕，守之以信。使曲不在我，即其要矣。臣又聞前歲北人解甲後，幽州亦遭掠奪財物，迫奪婦人，發掘墳墓，燕人苦之，今河東近邊，恐有衝突，須作隄備，以戒不虞。臣常觀北朝氣陵中國，捃拾事緒，以起釁端，歸於强弩相射，利劍相擊而後已，不可不早備也，惟陛下圖之。』朝廷以靖言爲然，於是遣靖回謝。」（其復書已見前。）壬寅，「詔知雄州王德基諜報北界，以保州兵亂，本路方領兵捉殺，恐緣邊人户驚疑也」。戊午，「富弼言：『近見元昊所上誓書及表奏，辭禮恭順，一遵朝廷所約，只是榷場上微有商量，候楊守素到闕日，乞與婉順商議，示以必和之意，使之深信不可爲其恭順卻於元約事外，別有詰難邀勒，所宜多方容納，令無備我之意，則必盡力與契丹相持，若二寇自相殺伐，兩有所損，此朝廷之福，天所假也。苟議絶和約或大段拖延不成，則元昊必復與契丹合，而爲患如故，此必然之理也。臣料契丹必未肯與朝廷絶好，余靖此去保無他虞，將來若遣謝使，所齎謝物不可過數，苟多無益，更乞深加詳察。』」長編：「甲午，樞密副使富弼爲河北宣撫使。先是輔臣奏事垂拱殿，帝面諭之曰：『北敵受禮雲州，恐遂襲我河東，兩府宜設備。』弼退而上言：『……竊謂契丹必不襲河東。……臣謂契丹異日之禍，獨在河朔，河東只可爲牽制之地。……河朔一二年來，雖名爲設備，其實未堪禦寇，乃是張備豫之虚聲，適足重敵人之姦計，爲患愈大，不可不思。臣前歲奉使契丹，理當無所增賂，蓋爲朝廷方盡力西鄙，未遑北事，於是忍辱自屈，歲益所入，聊以欵兵緩禍，而望雪耻於後也。……』於是命弼宣撫河北。其實弼不自安於朝，欲出避讒謗也。」

〔一三〕九十九泉，參本書卷四一地理志五豐州注〔五〕。此是地理志西京道豐州之九十九泉，在今内蒙古察哈爾右翼。索隱卷二：「水經灅水注引魏土地記曰：『沮陽城東八十里有牧牛山，下有九十九泉，即滄河之上源。』考魏沮陽城在今懷來縣北十里，懷來縣爲遼可汗州清平軍治，距西征之黄河甚遠，讀史方輿紀要謂九十九泉在保安州境牧牛山下。不知遼之九十九泉非即魏之九十九泉也。」

〔一三〕長編：九月「癸未，前鎮戎軍巡檢、右班殿直、閤門祗候李良臣爲内殿承制、閤門祗候鄜州都監，更名泰，定川之敗，良臣爲賊俘致契丹，朝廷始以良臣死事，嘗贈左千牛衛將軍梅州刺史，後聞良臣尚在，諫官田況請且存卹其家，因封其母妻而録其二子，至是脱身來歸，上特貸而用之」。宋史卷三一三富弼傳：「（慶曆）四年契丹受禮雲中，且發兵會元昊伐呆兒族，於河東爲近。帝疑二邊同謀，弼曰：『兵出無名，契丹不爲也。元昊本與契丹約相左右，今契丹獨獲重幣，元昊有怨言，故城威塞以備之，呆兒屢寇威塞，契丹疑元昊使之，故爲是役，安能合而寇我哉？』或請調發爲備，弼曰：『如此正墮其計，臣請任之。』帝乃止。」（東都事畧卷六八富弼傳同。）歐陽脩文忠公集卷三三余靖墓誌銘：「慶曆四年，元昊納誓請和，請加封册。而契丹以兵臨境上，遣使言爲中國討賊……朝廷患之，議未決，公獨以爲中國厭兵久矣。……朝廷雖是公言，然猶留夏册不遣，而假公諫議大夫以報。公從十餘騎，馳出居庸關，見虜於九十九泉，從容坐帳中辯言，往復數十，卒屈其議，取其要領而還。朝廷遂發夏册臣元昊，西師既解嚴，而北邊亦無事。……而契丹卒自攻元昊，明年，使來告捷，又以公往報，坐習虜語，出知吉州。」遣使言爲中國討賊，即六月耶律高家奴告宋事。

〔一四〕本史卷八七蕭孝友傳：「會伐夏，孝友與樞密使蕭惠失利河南，帝欲誅之，太后救免。」長編：十月「壬子，范仲淹言：『據麟府路兵馬都監張岊狀，西界唐龍鎮嘉舒、克順等七族，去漢界不遠，可因西、北交争之際，量援以兵馬而預爲招納之，兼體問得七族蕃部，舊屬府州，比因邊臣不能存恤，逃入西界，在今府州東北緣黄河西住坐，其地面與火山軍界對岸，昨西賊大掠麟府界人户悉居於彼，遂分爲十四族，近有内附首領香布言，契丹領兵在甯仁静寇鎮，待河凍即過唐龍鎮劫之。若契丹遂取七族，則府州河外又生一契丹，兼七族既有驚疑之心，必逃入火山界，契丹因而襲逐入漢地則一帶蕃漢人户必定遭驅虜。又麟府殘破，難以守禦，今若先行招誘，使七族率其所掠麟府屬户復自來歸，納之不爲無名。……今先次畫到七族地圖以聞。』時元昊已進誓表，詔仲淹更審計利害，仲淹亦言『契丹與元昊今復解仇，則七族更無憂怕之心，自難招誘』，其議遂罷」。

〔一五〕宋史卷四八五夏國傳：「是歲遼夾山部落呆兒族八百户歸元昊，興宗責還，元昊不遣，遂親將騎兵十萬出金肅城，弟天齊王馬步軍大元帥將騎七千出南路，韓國王將兵六萬出北路，三路濟河長驅。興宗入夏境四百里，不見敵。據得勝寺南壁以待。八月五日，韓國王自賀蘭北與元昊接戰，數勝之。遼兵至者日益，夏乃請和，退十里，韓國王不從，如是退者三，凡百餘里矣，每退必赭其地，遼馬無所食，因許和。夏乃遷延以老其師，而遼之馬益病，因急攻之，遂敗，復攻南壁，興宗大敗。入南樞王蕭孝友砦，擒其鶻突姑駙馬，興宗從數騎走。元昊縱其去。」

長編：慶曆四年十月「契丹夾山部落呆兒族八百户歸元昊，契丹主責還，元昊留不遣，契丹主遂親將至境上，各據山嚴兵相持，元昊奉巵酒爲壽，大合樂，折箭爲誓，乃罷。契丹夜以兵劫元昊，元昊有備，反以兵拒之，大敗。契丹主入南樞密蕭孝友寨，擒胡覩駙馬，契丹主從數十騎走，元昊縱其去，尋復與契丹解仇如故」。（東都事畧同。）

宋元通鑑卷二二：「冬十月，契丹主宗真親將騎兵十萬出金肅城，遣弟重元將騎兵七千出南路，樞密使蕭惠將騎兵六萬出北路，三路濟河，長驅入夏境四百里，不見敵，據德勝寺南壁以待，惠與元昊戰於賀蘭山北，敗之。」「元昊縱兵急攻惠營，敗之，乘勝攻南壁，契丹主大敗，從數騎走得免，元昊入樞密使蕭孝友砦，執駙馬蕭胡覩以去。」

九朝編年備要卷一二：「宗真親將至夏國境上，各據山嚴兵相待，曩霄奉巵酒爲壽，大合樂，折箭爲誓，及罷，契丹夜以兵劫曩霄，反爲所敗，曩霄縱其去。」

〔一六〕長編：十二月「癸丑，契丹國母遣右監門衛上將軍耶律褒，寧州觀察使星齊；契丹遣正義軍節度使蕭玖，太常少卿、史館修撰姚景禧來賀正旦。」景禧，本史避諱作景行，卷九六有傳。

契丹國志卷八：「是歲帝以鄭王宗元加兵馬大元帥，封晉國王，欒郡王（欒下疑脱安字）宗德進封豳王，中山王宗正進封魯王，豫章王宗熙進封齊王，節度使宗哲進封長沙王。」（宗正即宗政，按全遼文卷七耶律宗政墓誌銘：開泰五年始封中山郡王，重熙四年進封魯王。）

長編：十二月「乙未，册命元昊爲夏國主，更名曩霄。……遣尚書祠部員外郎張子奭充册禮使……稱臣奉正朔……許自置官屬，使至京就驛貿賣，燕坐朵殿，朝廷遣使至其國，相見以賓客禮，置榷場於保安軍及高平寨，第不通青鹽，然朝廷每遣使往，館於宥州，終不得至興靈焉。子奭既行，尋有詔即所在止之，候契丹使至別議，富弼深言其不便，曰：『若敵使未至而子奭先去，則天下共知事由我出，不待契丹許而後行也。今若候敵使至，別無難意，而後方令子奭遂行，則是自以講和之功歸於契丹，直待得契丹許意，方敢遣使封册，中國衰弱，絕無振起之勢，可爲痛惜，萬一敵使知我尚未封册，詞稍不順，不可却拒元昊而曲就契丹，如此則是朝廷不敢舉動，坐受契丹制伏，而又前後反覆，大爲元昊所薄矣。此事余靖奉使時，契丹已許封册，今但自恐怯，更思變改，臣實不曉也。兼契丹西征大衄，山前山後非常困弊，必不敢止我此行，伏維朝廷據天下之大，四方全盛，若每事聽候契丹指揮，方敢施爲，使陛下受此屈辱，臣子何安，臣忝預樞輔之列，實爲陛下羞之，亦爲陛下憂之，伏乞斷自宸衷，不候敵使到闕，速令子奭行封册之恩，則天下幸甚。』」（原注：「弼奏云，去年十二月中知子奭已進發，近却有指揮緣路止住，則此奏當是慶曆五年正月，今因子奭行并書之。」）

全遼文卷八張績墓誌銘：「重熙十三年冬，尋奉詔接送賀永壽、正旦高麗人使。」

十四年春正月庚申，以侍中蕭虛烈爲南院統軍使，封遼西郡王。庚午，如鴛鴦濼。壬

午，以金吾衛大將軍敵魯古爲乙室大王。甲申，夏國遣使進鶻。以常侍斡古得戰歿，命其子習羅爲帥。〔一〕

二月庚子，朝皇太后。駐蹕撒剌濼。〔二〕

三月己卯，宋以伐夏師還，遣使來賀。

夏四月〔三〕辛亥，高麗遣使來貢。〔四〕

閏五月癸丑，清暑永安山。〔五〕

六月丁卯，〔六〕謁慶陵。己卯，阻卜大王屯禿古斯率諸酋長來朝。庚辰，夏國遣使來貢。

辛巳，〔七〕以西南面招討使蕭普達戰歿，贈同中書門下平章事。〔八〕

秋七月戊申，駐蹕中會川。〔九〕

冬十月甲子，望祀木葉山。〔一〇〕

十一月壬午朔，回鶻阿薩蘭遣使來貢。甲辰，以同知北院宣徽事蕭阿剌爲北府宰相。

十二月癸丑，觀漢軍習砲射擊刺。〔一一〕癸亥，決滯獄。〔一二〕

〔一〕長編（宋會要同）：慶曆五年（一〇四五）春正月「丙子，契丹遣林牙彰聖軍節度使耶律宗睦來告討夏人回。先是元昊既敗契丹，遣使齎表獻俘。詔却其俘而受其表。及宗睦來，知制誥余靖言：『朝廷受表却俘，此誠欲敦示大體，兩存其好也。竊緣臣昨到契丹，敵中君臣將元昊表狀，皆示與臣，其間亦有毀讟本朝之語，但敵主佯詈元昊小人翻覆，交鬭兩朝，如此而已。臣愚以爲今亦宜使館伴宗睦者，將元昊獻俘表示與宗睦，兼言本朝不受所獻，復令送還北朝之意，使敵人知本朝聞其敗衄，不敢分外邀求也。』樞密副使韓琦言：『朝廷已封册夏國，又契丹以西征回來告，當此之時，若便爲太平無事，則後必有大憂者三，若以前日之患而慮及經遠，則後必有大利者一，請畧言之：自羌人盜邊以來，於今七月。小入大至，未嘗挫其鋒，今乘累勝之氣，而與朝廷講和者，得非凡軍興之物，悉取其國人，而所獲不償所費，又久絕在邊和市，上下困乏，故暫就稱臣之虛名，而歲邀二十萬之厚賂，非爲得計耶，且契丹勢素强，而夏人尚敢與之抗，若使其歲享金繒及和市之利，國內充實，一旦我之邊備少弛，則有窺圖關輔之心。此臣所謂後必有大憂者一也。契丹昨以羌人誘致邊民，遽往伐之，既不得志而還，見朝廷封册曩霄，其心必不樂。近諜者傳契丹國人語云：「往河西趨沙漠中所得者，唯牛羊爾；若議南牧，則子女玉帛，不勝其有。」臣恐契丹異日更有邀求，或請絕西人之和，以隳盟誓，且河北兵驕不練，忽而奔衝，則必震動京師。此臣所謂後必有大憂者二也。又昔石晉假契丹之力，以得天下，歲纔遺繒帛三十萬，今朝廷歲遺契丹五十萬，夏國二十萬使敵日以富强，而國家取之於民，日以朘削。不幸數乘水旱之災，則患生腹心，不獨在二敵。此臣所謂後必有大憂者三也。昨契丹自恃盛强，意欲平吞夏人，倉卒興師，反成敗衄，北敵之性，切於復讎，必恐自此交兵未已，且兩敵相攻者中國之利，此誠朝廷養晦觀釁之時也。若能内輯綱紀、外練將卒，休息民力，畜斂財用，以坐待二敵之弊，則幽、薊、靈、夏之地，一舉而可圖。振耀威靈，彈壓夷夏，豈不休哉！此臣所謂後必有大利者一也。臣願陛下深思，去大憂而取大利，則爲天下之福。』」「庚辰，右正言、知制誥、史館修撰余靖爲回謝契丹使，引進使、恩州刺史王克基副之。」

余靖武溪集卷一八契丹官儀云：「予自癸未至乙酉，三使其庭，凡接送館伴使副，客省宣徽，至於門階户庭趨走卒吏，盡得款曲言語，虜中不相猜疑，故詢胡人風俗，頗得其詳。退而誌之，以補史之闕焉。」官儀分見官制各條。

〔二〕長編：二月壬辰，「夏國主曩霄初遣鼎奴、關聿則等來賀正旦，自是歲以爲常，時聿則以留延州議事，故後至也」。己亥，「知制誥余靖言：『昨聞西人與契丹約和，尋復侵掠，必恐契丹兵忿不解，前又遣使來以告西伐，則將命者不絶，蠹耗財用，無有盡時，臣今奉使契丹，欲先諭以元昊反覆小臣，其去就不足爲兩朝重輕，設或携叛，亦是常事，彼此只邊上關報，更不專遣使臣。』從之」。（宋會要同。）

長編：甲寅，「初歐陽脩奉使河東，還言：『河東之患在盡禁緣邊之地，不許人耕，而私糴北界粟麥，以爲邊儲。其大利害有四。以臣相度，今若募人耕植禁地，則去四大害而有四大利。河東地形山險，饋運不通，每歲傾河東一路税賦，和糴入中，博市斛斗支往，緣邊州軍人户，既不能輦致，遂齎金銀錢絹，就北界貴糴之。北界禁民以粟、馬入我境，其法至死。今邊民冒禁私相交易，時引爭鬥，輒相斫射。萬一引惹而生事端，其患一也。今吾有地不自耕植，而偷糴鄰界之物。若敵常歲豐及緩法不察，而粟過吾界，則是有可望。苟敵歲不豐或與我有隙，頓嚴閉糴之法，則我軍遂致乏食。是我師饑飽繫於敵人，其患二也。代州、岢嵐、寧化、火山四軍緣邊，地既不耕，荒無定主，而敵得以侵佔。往時代州陽武寨爲蘇直等爭界，訟久不決，卒侵地二三十里。今寧化軍天池之側，杜思榮等人，又爭侵地二三十里。岢嵐軍亦爭掘界壕。賴米先濬多方力拒而定。是自空其地，而誘北人歲以爭界，其三害也。禁膏腴之地不耕，而困民之力以遠輸，其害四也。臣謂禁地若耕，三二歲間，可使不糴北界粟麥，則邊民無爭糴引惹之害；我軍無飢飽在敵之害；緣邊有定主，無爭界之害；邊州自有粟，則內地之民無遠輸之害。是謂去四大害而有四大利。今四州軍地可二三萬頃，若盡耕之，則歲可得三五百萬石。』仍下緣邊議，以爲岢嵐、火山軍其地可耕。而代州、寧化軍去敵近，不可使民盡耕也。於是詔并代經略司，聽民請佃岢嵐、火山軍閒田在邊壕十里外者。然所耕極寡，無益邊備，歲糴如故」。

〔三〕「夏四月」三字原脱。本史卷四四朔考三月丁巳朔，無辛亥；四月丁亥朔，辛亥爲二十五日。檢本史卷七〇屬國表高麗來貢正在四月，據補。又據長編、宋史，丁亥朔下有：「當食陰晦不見。」

長編：四月辛卯，「夏國主曩霄，初遣素齊咩、布移則、張文顯來賀乾元節，自是歲以爲常。」

契丹國志卷八作十三年，誤。

〔四〕長編：四月「丁酉，契丹國母遣左監門衛大將軍耶律祐，崇禄卿劉積善；契丹主遣臨海節度使耶律運，少府監楊哲來賀乾元節」。五月戊辰，「知制誥余靖前後三使契丹，益習外國語，嘗對契丹主爲蕃語詩，侍御史王平、監察御史劉元瑜等劾奏靖失使者體，請加罪。元瑜又言，靖知制誥，不當兼領諫職。庚午，出靖知吉州」。

契丹國志卷二四：「余靖尚書使契丹，爲北語詩，契丹愛之，再往益親，余詩云：『夜筵設罷（侈盛也）臣拜洗（受賜也），兩朝厥荷（通好也）情幹勒（厚重也）；微臣稚魯（拜舞也）祝若統（福祐也），聖壽鐵擺（嵩高也）俱可忒（無極也）。』國主舉大杯謂余曰：『能道此，余爲卿飲。』復舉之，國主大笑，遂爲釂觴。」

〔五〕長編：閏五月「癸丑，河北都轉運按察使歐陽脩嘗奏疏言：『伏見北敵近於界首添建城寨及拘囚定州巡兵湯則、侵過銀坊冶谷地界等事，臣聞朝廷至今未有分明嚴切指揮，令邊臣以理爭辨。……若縱之不爭，而誘其來侵，乃是引惹，況山西道路有三十餘處，皆可行兵，而其險要所扼，在於軍城、銀坊等路，爲彼奪據而不爭，則北寨、王柳等口，漸更來侵，豈能爭矣。是則西山險要，盡爲彼奪，一日使敵以大兵渡易水，由威虜之西平陸而來，以奇兵自飛狐出西山諸口而下，則我有腹背受敵之患。……且北敵雖以戰射爲國，而耶律氏自幼承其父祖與中國通和之後，未嘗躬戰陣，遭勍敵，謀臣舊將，又皆老死，今其臣下如貫寧者無三兩人，寧材不及中人，已是彼之傑者，所以君臣計事，動多不臧，當初對梁適遣使河西，使與中國通好，及議和垂就，不能小忍以邀中國厚利，乃與元昊爭夾山小族，遂至交兵，而累戰累敗，亡失人馬，國內瘡痍，誅斂山前，漢人怨怒，往時北人殺漢人者罰，漢人殺北人者死，近聞反此二法，欲悦漢人，漢人未能收其心，而北人亦以怒矣。又聞今春女真、渤海之類，所在離叛攻劫，近纔稍定，方且招緝敗亡，修治器甲，内恐國中之復叛，外有西夏之爲虞，心自懷疑，憂我乘虚而北襲，故於界上勉强虚張，因我巡兵，侵我地界，蓋其實弱而示强爾。……自國家困於西鄙用兵，常慮北人合謀，乘隙而動，及見二敵相失而交攻，議者皆云中國之福，夫幸其相攻爲我之福，則不幸使其解仇而復合，豈不爲我禍乎！……然二敵勢非久相攻者也。一二年間，不能相并，則必復合。……臣聞敵人侵我治谷，雖立寨屋三十餘間，然尚遷延未敢便貯兵甲，更伺我意緊慢，若不及早毁拆，而少緩縱之，使其以兵守之，則尤難争矣。至於湯則，亦聞囚而未敢殺，此亦不可不争。』」

〔六〕「六月」二字原脱。本史卷四四朔考閏五月丙戌朔，無丁卯；六月乙卯朔，丁卯爲十三日。檢卷七〇屬國表阻卜來貢正在六月，據補。

〔七〕原誤「辛亥」。按六月乙卯朔，無辛亥。庚辰之後，七月之前只有辛巳，據改。

〔八〕高麗史卷六：靖宗十一年（一〇四五）「六月己卯，契丹橫宣使、檢校太傅、判三班院事耶律宣來。」

〔九〕長編：秋七月壬子，「初契丹遣使求割地，書以開決塘水爲説，及申定誓約，乃具載兩界塘淀各如舊，第罷增廣，若隄堰壅塞，集兵修築疏通，或非時霖淹漲溢，皆不移報，約既定，朝廷重生事，自是每邊臣言利害，雖聽許，必戒之以毋張皇，使敵有詞，而楊懷敏獨治塘益急，是月懷敏密奏曰：『前轉運使沈邈開七級口，泄塘水，臣已亟塞之。知順安軍劉宗言閉五門幞頭港、下赤、大渦、柳林口、漳河水不使入塘，臣已復通之，令注白洋淀矣，邈、宗言朋黨沮事如此，不譴誅，無以懲後。』詔從懷敏奏。自今有妄乞更改水口者，重責之。」

高麗史卷六：「秋七月丁酉，契丹遣檢校尚書、右僕射高惟幾來賀生辰。」

長編：八月「甲子，右正言、知制誥楊察爲契丹國母生辰使，東上閤門使、新州刺史王克忠副之；户部判官、祠部郎中張堯臣爲契丹主生辰使，西上閤門副使張希一副之；度支判官、祠部員外郎、集賢校理李昭遘爲契丹國母正旦使，供備庫副使、閤門通事舍人李璋副之；監察御史包拯爲契丹正旦使，閤門通事舍人郭琮副之。」「契丹館伴者謂拯等曰：『雄州新開便門，乃欲誘納叛人以刺候疆事乎？』拯曰：『欲刺知北事，自有正門，何必便門也。本朝豈嘗問涿州開門邪！』敵折不復言。及拯使還，具奏：『臣昨奉命出境，敵中情僞，頗甚諳悉，自創雲州作西京以來，不輟添置營寨，招集軍馬，兵甲糧食，積聚不少，但以西討爲名，其意殊不可測。緣雲州至并、代州甚近，從代州至應州，城壁相望只數十里，地絶平坦，此南與北古今所共出入之路也。自失山後五鎮，此路尤難控扼，萬一侵軼，則河東深爲可憂，不可信其虚聲，弛其實備。兼聞代州以北，累年來，蕃户深入南界，侵佔地土，居止耕佃甚多，蓋邊臣畏懦，不能畫時禁止。今若不令固守疆界，必恐日加滋蔓，窺伺邊隙，寖成大害，銀坊城等，亦緣此而致，切不可忽也。况即今邊上將帥，尤在得人，昔太祖經營四方，選勇幹忠實者，分控西北邊，皆一任十餘年不遷，卒獲其效，今則不然，涖事未幾，即圖遷徙，又何暇於訓練備禦乎。臣欲乞今後應沿邊要衝之處，專委執政大臣，精選素習邊事之人，以爲守將，其代州尤不可輕授，如得人，責以實效，雖有微累，不令非次移替，所貴軍民安其政令，緩急不致敗事。』」（原注：歐陽脩論侵界已附五月末，是年十月己巳，詔劉湜諭北使令依誓約，毁去銀坊城，此時拯使北未還，其上此疏，當在明年春間，今因拯出使先附見之。）

長編：慶曆六年四月甲寅，「降新河東轉運使、刑部郎中、集賢校理李昭遘知澤州，坐奉使契丹，其從者嘗盜敵中銀杯也。昭遘從者既杖死，詔以銀杯送敵中，議者謂盜已正法，送銀杯於體有損，判大名夏竦亦乞罷送，不聽。知雄州王仁旭直納軍資庫，人稱其得體」。（原注：此據江休復雜志。）

〔一〇〕宋史卷一一仁宗紀：慶曆五年「冬十月乙卯，契丹遣使來獻九龍車及所獲夏國羊馬」。長編：慶曆五年十月「乙卯，契丹遣林牙保静軍節度使耶律翰，樞密直學士中書舍人史館修撰王綱來獻西征所獲馬三百匹，羊二萬口，又獻九龍車一乘」。（原注：「契丹附傳、正傳并不載耶律翰等來使，惟實録、本紀、會要載，亦不知報聘者誰也。」）宋會要作耶律翰林，繫於二月，餘同。宋會要蕃夷二：「十月，詔河北緣邊安撫司械送契丹駙馬劉三嘏過涿州，以北界累移文請也。」長編：十月「戊辰，契丹歸明人安忠信、李文吉並爲三班奉職、淮南監當，仍賜忠信銀三百兩，文吉百兩。初文吉等嘗爲契丹刺事雄州，至是來歸，特録之。（宋會要同，惟刺事誤刺史。）己巳，詔送伴契丹使劉湜，北界近築寨於銀坊城，侵漢界十里，其以誓約諭使人，令毀去之」。（宋會要、續通鑑同，惟宋會要繫於二月，劉湜作劉隄。參下文十八年注〔四〕。）十二月「丁丑，契丹國母遣左領軍衛大將軍耶律觀，秘書少監趙靈龜；契丹遣左千牛衛上將軍耶律同，崇祿少卿馬公壽來賀正旦」。

〔一〕砲射指石彈砲，擊刺即武術。

〔二〕全遼文卷七耶律宗政墓誌銘：「重熙十四年，兼中書令，判宣徽南院事。」

十五年春正月乙酉，如混同江。禁契丹以奴婢鬻與漢人。

二月乙卯，如長春河。丙寅，蒲盧毛朵界曷懶河〔一〕户來附，詔撫之。

三月〔二〕甲申，朝皇太后。乙酉，以應聖節減死罪，釋徒以下。辛卯，朝皇太后。丁酉，高麗遣使來貢。詔諸道歲具獄訟以聞。〔三〕

夏四月辛亥朔，〔四〕禁五京吏民擊鞠。戊午，罷遥輦帳戍軍。壬戌，以北女直詳穩蕭高六爲奚六部大王。甲子，清暑永安山。甲戌，蒲盧毛朵曷懶河百八十户來附。〔五〕

六月癸丑，以西京留守耶律馬六爲漢人行宮都部署，參知政事楊佶出爲武定軍節度使。戊辰，御清涼殿，放進士王棠等六十八人。甲戌，西北路招討使耶律敵魯古坐贓

免官。〔六〕

秋七月乙酉，豳王遂哥薨。戊子，觀穫。乙未，以北院宣徽使旅墳爲左夷離畢，前南府宰相耶律喜孫東北路詳穩。丙申，籍諸路軍。丁酉，如秋山。辛丑，禁扈從踐民田。丁未，以女直部長遮母率衆來附，加太師。〔七〕

八月癸丑，高麗王欽薨，〔八〕遣使來告。

九月甲辰，禁以罝網捕狐兔。

冬十月己酉，駐蹕中會川。

十一月丁亥，以南院樞密使蕭孝友爲北府宰相，契丹行宫都部署耶律仁先南院大王，〔九〕北府宰相蕭革同知北院樞密使事，知夷離畢事耶律信先漢人行宫都部署，左夷離畢旅墳惕隱，漢人行宫都部署耶律敵烈左夷離畢。己亥，渤海部以契丹户例通括軍馬。乙巳，振南京貧民。

十二月壬申，曲赦徒以下罪。是日爲聖宗在時生辰。

〔一〕索隱卷二：「案即金史地理志之合懶路，一統志：海蘭河，在寧古塔城東北四十里，源出海蘭窩集，東流入瑚爾哈河。考此海蘭河近金之胡里改路，非合懶路之水。水道提綱：『土門江有噶哈里河合西來卜兒哈兔河，卜兒哈兔河東南流，海蘭河自西南來會，海蘭河三源出長白東北幹山，折東北流百數里會卜兒哈兔河。』卜兒哈兔亦作布爾哈圖，即金海蘭路之伊勒呼水，此海蘭河即遼之曷嬾河，河之譯音海蘭同，而一入胡爾哈河，一入土門江，源流異也。」

〔二〕據長編、宋史：「辛巳朔，日有食之。」契丹國志作十四年，誤。

〔三〕州縣爲初審，諸道爲終審或第二審。

〔四〕朔字，據本史卷四四朔考補。

〔五〕長編：慶曆六年（一〇四六）四月「辛酉，契丹國母遣保安節度使蕭德、嚴州團練使姚居化，契丹遣左千牛衛上將軍蕭伸、太僕卿李雲從來賀乾元節。」「丙子，四方館使、榮州刺史、知定州王德基爲衛州團練使、知雄州兼沿邊安撫使。初守臣畏生事，未嘗出獵。德基至，乃縱騎獵境上。關城居民甚衆，而故堞隳廢，久莫敢修，德基豫調民夫築完之。契丹歲遣使獻果餌，皆改服以見，德基接以常禮。及每移文至者，例以郡官主勞，至是以指使代焉」。（原注：此據德基附傳，皆德基知雄州時事，今悉附見。）

〔六〕長編：六月辛酉，「河北安撫使夏竦言：『奉詔相度界河約束，請自今北界人無故南渡者，並捕送契丹，其打魚爲風濤所漂，即令自還。』從之」。

契丹國志卷八：「六月，有流星出營室南，大如杯，其光燭地，隱然有聲。」契丹國志作重熙十四年，誤。應爲十五年。

〔七〕長編：秋七月「己亥，河北緣邊安撫使乞降北界誓書一本，以備報應邊事。從之」。

〔八〕本史卷一一五高麗外記同。按高麗史卷五，欽立於辛未（遼景福元年），卒於甲戌（重熙三年）。卒於本年（丙戌，重熙十五年）之高麗王是亨，非欽。高麗史卷六：靖宗（亨）十二年（一〇四六）五月丁酉薨，文宗（徽）即位。卷七：「六月甲寅，遣尚書工部郎中崔爰俊如契丹告哀。」

長編：八月「己未，刑部員外郎、知制誥王琦爲契丹國母生辰使，六宅使、嘉州刺史錢晦副之；右司諫、知制誥錢明逸爲契丹生辰使，内園副使、閤門通事舍人揚宗悦副之；户部判官、侍御史王平爲契丹國母正旦使，左班殿直、閤門祗候王道恭副之；金部郎中、判三司勾院許宗壽爲契丹正旦使，内殿丞制夏元吉副之」。

長編：慶曆七年「二月丙午朔，刑部員外郎、知制誥王琦責受信州團練副使，不簽書州事。初琦使契丹，道屬疾，肩輿以行。使還，其副錢晦希執政意，言琪至靴淀，敵遣醫候之，云無疾，更飲以馬溺。又在道多失言，御史何郯亦言琪與樞密院有親嫌，自當辭行，既冒寵利，又託疾廢事，啟外蕃疑心，不可不懲。琪坐是黜降」。

〔九〕羅校：「本傳十六年遷北院大王，此時南院大王爲耶律韓八，十七年方薨，則傳作北是。惟作十六年遷，誤後一年耳。」

長編：慶曆六年十一月戊子，「右諫議大夫、權御史中丞張方平爲翰林學士、權三司使。河北鹽務在滄、濱二州，滄州務三、濱州務四，歲課九千一百四十五石，以給一路，舊並給京東之淄、青、齊三州，淄、青、齊通商，乃不復給。自開寶以來，河北鹽聽人貿易，官收其算，歲爲額錢十五萬緡，上封者嘗請禁榷以收遺利。余靖時爲諫官，亟言：『前歲軍興以來，河北之民揀點義勇强壯及諸色科率，數年之間，未得休息。臣嘗痛燕、薊之地入於敵中幾百年，而民忘南顧之心者，以外域之法大率簡易，鹽麴俱賤，科役不煩故也。昔者太祖皇帝特推恩意，以惠河朔，故許通鹽商，止令收税。今若一旦榷絶，價必騰踴，民苟懷怨，悔將何及。伏緣河朔土多鹽滷，小民税地，不生五穀，惟刮鹻煮之，以納二税，今若禁止，便須逃亡，鹽價若高，犯法必衆，邊民怨望，非國之福，伏乞且令仍舊通商，無輒添長鹽價，以鼓民怨。』其議遂寢。及拱辰爲三司使，復建議悉榷二州鹽，下其議於本路，都轉運使魚周詢亦以爲不可，且言商人販鹽，與所過州縣吏交通爲弊，所算十無二三，請敕州縣以十分算之，聽商人至所鬻州縣，併輸算錢，歲可得緡錢七十餘萬，三司奏用其策。上曰：『使人頓食貴鹽，豈朕意哉？』於是三司更立榷法而未下也。方平見上問曰：『河北再榷鹽何也？』上曰：『始議立法，非再也。』方平曰：『周世宗榷河北鹽，犯輒處死。世宗北伐，父老遮首泣訴，願以鹽課均之兩税錢，而弛其禁，世宗許之。今兩税鹽錢是也，豈非再榷乎。且今未榷也，而契丹常盗不已。若榷之則鹽貴，敵鹽益售，是爲我斂怨而使敵獲福也。敵鹽滋多，非用兵不能禁，邊隙一開，所得鹽利能補用兵之費乎？』上大悟曰：『卿語宰相立罷之。』方平曰：『法雖未下，民已户知之，當直以手詔罷之，不可自有司出也。』上大喜，令方平密撰手詔下之。河朔父老相率拜迎於澶州，爲佛老會七日，以報上恩，且刻詔書北京，其後父老過詔書下，必稽首流涕。」十二月「辛未，契丹國母遣懷化軍節度使耶律洞，崇禄卿石右；契丹遣昭德軍留後耶律宜，少府監韓運來賀正旦」。

高麗史卷七：文宗丙戌十二月「壬戌，契丹遣起居舍人周宗白來歸賻」。

遼史補注卷二十

本紀第二十

興宗三

十六年春正月己卯，如混同江。〔一〕

二月庚申，如魚兒濼。辛酉，禁羣臣遇宴樂奏請私事。詔世選之官，從各部耆舊擇材能者用之。〔二〕

三月丁亥，如黑水濼。〔三〕癸巳，遣使審決雙州囚。壬寅，大雪。

夏四月乙巳朔，皇太后不豫，上馳往視疾。丙午，皇太后愈，復如黑水濼。丁卯，肆赦。〔四〕

六月戊申，清暑永安山。丁巳，阻卜大王屯秃古斯來朝，獻方物。戊午，詔士庶言事。〔五〕

秋七月辛卯，幸慶州。自是月至于九月，日射獵于楚不溝〔六〕霞列、繫輪、石塔

諸山。〔七〕

冬十月辛亥，幸中京謁祖廟。丙辰，定公主行婦禮於舅姑儀。庚午，鐵驪仙門來朝，以始入貢，加右監門衛大將軍。

十一月戊寅，祠木葉山。己丑，幸中京，朝皇太后。壬辰，禁漏泄宮中事。

十二月辛丑朔，女直遣使來貢。辛亥，謁太祖廟，觀太宗收晉圖。癸丑，問安皇太后。乙卯，以太后愈，雜犯死罪減一等論，徒以下免。庚申，南府宰相杜防、韓紹榮奏事有誤，各以大杖決之。出防爲武定軍節度使。壬戌，高麗遣使來貢。〔八〕

〔一〕長編：慶曆七年（一〇四七）春正月壬午（七日），「降鹽鐵副使、禮部員外郎劉湜知沂州，度支副使、吏部員外郎陳洎知濠州，户部副使、户部員外郎梅摯知海州。舊制紫宸殿燕契丹使，三司副使當坐東廡下，閤門吏以告，而湜等謂：『曲燕例坐殿上，今但當止殿門外爾。』因不即坐，趨出。閤門使張得一奏之。上怒，故黜湜等」。「戊戌，禁河北緣邊停居北界人。」

〔二〕長編：二月「壬申，西上閤門副使張得一爲西上閤門使，知潞州……既而以潞州非契丹使所經行，改貝州。有旨候代到赴貝。又請不候代，許之」。

高麗史卷七：文宗元年春二月「壬戌，契丹遣忠順軍節度使蕭慎微，守殿中少監康化成等來祭靖宗於虞宮，王往參之。丁卯，都兵馬使奏東蕃酋長阿兜幹內附以來，久承恩賞，背我投丹，罪莫大焉。其黨首領高之問等今在蕃境。請密遣軍士拘執入關拷訊端由，依律科罪，從之」。

〔三〕索隱卷二：「案一統志有三黑水濼，一在札魯特右翼南五十里，一在喀爾喀左翼南六十五里，一在蘇尼特左翼西南百廿里及正白旗、察哈爾西北百四十里，此紀與杏堝平地松林相近，非喀、札二旗之濼。」

〔四〕長編：四月己酉，「判官王綽……還通判雄州，城久壞，守將慮違契丹誓書不敢修。綽以爲今徒修之而已，實非增廣，則於誓書爲無害。既興役，契丹果來問，綽報以前語，仍緩其使。及使返而役已畢。契丹亦不敢復問。杜衍、富弼稱其材。」「庚戌，京東轉運使監察御史包拯言：『臣前年夏中因伴送北使回，見河北麥熟價賤，乞支借見錢，及時收糴，外可以實邊備，內可以寬國用。雖尋蒙差監察御史劉元瑜往彼催促，緣河北錢幣有限，竟不能廣有積聚，以備將來。』」壬子，「夏竦言：『緣邊間欲察知敵情，其北界歸投人，不可悉拒之，自今並令移處近裏州軍。』」乙卯，「契丹國母遣安肅軍節度使蕭德潤，給事中韓紹文；契丹遣彰信軍留後耶律質，右諫議大夫、知制誥陳詠來賀乾元節」。五月「辛丑，詔西北二邊有大事，自今令中書樞密院召兩制以上同議之」。

〔五〕高麗史卷七：文宗元年（一〇四七）六月「乙丑，契丹人高無諸等來投」。

〔六〕按今名車爾百呼河，合英金河入老哈河。

〔七〕按霞列山即本史卷二太祖紀、卷六穆宗紀之拽剌山。沈括夢溪筆談卷二四謂之夜來山，已詳前，見本書卷二太祖紀神册五年注〔三〕，及卷一九重熙十三年注〔四〕。清一統志卷六〇六：「繫倫山在翁牛特右翼東北六十里，蒙古名特克爾忒。」索隱卷二：「又巴林旗東七十里石雞山或即石塔山，以遼慶州故城即在巴林旗西北百三十里也。」

長編：八月「甲寅，詔：『自今使契丹毋得用二府臣僚親戚，其文臣擇有出身才望學問人；武臣須達時務更職任者充。其引伴西人，亦選差使臣。』」丙辰，「刑部員外郎、知諫院吴鼎臣爲契丹國母生辰使，崇儀副使柴貽慶副之；太常博士、集賢校理、同修起居注、判度支勾院韓綜爲契丹生辰使，供備庫副使柳涉副之；户部判官刑部郎中崔嶧爲契丹國母正旦使，内殿崇班、閤門祗候侍其演副之；鹽鐵判官、司勳員外郎劉立之爲契丹正旦使，内殿崇班李中祐副之，尋命内殿承制、閤門祗候夏佺代柴貽慶」。丁卯，「詔以保州緣邊巡檢司隸定州路，雄、霸等州界河司隸高陽關路，其兩司守捍之計，委逐路主將處置，仍分屯兵馬，控禦賊盜，無令侵軼」。

長編：慶曆八年二月「壬午，祠部員外郎、集賢校理、同修起居注、判度支勾院韓綜落修起居注，知滑州。綜前使契丹，遼主問其家世，綜言父億，在先朝已嘗持禮來，遼主喜曰：『與中國通好久，父子繼奉使，宜酌我。』綜率同使者五人起爲壽，遼主亦離席酬之，歡甚。既還，宰相陳執中以爲生事，故責之。尋改知許州，以滑州當北使所由道也」。

高麗史卷七：秋九月「壬午，契丹遣福州管内觀察使宋璘來册王。其册曰：『眷乃馬韓之地，素稱龍節之邦，代襲王封，品高人爵。分頒金鼇，表榮觀於諸侯；申錫彤旅，得顓征於四履。爰屬傑時之器，允膺纘服之權。載歷臧時，式均徽典。權知高麗國王事王徽，應基運之數，鍾英異之靈。天麟迴首於龜龍，遹明嘉瑞；日觀偏崇於嵩華，夙煥函經。負文武之全材，識忠孝之大本。粵自勝衣有始，構室推良，静守貞純，動循禮樂。慕桓文之霸業，精衛霍之兵符。富厥令圖，稔兹淑會。洎帥臣之告闕，亟藩國之歸尊，而能惠洽一方，情協羣望。及露章而斯暨，故寵數以難稽。是用宜顯被於紫綸，俾特達於元社。倚爲左相，峻陟三卿。超隮馭貴之階，優賜褒功之號。盈疏實賦，劇轉清勳。於戲，周天王之重非熊，止遥分於齊壤；漢高祖之刑白馬，仍納約於劉宗。順考古先，罕偕恩禮。用卜悠長之祚，愈堅匡合之誠。勉佩訓言，仰迪神祐。可特授開府儀同三司、守太保兼侍中上柱國，封高麗國王，食邑七千户，食實封一千户，兼賜『匡時致理竭節』功臣之號」。

長編：「慶曆七年十二月辛丑朔，(賈)昌朝以貝州(王則)反書聞，内出劄子下中書、樞密院，亟擇將領往撲滅之。仍令澶州、孟州、定州、真定府豫設守備，毋致奔逸，其契丹賀正旦使，當由他道至京師。」

長編：慶曆七年十二月「乙丑，契丹國母遣安福軍留後耶律壽，西上閤門使鄭全節，契丹遣左千牛衛上將軍耶律防，右諫議大夫知制誥韓迴來賀正旦」。耶律防即耶律裹履，本史卷八六有傳。

長編：慶曆七年十一月戊戌，「貝州宣毅卒王則據城反。則本涿州人，歲饑，流至貝州，自賣爲人牧羊。後隸宣毅軍爲小校。貝、冀俗妖幻，相與習五龍滴淚等經及圖讖諸書，言釋迦佛衰謝，彌勒佛當持世。初，則去涿，母與之訣別，刺福字於其背以爲記，妖人因妄傳福字隱起，争信事之。而州吏張戀、卜吉主其謀，黨連德、齊諸州，約以明年正旦，斷澶州浮梁，亂河北。會黨人潘方凈懷刃以書謁北京留守賈昌朝，事覺被執，不待期亟叛，時知州張得一方與官屬謁天慶觀，則率其徒劫庫兵，得一走保驍捷營，賊焚門執得一，囚之，兵馬都監田斌以從卒巷鬥，不勝而出，城扉闔，提點刑獄田京、任黄裳持印棄其家縋城出，保南關，賊從通判董元亨取軍資庫鑰，元亨拒之，殺元亨。又出獄囚，囚有憾司理參軍王奬者，遂殺奬，既而節度判官李浩、清河令齊開、主簿王湙皆被害。則僭號東平郡王，以張戀爲宰相，卜吉爲樞密使，建國曰『安陽』，改元曰『得聖』。」臨川集卷八七賈魏公神道碑：「（慶曆七年、重熙十六年）契丹誘亡卒，號爲南軍，以戰夏人。而邊法，卒亡自歸者死，公變其法，有歸者故拔擢超其伍，於是歸者衆，因而知契丹國事。契丹亦因以拒亡卒，黜南軍不用。邊人以地外質，公請重禁絶，主不時贖，則聽人得贖而有之，地盡歸，邊以不争。」

〔八〕本史卷七〇屬國表：「重熙十六年十二月，阿薩蘭回鶻王以公主生子，遣使來告。」既有公主生子，必有請婚迎婚，應是遺漏。

契丹國志卷八：「重熙十五年，東京留守耶律忽札叛入高麗，命將軍蕭迪誅之。」丁亥應是重熙十六年，契丹國志誤。

十七年春正月丁亥，如春水。〔一〕

閏月癸丑，射虎于候里吉。〔二〕

二月辛巳，振瑶穩、嘲穩部。是月，詔士庶言國家利便，不得及己事。奴婢所見，許白其主，不得自陳。夏國王李元昊薨，其子諒祚遣使來告，〔三〕即遣永興宫使耶律褭里、右護衛太保耶律興老、將作少監王全慰奠。

三月癸卯，以同知南京留守事蕭塔烈葛爲左夷離畢，知右夷離畢事唐古爲右夷離畢。〔四〕丙午，夏國李諒祚遣使上其父元昊遺物。丁卯，鐵不得國〔五〕使來，乞以本部軍助攻夏國，不許。

夏四月辛未，武定軍節度使杜防復爲南府宰相。丙子，高麗遣使來貢。甲申，蒲盧毛朵部大王蒲輦以造舟人來獻。〔六〕

六月庚辰，阻卜獻馬駝二萬。辛卯，長白山太師柴葛、回跋部太師撒刺都來貢方物。〔七〕

秋七月丁未，于越摩梅欲之子不葛一及婆離〔八〕八部夷離菫虎骷等内附。甲寅，録囚，減雜犯死罪。

八月丙戌，復南京貧户租税。戊子，以殿前都點檢耶律義先爲行軍都部署，忠順軍節

度使夏行美副部署，東北面詳穩耶律朮者爲監軍，〔九〕伐蒲奴里酋陶得里。〔一〇〕

冬十月甲申，南院大王耶律韓八薨。甲午，駐蹕獨盧金。

十一月乙未朔，遣使括馬。丁巳，賜皇太弟重元金券。封皇子和魯斡爲越王，阿璉許王，忠順軍節度使謝家奴陳王，西京留守貼不漢王，惕隱旅墳遼西郡王，行宫都部署別古得柳城郡王，〔一一〕奉陵軍節度使侯古饒樂郡王，安定郡王涅魯古進封楚王。〔一二〕

〔一〕長編：慶曆八年（一〇四八）正月辛巳，「貝州賊謀竊出要劫契丹使，明鎬諜知之，遣殿侍安素伏兵西門。壬午，賊果以三百人夜出，伏發，皆就獲之」。「乙酉，降空名告敕宣頭劄子三百道，下河北宣撫使，以備賞戰功，是日，文彦博至貝州城下。先是刑部員外郎、知諫院吴鼎臣言：『朝廷方與契丹保誓約，而楊懷愍增廣塘水，輒生事。民或怨叛，雖斬懷愍無及矣。』戊子，命鼎臣爲河北體量安撫使，令經度塘水利害，而鼎臣更顧望依違，不能決也。」

〔二〕案本史卷二五道宗紀亦作匣魯金，卷二九天祚紀又作漚里謹，皆譯音之異，卷六八遊幸表重熙元年障鷹於習禮吉山。

高麗史卷七：文宗二年（一〇四八）閏（正）月辛亥，「契丹遣千牛衛大將軍王澤等來致國信」。

〔三〕長編：「正月辛未，夏國王曩霄（元昊）卒，曩霄凡七娶……六曰耶律氏……曩霄既死三月，諒祚生。」（原注：按宋史諒祚小字寧凌噶，以慶曆七年二月六日生，至八年正月方期歲即位。）參本書卷一一五西夏外記注。

〔四〕唐古，蕭姓，下文十九年七月作左夷離畢。清寧三年六月、九年七月、咸雍三年六月並作蕭唐古，檢其事跡，即本史卷九六有傳之蕭德，字特末隱。

〔五〕按此是吐蕃異譯，下文二十年二月吐蕃即此。本史卷四六百官志因歧譯複出。

〔六〕長編：四月「己卯，契丹國母遣左監門衛上將軍蕭惟信，寧州觀察使趙爲航；契丹遣安遠節度使耶律章，起居舍人、知制誥、史館修撰吴湛來賀乾元節」。

〔七〕長編：慶曆八年（重熙十七年）六月丙申，「知澤州李昭遘言：『河東民燒石炭，（煤）家有槖冶之具，盜鑄（鐵錢）者莫可詰，而北敵亦能鑄鐵錢，以易並邊銅錢而去，所害尤大。』」

〔八〕婆離，又作頗里，在今伯力地帶。

〔九〕本史卷九一蕭朮哲傳：「蒲奴里部長陶得里叛，朮哲爲統軍都監，從都統耶律義先討之。」此耶律朮者，應即蕭朮哲。

金史卷一世紀：「既而五國蒲聶部節度使拔乙門畔遼。」蒲聶或是蒲奴里。

〔一〇〕長編：八月「庚辰，太常丞、直集賢院、同修起居注李絢爲契丹國母生辰使，如京副使兼閤門通事舍人李珣副之；度支判官、太常博士、集賢校理何中立爲契丹生辰使，内殿承制、閤門祇候鄭餘懿副之；工部郎中、判度支勾院李仲偃爲契丹國母正旦使，左侍禁、閤門祇候孫世京副之；司勳郎中、判理欠憑由司李永德爲契丹正旦使，左侍禁、閤門祇候康遵度副之。既而絢辭不行，改命祠部員外郎、集賢校理、同修起居注胡宿。」

〔二〕别古得，本史卷六四皇子表作别古特，「行宫都部署」前有「契丹」二字。

〔三〕高麗史卷七：十一月「己未，契丹遣崇禄少卿邢彭年來賀生辰。辛酉，契丹東京回禮使棣州刺史高慶善來」。

長編：十二月「己丑，契丹國母遣保安軍節度使蕭佀，永州觀察使馬泳，契丹遣彰信軍留後耶律慶，崇禄少卿王元基來賀正旦」。

全遼文卷七耶律宗政墓誌銘：「重熙十七年拜樞密使……仍賜資忠佐理功臣。」

十八年春正月甲午朔，日有食之。戊戌，留夏國賀正使不遣。己亥，遣北院樞密副使蕭惟信以伐夏告宋。〔一〕辛丑，録囚。丙午，如鴛鴦濼。丙辰，獵霸特山。〔二〕耶律義先奏蒲奴里捷。〔三〕

二月庚辰，幸燕趙國王洪基帳視疾。乙酉，耶律義先等執陶得里以獻。〔四〕

三月乙巳，高昌國遣使來貢。壬子，以洪基疾愈，赦雜犯死罪以下。丁巳，烏古遣使送款。〔五〕

夏四月癸酉，以南府宰相耶律高十爲南京統軍使。〔六〕

五月甲辰，五國酋長各率其部來附。庚戌，回跋部長兀迭臺扎等來朝。戊午，五國節度使耶律仙童以降烏古叛人，授左監門衛上將軍。〔七〕

六月壬戌朔，以韓國王蕭惠爲河南道行軍都統，趙王蕭孝友、漢王貼不副之。乙丑，録囚。丙寅，行十二神纛禮。己巳，宋以遼師伐夏，遣錢逸致賵禮。〔八〕庚辰，阻卜來貢馬駞、珍玩。辛巳，夏國使來貢，留之不遣。丁亥，行再生禮。

秋七月戊戌，親征。

八月辛酉朔，〔九〕渡河。夏人遁，乃還。〔一〇〕

九月丁未，蕭惠等爲夏人所敗。〔一一〕

冬十月，北道行軍都統耶律敵魯古率阻卜諸軍至賀蘭山，〔一二〕獲李元昊妻及其官僚家屬，遇夏人三千來戰，殪之；烏古敵烈部都詳穩蕭慈氏奴南剋耶律斡里死焉。〔一三〕

十二月戊寅，慶陵林木火。己卯，録囚。有弟從兄爲强盜者，兄弟俱無子，特原其弟。〔一四〕

〔一〕長編：皇祐元年（一〇四九）三月「己未，契丹遣樞密副使、遼興軍節度使蕭惟信復來告西征」。宋會要同。宋會要蕃夷二又記：「是月，契丹遣殿前副點檢、忠順軍節度使耶律荅、彰德軍節度使趙柬之來告西征還。」

〔二〕索隱卷二引一統志：「山在阿霸垓右翼北百二十五里。」

〔三〕高麗史卷七：文宗三年（一〇四九）春正月，「契丹遣蕭惟德、王守道來册王。詔曰：『卿纘襲王封，紹興祖業。飛章雙闕，嘉織篚之聿修；考禮曲臺，宜册函之顯錫。兼申頒賜，用示眷懷。今差使千牛衛上將軍蕭惟德、使副御史大夫王守道持節備禮册命，並賜車服、冠劍、印綬及衣帶、匹段、鞍馬諸物，具如别録。到可祗受。』册曰：『朕綘闕承祧，祖有功而宗有德；青藩建社，大者王而小者侯。雖武肅於羣雄，亦柔懷於遠裔。式全大義，永保鴻圖。其有纘服開榮，飛章述職。控臨日域，居蒼龍列宿之方；尊奬天庭，奉白馬刑牲之約。爰舉旌疇之命，是行册拜之儀。咨爾匡時政理竭節功臣、開府儀同三司、守太保兼侍中上柱國高麗國王，食邑七千户，食實封一千户王徽，玉藻含温，金球播雅。宇量平吞於綍（渤）澥，風稜峻屹於崑崙。蠅字觀書，洞探經綸之畧；鶴鈴藴術，深知戰伐之機。粤自分啟三陲，紹興五霸。尋就頒於鳳綍，俾爲長於兔城。四方於宣，匡合之名輝信史；一變至道，拊循之化洽熙民。加以靖恭無驕滿之容，忠孝有委輸之節。豐陳篚筥，繼走梯航。宜考禮於曲臺，載圖勳於盛府。班崇絶席，秩峻專車。襲乃王封，增之井賦。仍錫褒功之號，併推懋賞之恩。遣使千牛衛上將軍蕭惟德、使副御史大夫王守道持節備禮，册命爾爲守太傅兼中書令特封高麗國王。加食邑三千户，食實封三百户，仍賜資忠奉上四字功臣，階勳如故。於戲！周賜彤弓，尤重專征之柄；漢頒玄鉞，益雄作翰之權。今古相望，寵靈若是。勉副殿邦之寄，無忘奉國之誠。欽荷丕言，以綏吉履。』丙午，王受册於南郊」。

長編：皇祐元年正月「戊午，定州路安撫使韓琦言：『邊人嚴政者，嘗使刺事契丹。今其家忽爲契丹捕去，必盡遭屠害，乞補政爲三班差使殿侍。』從之」。

〔四〕長編：「二月丁卯，彗出虛，晨見東方，西南指，歷紫微至婁，凡一百一十四日而没。」（契丹國志卷八作一百二十四日而没。）

長編：二月庚辰，「河北沿邊安撫司言，北界侵據銀防城，數移文不報，請因北使來，諭以誓約之意，令毁去，從之」。（宋會要同。長編原注：「慶曆五年十月己巳，詔劉湜諭北使，令依誓約毁銀防城。又五年八月，包拯使契丹，及還，又言銀防城事，不知契丹竟肯毁此城否。」）

長編：二月辛未，「户部副使包拯言：『……今北敵聲言西討，修築城栅，點集軍馬，乘此而制邊防，宜密爲繕完。而議者但恃盟約，殊不設備。萬一邀求不已，稍不如意，伺釁而發，曷以禦之？』」「己卯，（程琳）加同平章事再判延州。琳嘗獲戎酋不殺，戒遣之，諸戎部亦相告毋捕漢民。久之，夏人詐以五百户驅牛羊，叩邊請降。言契丹兵至衙頭矣，國中亂，願自歸。琳曰：『契丹至彼帳下，當舉國取之，豈容有來降者？吾聞夏人方捕叛者，此豈是耶？不然，誘我也。』拒不受。已而賊果將騎三萬臨境上，以捕降者爲辭。琳先諜知之，閉壁倒旗，戒諸將勿動，賊以爲有備，遂引去。」辛巳，「契丹與夏人相攻，聚兵近塞，遣使來告，邊候稍警。帝御便殿，訪近臣以備禦之策」。

〔五〕長編：三月癸卯，「契丹聚亡卒勇伉者號投來南軍。邊法：卒亡自歸者死。賈昌朝奏除其法，歸者貸罪，稍遷補，於是歸者衆。因以刺知契丹事，契丹遂拒亡卒。黜南軍不用。邊人以地外質契丹，敵稍侵邊界，昌朝爲立法，質地而主不時贖，人得贖而有之，歲餘地悉復」。

高麗史卷七：三月乙巳，「契丹所擄風州喜達等三十人還」。

〔六〕長編：四月「癸酉，契丹國母遣林牙保静軍節度使蕭佑，起居舍人知制誥姚景禧；契丹遣昭德軍節度使耶律逵，衛尉少卿李仁友來賀乾元節」。

〔七〕長編：五月「癸巳，賜太常博士張碩五品服。先是高陽關路安撫使王拱辰得契丹宗真所下遺令，上之。朝廷以爲疑，而碩言：『此乃隆緒死時所頒者，蓋邊人規賞而妄陳之爾。』驗視果然，故有是賜」。

〔八〕長編：三月「庚申，翰林學士、權知開封府錢明逸爲回謝契丹使，西上閤門使、榮州刺史向傳範副之」。錢明逸，宋史卷三一七有傳。此避穆宗耶律明名省「明」字。

〔九〕朔字，據本史卷四四朔考補。

〔一〇〕全遼文卷八耶律仁先墓誌銘：「（重熙）十八年，大兵西舉討夏國，命王爲都統軍，李元昊舉國大去，不遇敵而還。」本史卷九六耶律仁先傳：「十八年再舉伐夏，仁先與皇太弟重元爲前鋒。蕭惠失利於河南，帝猶欲進兵，仁先力諫，乃止。」

長編：八月「己卯，右正言、知制誥李絢爲契丹國母生辰使，供備庫副使曹偕副之。偕，玥子，后從弟也。度支副使、户部員外郎梅摯爲契丹生辰使，内殿承制閤門祗候李永賓副之；禮部員外郎兼侍御史知雜事何郯爲契丹國母正旦使，内殿崇班、閤門祗候柴貽範副之；著作佐郎、直集賢院、同修起居注吕溱爲契丹正旦使，右班殿直、閤門祗候魏公佐副之。御史陳旭言：『比歲入國副使多不擇人，或緣内降指揮，魏公佐前入國爲上節，今乃爲副使，恐取輕敵國。』即改命閤門通事舍人侯宗亮代公佐」。

〔一一〕長編：九月癸卯，「詔河北、河東經畧安撫使司：『契丹舉兵討夏人，其邊要之地，選委將佐，嚴加備禦。』」「己酉，詔：『河北兩地供輸民，毋得市馬出城，犯者以違制論。』先是河北安撫司言：『雄州容城、歸信縣民多市馬出入邊城中，爲契丹籍送幽州。』故條約之。」

〔一二〕本史卷百十五夏國外記作招討使耶律敵古。

索隱卷二：「此山詳元和郡縣志。又一統志：土人名阿拉善。」

〔一三〕長編：冬十月「戊寅，河北緣邊安撫司請自保州以西無塘水處，廣植林木，異時以限敵馬。從之」。十一月「壬子，定州路安撫使韓琦，請自今契丹過界劫掠居民，聽邊吏以時掩殺。從之」。

〔一四〕長編：十二月「甲申，契丹國母遣始平節度使耶律瑛，衛尉少卿、昭文館直學士邢熙年；契丹遣歸德留後蕭能，滎州團練使常守整來賀正旦」。

高麗史卷七：「十二月己未朔，契丹遣殿中少監馬祐來賀生辰。」

宋大詔令集卷二三二(元符二年，壽隆五年)又回劄子：「又皇祐元年再報西征云：『元昊伺窺邊事，特議討除，再幸邊方，欲殲元惡，而夏國馳告，元昊云亡。嗣童未識於矜存，狡佐猶懷於背誕。載念非緣逃户，可致親征；孰料兇頑，終合平蕩。苟有稽於一舉，誠無益於兩朝。』」（長編元符二年四月同。）

十九年春正月庚寅，僧惠鑑加檢校太尉。庚子，耶律敵魯古復封漆水郡王，諸將校及阻卜等部酋長各進爵有差。贈蕭慈氏奴同中書門下平章事。辛丑，遣使問罪於夏國。壬寅，如魚兒濼。

二月丁亥，夏將洼普、猥貨、乙靈紀等來攻金肅城，〔一〕南面林牙耶律高家奴等破之。洼普被創遁去，殺猥貨、乙靈紀。

三月戊戌，殿前都點檢蕭迭里得與夏戰于三角川，〔二〕敗之。癸卯，命西南招討使蕭蒲奴、北院大王宜新、林牙蕭撒抹等帥師伐夏，以行宫都部署别古得監戰。甲辰，遣同知北院樞密使事蕭革〔三〕按軍邊城，以爲聲援。己酉，駐蹕息雞淀。〔四〕丙辰，幸殿前都點檢蕭迭里得、駙馬都尉蕭胡覩帳視疾。〔五〕

夏四月丙寅，如魚兒濼。壬申，蒲盧毛朵部惕隱信篤來貢。甲申，高麗遣使來貢。〔六〕

五月己丑，如涼陘。癸巳，蕭蒲奴等入夏境，不與敵遇，縱軍俘掠而還。丁酉，夏國洼

普來降。己亥，遠夷拔思母部〔七〕遣使來貢。〔八〕

六月丙辰朔，置倒塌嶺都監。丙寅，謁慶陵。庚午，幸慶州，謁大安殿。壬申，詔醫卜、屠販、奴隸及倍父母，或犯事逃亡者，不得舉進士。回跋、曷蘇館、蒲盧毛朵部各遣使貢馬。甲戌，宋遣使來賀伐夏捷，高麗使俱至。辛巳，御金鑾殿試進士。〔九〕

秋七月壬辰，駐蹕括里蒲盌。癸巳，以燕趙國王洪基領北南樞密院。乙未，阻卜長豁得剌弟斡得來朝，加太尉，遣之。戊戌，録囚。戊申，以左夷離畢蕭唐古爲北院樞密副使。壬子，獵候里吉。

八月丁卯，阻卜酋長喘只葛拔里斯來朝。〔一〇〕

九月壬寅，夏人侵邊，敵魯古遣六院軍將海里擊敗之。〔一一〕

冬十月庚午，還上京。辛未，夏國王李諒祚母遣使乞依舊稱藩。使還，詔諭別遣信臣詣闕，當徐思之。壬申，釋臨潢府役徒。甲戌，如中會川。

十一月甲午，阻卜酋長豁得剌遣使來貢。庚戌，録囚。壬子，出南府宰相韓知白爲武定軍節度使，樞密副使楊績長寧軍節度使，翰林學士王綱澤州刺史，張宥徽州刺史，知制誥周白海北州刺史。

閏月乙卯，以漢王貼不爲中京留守。辛未，以同知北院樞密使事蕭革爲南院樞密使，南院大王耶律仁先知北院樞密使事，封宋王。〔一二〕十二月丁亥，北府宰相、趙王蕭孝友出爲東京留守，〔一三〕東京留守蕭塔列葛爲北府宰相，南院樞密使、潞王查葛爲南院大王。〔一四〕庚戌，韓國王蕭惠徙封魏王，〔一五〕致仕。壬子，夏國李諒祚遣使上表，乞依舊臣屬。〔一六〕

〔一二〕索隱卷二：「案即地理志金肅州，初名威塞城，見宋史富弼傳。」

〔一三〕索隱卷二：「案一統志：三岔川河，在榆林縣南二十里。」

〔一三〕事字原缺，據本史卷四五百官志一，官名爲同知北院樞密使事。原省事字據補。卷一一三本傳作同知北院樞密事。亦簡稱。

〔一四〕索隱卷二：「案一統志：在阿霸哈納爾右翼南五十里，蒙古名哈雅諾爾。今考五代史記附録胡嶠陷北記謂有息鷄草尤美而本大，馬食不過十本而飽。蒙古遊牧記引之謂息鷄淀，或因息鷄草得名。又引西陽雜俎：蓆萁，一名塞蘆，生胡地，謂息鷄又席萁之譌轉。……息鷄草又作席鷄。（本史）外紀：西夏土産席鷄草子。長編言西夏民秋食息鷄子，則不獨産漠南。又作集吉草。七十一西域聞見録：集吉草，勁直光潔極堅綿，屈之不折，可作箸。又作芨芨草。紀昀烏魯木齊雜詩注：芨芨草，生沙灘。一叢數百莖，莖長數尺，宜織薦裁簾，即漢書息雞草，土音訛也。班固謂馬食一本即飽。然馬殊不食此，蓋老而不食耳。漢書西域傳：白草亦可爲箸，而師古注言：牛馬嗜之。息雞草猶是矣。」

〔五〕長編：皇祐二年（一〇五〇）三月甲午，「保安軍言：『夏國以戰敗契丹來獻捷，本軍以誓詔無汎遣人例，已拒還之。』」「庚子，契丹遣殿前副點檢、忠正節度使耶律益，彰德節度使趙柬之來告伐夏國還。益自言：『契丹三路進討，契丹主出中路大捷。北路兵至西涼府，獲羊百萬，橐駝二十萬，牛五百，俘老幼甚衆。惟南路小失利，恐夏人妄説軍勝，誇南朝。』然得邊奏，皆以謂虜主濟河不遇賊，無水草，馬多死，耶律貫寧大敗於師子口。惟劉五常獲陝西所陷屬户羌二十餘人，因而來獻。其言多俘獲，蓋妄也。」此次所告應即去年十月之戰，耶律貫寧爲蕭貫寧之誤，即蕭惠。本史卷九三有傳。「己酉，翰林學士、刑部郎中、知制誥趙槩爲回謝契丹國信使，西上閤門使、貴州團練使錢晦副之。契丹主席上請槩賦信誓如山河詩，詩成，契丹主親酌玉杯，勸槩飲，以素摺疊扇授其近臣劉六符，寫槩詩，自置袖中。」東都事畧卷七一：「趙槩，字叔平，應天府虞城人也。入翰林爲學士。皇祐二年館伴契丹泛使，遂報聘焉。契丹請賦信誓如山河詩，詩成，契丹主親酌玉杯以勸槩，且以素扇授其近臣劉六符寫槩詩，置之懷袖。」

華陽集卷六〇趙康靖公槩墓誌銘所記同。惟誤皇祐二年館伴契丹泛使爲皇祐三年。

〔六〕長編：夏四月「庚申，詔江北轉運司，『沿邊四榷場有能察捕得北界刺事者，當重賞之。』壬戌，河北人張用爲奉職，張顯、王昇並爲三班差使殿侍，初，河北沿邊安撫司言，用等各捕得兩地供輸人馮均常往來邊郡探事，以報契丹，均既處死，乃賞用等」。「丁卯，契丹國母遣安遠留後耶律可久，給事中龔湜；契丹遣奉國節度使耶律霸，右諫議大夫李輌來賀乾元節。」丁丑，「以渭州姚家堡左第一指揮十將張遂爲三班奉職，仍賜襲衣金帶。遂自言：『王沿知渭州日，嘗與百姓范仁美持沿書入西界，反間葉勒、約噶兄弟。』事覺，仁美被殺。遂配居攤糧城。及契丹西伐，獲遂以歸，乃録之」。

高麗史卷七：文宗四年（一〇五〇）四月「癸酉，渤海開好等來投」。

〔七〕索隱卷二：「案此部在元史西北地之別失八里，長春真人西遊記鼈思馬大城，耶律文正西遊録別石把城，並與拔思母音近。」

〔八〕長編：五月「丙申，詔國信司罷三番使臣，自契丹通使，其接送使人皆自京差三番使臣，而沿路州軍大困於需索。諫官包拯、吴奎極言其擾，既罷遣三番而頓置什物並令沿路州軍官自辦之。御史何郯言：『伏覩朝廷昨降指揮，廢罷迎送北使三番使臣，只令河北州郡逐處供應，議者謂於事便利，莫茲爲大。近知有臣僚上言，請盡復舊，此不惻民隱之甚者。緣河北州郡，自積年供應三番往來，爲諸司上下乘便刻剥，其勾當公人，破敗家産及死亡流移者，不可勝數。況今累歲災傷，民力不堪其弊，幸而朝廷優恤，特行更改，若復仍舊弊，但以數郡生靈性命，奉三番諸司上下誅求爾，於事何益？朝廷前詔罷之，善矣。伏望明聖堅斷，不爲浮議所移，庶一路之民，有息肩之望。』」

〔九〕本史卷一〇五楊遵勗傳：「重熙十九年登進士第。」

〔一〇〕長編：八月「壬午，工部郎中、天章閣待制李東之爲契丹國母生辰使，西京左藏庫副使李綬副之；户部員外郎兼御史知雜事臨潁李兑爲契丹生辰使，供備庫副使李賡副之；鹽鐵判官、司封員外郎、崇文院檢討孫瑜爲契丹國母正旦使，閤門通事舍人王道恭副之；司勳員外郎、判三司開拆司膠水寇平爲契丹正旦使，内殿崇班、閤門祇候鄭餘慶副之」。

〔一一〕高麗史卷七：「九月丁亥，契丹東京回禮使忠順軍都指揮使高長安來。」

〔一二〕按本史卷九六本傳，仁先於重熙間由北院大王遷北院樞密使，封吴王，清寧末始進封宋王。全遼文卷八耶律仁先墓誌銘記平李宜兒後，遷契丹行宫都部署，又拜宋王。

〔一三〕高麗史卷七：「閏（十一）月壬戌，契丹横宣使匡義軍節度使蕭質來。辛未，契丹漢兒曹一來投。」

〔一四〕本史卷八七本傳：「會伐夏，孝友與樞密使蕭惠失利河南，帝欲誅之，太后救免，復爲東京留守，徙王燕。」

〔一五〕全遼文卷七耶律宗政墓誌銘：「重熙十七年拜樞密使……二十年，爲四十萬軍南大王，兵府浩繁，暫資統領。」記在明年。

〔一六〕按本史卷九三本傳，於重熙十一年，以謀取三關首事功，進封韓國王。至此徙封魏國王，此脱國字。

〔一七〕長編：十二月「戊申，契丹國母遣崇儀節度使蕭槩，四方館使榆州團練使劉從正；契丹遣昭德節度使耶律素，太常少卿李韓等來賀正旦」。高麗史卷七：「十二月甲申，契丹遣高州觀察使蕭玉來賀生辰。」

二十年春正月戊戌，〔一〕駐蹕混同江。

二月甲申，遣前北院都監蕭友括等使夏國，索党項叛户。己丑，如蒼耳濼。〔二〕甲辰，吐蕃遣使來貢。

三月壬子朔，幸黑水。〔三〕

夏〔四〕五月癸丑，蕭友括等使夏還，李諒祚母表乞如〔五〕党項權進馬駝牛羊等物。己巳，夏國遣使求唐隆鎮及乞罷所建城邑，以詔答之。

六月丙戌，詔以所獲李元昊妻及前後所俘夏人，安置蘇州。以伐夏所獲物遣使遺宋。〔六〕

秋七月，如秋山。〔七〕

九月，詔更定條制。駐蹕中會川。

冬十月己卯朔，括諸道軍籍。〔八〕

十一月庚申，以惕隱都監蕭謨魯爲左夷離畢。甲子，命東京留守司總領户部内省事。

丁卯，罷中丞記録職官過犯，令承旨總之。〔九〕

十二月乙酉，以皇太后行再生禮肆赦。〔一〇〕

〔一〕是月癸丑朔，不當有戊戌日，應有舛誤。

〔二〕本史卷三七地理志，上京臨潢府有蒼耳河，蓋以多蒼耳草名。索隱卷二云：「蒼耳即卷耳，詳陸璣毛詩疏、劉攽彭城集。」

〔三〕長編：皇祐三年（一〇五一）春三月乙卯，「管勾國信所言：『自今通事殿侍與契丹私相貿易及漏洩機密事者，請以軍法論。在驛諸色人犯者，配流海島。若博飲鬭争，欺陵及損壞官物、書門壁者，亦行配隸。』從之」。

〔四〕長編：四月「辛卯，契丹國母遣忠順節度使、左金吾衛將軍耶律純，利州觀察留後曹昌；契丹遣懷德節度使蕭果，崇禄少卿劉永端來賀乾元節」。

〔五〕如，本史卷一一五夏國外記作代，較明確。

〔六〕長編：慶曆五年契丹曾遣耶律翰等進獻西征戰利品，時在五年前，本年未載遺獻事，但歐陽文忠公集有回謝書。見下文重熙二十三年注〔六〕。

〔七〕長編：秋八月「乙未，翰林學士、刑部郎中、知制誥兼侍講、史館修撰曾公亮爲契丹國母生辰使，西京左藏庫使郭廷珍副之；工部郎中、知制誥、史館修撰兼侍講王洙爲契丹主生辰使，閤門通事舍人李惟賢副之；户部判官、屯田郎中燕度爲契丹國母正旦使，内殿崇班、閤門祗候張克己副之，太常博士、直集賢院、同修起居注王珪爲契丹主正旦使，東頭供奉官、閤門祗候曹偓副之。使至韡淀，契丹使劉六符來伴宴，且言耶律防善畫，向持禮南朝，寫聖容以歸，欲持至館中。王洙曰：『此非瞻拜之地也。』六符言：『恐未得其真。』欲遣防再往傳繪，洙力拒之」。

〔八〕長編：十月「甲午，知諫院吴奎言，迎送契丹使三番之弊，所經道路，如被寇賊。自罷寢以來，大河之北，人人鼓舞。以爲陛下憂民革弊，不牽於私暱，不惑於浮議，裁兩月間，輒復紛紛，妄有攻奪。明聖在上，而羣小敢爾，若不繩以法，是朝廷不可爲善治也。乞以言者姓名付外施行。……」「包拯言：『臣近聞聖慈以接送契丹國信來往，更不差三番，只令近上使臣管押金器，沿路充用，並委逐州縣長吏，通判令佐已下，一切應付，中外聞之，莫不歡忭，以爲十年之弊，爲陛下一旦罷之，使河北生靈，有再蘇之望。今又聞内降指揮復置，臣未測緣由，伏用驚駭。且三番爲河朔之患，積有歲年，日甚一日，誅求騷擾，公私不勝其苦，頃年曾差充伴送人使，具知蠹民殘物之甚。……況今陛下軫念哀憫之極，故特行前詔，此爲至當。今無故復置，竊爲陛下痛惜之。惟陛下特留聖意，且依前降指揮寢罷，則天下幸甚。』」「是月，史館檢討司馬光以時政記、起居注並不載元昊叛命契丹遣使事，會龐籍監修國史，光請即樞密院追尋本末，自至史館議之。修撰孫抃謂『國惡不書』，其事遂寢。」

高麗史卷七：文宗五年冬十月「丁未，契丹東京回禮使檢校工部尚書耶律守行來。」

〔九〕長編：十一月辛亥，「定州路安撫使司言：『雄州、廣信、安肅軍（榷）場，北客市易，多私以銅錢出境，自今巡防人等凡三告捕得所犯人者，並遷一資。』從之」。

〔一〇〕本史卷九一耶律僕里篤傳：「（重熙）二十年，知金肅軍事，宰相趙惟節總領邊城橋道芻粟，請貳，帝命僕里篤副之，以稱職聞。」

長編：十二月「癸卯，契丹國母遣成德節度使、左千牛衛上將軍耶律照，衛尉卿荆詩言；契丹遣彰信節度使蕭述，廣州防禦使吴昌稷來賀正旦」。

高麗史卷七：「十二月戊寅朔，契丹遣恩州刺史劉從備來賀生辰。」

二十一年春正月辛亥，如混同江。

二月，如魚兒濼。〔一一〕

夏四月癸未，以國舅詳穩蕭阿剌爲西北路招討使，封西平郡王。〔一二〕

六月丙子，駐蹕永安山。

秋七月甲辰朔，召北府宰相蕭塔烈葛、南府宰相漢王貼不、南院樞密使蕭革、知北院樞密使事仁先等，賜坐，論古今治道。戊申，祀天地。己酉，詔北南樞密院，日再奏事。壬子，追尊太祖之祖爲簡獻皇帝，廟號玄祖，祖妣爲簡獻皇后；太祖之考爲宣簡皇帝，廟號德祖，妣爲宣簡皇后。追封太祖伯父夷離堇巖木爲蜀國王，〔三〕于越釋魯爲隋國王。以燕趙國王洪基爲天下兵馬大元帥、知惕隱事，賜詔諭之。癸亥，近侍小底盧寶僞學御畫，免死，配役終身。甲子，如秋山。戊辰，謁慶陵。以南院樞密使蕭革爲北院樞密使，封吳王。辛未，如慶州。壬申，追封太祖弟寅底石爲許國王。

八月戊子，太尉烏者薨，詔配享聖宗廟。九月乙卯，平州進白兔。己未，謁懷陵。庚申，追上嗣聖皇帝、天順皇帝尊謚，及更謚彰德皇后曰靖安。癸亥，謚齊天皇后曰仁德皇后。甲子，謁祖陵。增太祖謚大聖大明神烈天皇帝，更謚貞烈皇后曰淳欽，恭順皇帝曰章肅，后蕭氏謚曰和敬。〔四〕

冬十月戊寅，駐蹕中會川。丁亥，夏國李諒祚遣使乞弛邊備，即遣蕭友括奉詔諭之。戊子，幸顯、懿二州。甲午，遼興軍節度使蕭虛烈封鄭王，南院大王、潞王查葛爲南院樞密使，進封越國王。〔五〕戊戌，射虎于南撒葛柏。辛丑，謁乾陵。

十一月壬寅朔，〔六〕增謚文獻皇帝爲文獻欽義皇帝，及謚二后曰端順，曰柔貞。復更謚世宗孝烈皇后爲懷節。丁未，增孝成皇帝謚曰孝成康靖皇帝，更謚聖神宣獻皇后爲睿智。甲子，次中會川。回鶻阿薩蘭遣使貢名馬、文豹。丙寅，録囚。

十二月戊戌，以北府宰相塔烈葛〔七〕爲南京統軍使，鄭王虛烈北府宰相，契丹行宮都

部署耶律義先惕隱。釋役徒限年者。〔八〕

〔一〕長編：皇祐四年（一〇五二）春二月「庚寅，西上閤門使、惠州刺史劉兼濟知雄州。先是邊民避罪或亡入契丹，契丹輒納之，守將畏事不敢詰。兼濟悉移檄責還」。

〔二〕長編：夏四月「丙戌，契丹國母遣順義節度使、右監門衛上將軍蕭昌，右諫議大夫劉嗣復；契丹主遣彰國節度使蕭昱，益州防禦使劉士方來賀乾元節。其國書始去國號而稱南北朝，且言書稱大宋、大契丹非兄弟之義，帝詔二府議之。參知政事梁適曰：『宋之爲宋，受之於天，不可改。契丹亦其國名，自古豈有無名之國。』又下兩制、臺諫官議，皆以講和以來，國書有定式，不可輒許，乃詔學士院荅書仍稱大宋、大契丹。其後契丹復有書，亦稱契丹如故」。（宋會要畧同。）長編又云：「初契丹使來，知制誥韓綜爲館伴，契丹使欲復書如其國但稱南北朝，綜謂曰：『自古未有建國而無號者。』契丹使慙，遂不復言。其後契丹使來，朝廷擇館伴者，綜時已卒，帝曰：『孰有如韓綜者乎。』」（周煇清波別志同。）

華陽集卷五八梁莊肅公適墓誌銘：「契丹又遣使來云，國書中所稱大宋、大契丹似非兄弟之國，今輒易曰南朝北朝矣。詔中書樞密院共議之。公曰：『此易屈爾，當荅之：宋蓋本朝受命之土，契丹亦彼國號，今無故曷爲自去也。』其年賀正使來，復稱大契丹如故。」（道山清話同。）

〔三〕巖木，卷六四皇子表同此稱蜀國王，卷七七耶律頽昱傳與卷六六皇族表作楚國王。

〔四〕長編：八月「癸巳，户部副使、兵部郎中傅永爲契丹國母生辰使，文思副使潘永嗣副之；禮部員外郎兼侍御史知雜事張擇行爲契丹生辰使，西染院副使兼閤門通事舍人夏偁副之；權鹽鐵判官、都官員外郎蔣貴爲契丹國母正旦使，内殿承制、閤門祗候李中謹副之；太常博士、直集賢院、同修起居注、判鹽鐵勾院韓綘爲契丹正旦使，東頭供奉官、閤門祗候王易副之」。宋會要蕃夷二：「皇祐四年（重熙二十一年）八月，補易州民李秀爲三班差使殿侍，始秀爲雄州探事，有邊民遁入契丹以告，秀畏罪來歸，特補之。九月，契丹遣忠正軍節度使同中書門下平章事蕭德，翰林學士吳湛來告西事平。」

〔五〕全遼文卷七耶律宗政墓誌銘：「（重熙）二十一年夏，拜樞密使，册封越國王，又賜保義功臣。」此稱封越國王，與墓誌合，但下文清寧元年漏載改封趙國王。二年十一月作趙國王，遂感歧異。

〔六〕據長編：「日有食之。」契丹國志卷八作十月朔，日食。

〔七〕本史卷八五本傳作蕭塔列葛。

〔八〕長編：十二月「丁酉，契丹國母遣保安節度使、左領軍衛上將軍耶律元肅，寧州觀察使劉霈；契丹遣奉國節度蕭良德，衛尉卿陸孚來賀正旦」。高麗史卷七：文宗六年「十二月壬申朔，契丹遣永州刺史耶律士清來賀生辰」。

二十二年春正月乙巳，如混同江。〔一〕

二月丙子，回鶻阿薩蘭爲鄰國所侵，遣使求援。庚辰，如春水。〔二〕

三月癸亥，李諒祚以賜詔許降，遣使來謝。丙寅，如黑水濼。

夏四月戊子，獵鶴淀。〔三〕

五月壬寅，詔内地州縣植果樹。〔四〕

六月壬申，駐蹕胡吕山。癸未，高麗遣使來貢。

秋七月己酉，阻卜大王屯秃古斯率諸部長獻馬駝。庚申，如黑嶺。

閏月庚午，烏古來貢。癸巳，長春州置錢帛司。〔五〕

九月壬辰，夏國李諒祚遣使進降表。〔六〕甲午，遣南面林牙高家奴等奉詔撫諭。

冬十月丙申朔，日有食之。

十一月辛卯，詔諸職事官以禮受代及以罪去者置籍，歲申樞密院。

十二月丙申朔，詔回鶻部副使以契丹人充。庚子，應聖節，曲赦徒以下罪。壬子，詔大臣曰：「朕與宋主約爲兄弟，歡好歲久，欲見其繪像，可諭來使。」〔七〕

〔一〕長編：皇祐五年（一〇五三）春正月壬戌，「寧化軍天池顯應廟在禁地中，久不葺，契丹冒有之。韓琦遣鈐轄蘇安静抵境上，召其酋豪諭曰：『爾嘗求我修池神廟，得爾國移文固在，今曷爲見侵也。』契丹無以對，遂歸我冷泉村、代州、陽武寨地，舊用黄嵬山麓爲界，契丹侵耕不已，琦又遣安静塹地立石限之，自此不敢耕山上」。（原注：黄嵬山，據行狀及家傳，即六蕃嶺也。）又長編嘉祐元年六月丁巳：「供備庫使、并代鈐轄蘇安静領忠州刺史，留再任，安静與契丹争辨寧化軍天池廟地界，既定，特擢之。」

〔二〕長編：二月「癸巳，詔儀鸞司自今毋得以天下州府圖供張都亭驛。初户部副使傅永言奉使契丹，而接伴者問益州事，且云曾見驛中畫圖。故請禁之」。

〔三〕疑即本史卷八景宗紀鶴谷。

長編：「四月庚辰，契丹國母遣天武節度使、左千牛衛上將軍蕭全，益州觀察使王守道；契丹遣瑞聖節度使耶律述，崇禄少卿田文炳來賀乾元節。」

〔四〕樹字原缺，兹據文義補入。

〔五〕長編：八月「辛亥，度支副使、工部郎中周沆爲契丹國母生辰使，左藏庫副使錢晒副之；起居舍人、知諫院韓贄爲契丹生辰使，供備庫副使彭再昇副之；户部判官、刑部員外郎張去惑爲契丹國母正旦使，内殿崇班夏僖副之；右正言、直集賢院賈黯爲契丹正旦使，左侍禁、閤門祗候王咸宜副之」。祝穆方輿勝覽卷六四潼州府路昌州曰：「昌元縣南二十里老鴉山有李戡、李戣兄弟善棊。會虜索棊戰於國朝，詔求天下善弈者。蜀師以戡應詔，虜望風知畏，不敢措手。」拾遺補卷二二云：「此係宋仁宗皇祐間事。」

〔六〕本史卷一一五夏國外記作「七月進降表」。

〔七〕長編：十二月「辛酉，契丹國母遣林牙、臨海節度使、左衛大將軍耶律庶忠，夏州觀察使兼東上閤門使李仲僖；契丹遣始平節度使耶律祁，崇禄卿周白來賀正旦。契丹使來請曰：『願觀廟樂而歸。』上以問宰相，陳執中曰：『樂非祠享不作，請以是告之。』樞密副使孫沔曰：『此可告而未能止也。願告之曰：廟樂之作以祖有功、宗有德而歌詠之也。使者能留與吾祭，則可觀。』上使人告之，使者乃退」。（澠水燕談録卷二約引此事，畧同。）高麗史卷七：文宗七年「十二月丙申朔，契丹遣利州刺史蕭素來賀生辰」。

二十三年春正月己巳，如混同江。癸酉，獵雙子淀。戊子，夏國遣使貢方物。壬辰，如春水。甲午，獵盤直坡。〔一〕

三月丁亥，幸皇太弟重元帳。

夏四月〔二〕癸卯，高麗遣使來貢。〔三〕癸丑，獵合只忽里。〔四〕

五月己巳，李諒祚乞進馬駝，詔歲貢之。庚寅，駐蹕永安山。壬辰，夏國遣使來貢。

六月丙申，如慶州。己亥，謁慶陵。壬寅，高麗王徽請官其子，詔加檢校太尉。辛亥，吐蕃遣使來貢。

秋七月己巳，夏國李諒祚遣使來求婚。甲戌，如秋山。己卯，詔八房族巾幘。〔五〕

九月庚寅，獵，遇三虎，縱犬獲之。〔六〕

冬十月丁酉，駐蹕中京。戊戌，幸新建祕書監。〔七〕辛丑，有事于祖廟。癸丑，以開泰寺鑄銀佛像，曲赦在京囚。〔八〕丙辰，李諒祚遣使進誓表。〔九〕

十一月乙丑，阻卜部長來貢。壬申，帝率羣臣上皇太后尊號曰仁慈聖善欽孝廣德安静貞純懿和寬厚崇覺儀天皇太后，大赦。内外官進級有差。癸未，録囚。甲申，羣臣上皇帝尊號曰欽天奉道祐世興曆武定文成聖神仁孝皇帝，册皇后蕭氏曰貞懿慈和文惠孝敬廣愛崇聖皇后。〔一〇〕

十二月丙申，如中會川。〔一一〕

〔一〕長編：至和元年（一〇五四）二月「辛丑，詔：『禁軍逃至緣邊經一宿捕獲者斬。』初，河北緣邊安撫副使宋守約言：『比歲河北軍士數逃入契丹，良由捕逃軍法輕，請復天聖舊制，去三日内捕獲貸死之法。』故更著此條」。

〔二〕據長編：「甲午朔，日有食之。」

〔三〕高麗史卷七：文宗八年夏四月，「遣給事中金良贇如契丹告立太子」。

〔四〕長編：至和元年四月「甲辰，契丹國母遣崇儀節度使、左驍衛上將軍耶律秦，衛尉卿趙翊；契丹遣昭德節度使蕭璉，殿中監趙徽來賀乾元節」。庚申，「河北緣邊安撫司言：『比降德音，軍士遁入化外者，限百日首身放罪。今契丹誘過河北軍士，前後數千人，乞與展一年。』從之」。

〔五〕百衲本八字與房字間隔較長，疑是分字脱誤。或八房指橫帳四房國舅四房，族下有脱字。

高麗史卷七：七月，「契丹始設弓口門欄於抱州城東野」。

長編：八月「壬寅，起居舍人、直集賢院、同修起居注吳奎爲契丹國母生辰使，禮賓副使、知鎮戎軍郭逵副之；鹽鐵判官、主客郎中宋選爲契丹生辰使，供備庫副使、定州路都監王士全副之；開封府判官、殿中侍御史俞希孟爲契丹國母正旦使，閤門通事舍人夏伸副之；司封員外郎、直龍圖閣兼天章閣侍講盧士宗爲契丹正旦使，西頭供奉官、閤門祇候李惟賓副之」。

東都事畧卷七三吳奎傳：「吳奎遷知制誥奉使契丹，遇虜主加稱號，邀使者入賀，奎自以使事有職，不爲往。比還，中道與虜使遇，虜人衣服以金冠爲重，紗冠次之，而使人輒欲以紗冠邀漢使盛服，奎不許，而殺其禮見之。坐是黜知壽州。」劉攽彭城集卷三七吳公墓誌銘、宋史卷三一六吳奎傳畧同。

長編：至和二年「四月癸巳，兵部員外郎、知制誥吳奎知壽州，奎前使契丹，會契丹主加稱號，邀使者入賀，奎不爲往，因別設次令就觀。比還，道與契丹使遇。其國本以金冠爲上服，紗冠次之，而使人輒欲以紗冠邀漢使盛服，奎不許，殺其禮見之，既而契丹言，每北使至南朝，遇盛禮皆入賀。奎坐是出」。（原注：郭逵副奎，亦坐是責汾州都監，事見逵傳。）

范太史集卷四〇郭公（逵）墓誌銘：「逵爲賀契丹國母生辰副使，會遼中羣臣上其主尊號，請南使同上，公與國信使吳公奎固不可。遼欲脅之，夜聞帷外有刀刃聲，公堅卧不起，遼人促之急，公曰：『使臣可殺不可屈。』遼之君臣乃好諭曰：『北朝盛禮，願南使一觀。』公曰：『嘗觀於何所？』曰：『立本班。』公使還，報曰：『不可復命。』曰：『立於別次。』乃入，卒觀不賀。使還，遼人以爲言。吳公出知壽州，公亦降授汾州兵馬都監。」

長編：至和元年八月「乙巳，補易州民李秀爲三班差使殿侍。始秀爲雄州探事，有邊民遁入契丹以告秀，秀畏罪乃求歸，特補之。」「丁巳，詔河北沿界河寨鋪，使臣非公事，毋得擅入州城」。

〔六〕長編：秋九月「乙亥，契丹遣忠正節度使、同平章事蕭德，翰林學士、左諫議大夫、知制誥、史館修撰吳湛，來告與夏國平。且言通好五十年，契丹主思南朝皇帝，無由一會見，嘗遣耶律防來使，竊畫帝容貌，曾未得其真，欲交馳畫像，庶瞻覿以紓兄弟之情。德等又乞親進本國酒饌，不許」。（原注：交馳畫象，朝廷多有議論，趙抃疏其一也。蘇頌作孫抃行狀云：或者慮敵得御容敢行咒詛，抃言其不然，卒許之。張唐英政要云：「敵後得御容具儀仗拜謁驚嘆。」今皆不取。）「辛巳，三司使、吏部侍郎王拱辰爲回謝契丹使，德州刺史李珦副之。拱辰見虜主於混同江。其國每歲春漲，於冰上置宴鈎魚，惟貴族近臣得與，一歲盛禮在此。每得魚，必親酌勸拱辰，又親鼓琵琶侑之。謂其相劉六符曰：『南朝少年狀元入翰林十五年矣。吾故厚待之。』（按長編「見虜主於混同江」以下，實源於公是集卷五一王開府行狀。）契丹國母愛其少子宗元（即重元，本史卷一一二有傳）欲以爲嗣，問拱辰曰：『南朝太祖、太宗何親屬也？』拱辰曰：『兄弟也。』曰：『善哉！何其義也。』契丹主曰：『太宗、真宗何親屬也？』拱辰曰：『父子也。』曰：『善哉！何其禮也。』既而契丹主屏人謂拱辰曰：『吾有頑弟，他日得國，恐南朝未得高枕也。』」（原注：至和元年王拱辰別録：「契丹主又云：『更爲西界昨報休兵事，從初不稟朝命，邊上頭作過犯，遂行征討。緣元昊地界黃河屈曲，寡人先領兵直入，已奪得唐隆鎮，韓國大王插糧船繞頭轉來，寡人本意待與除滅，卻爲韓國大王有失備禦，卻被西人伏兵邀截船糧。是致失利，今來既謝罪，遂且許和。』拱辰答曰：『元昊前來激惱南朝，續次不順北朝，始初南朝亦欲窮兵討滅，卻陛下頻有書來解救，遂且許和，自聞皇帝失利，南朝甚不樂。』契丹主云：『兄弟之國可知不樂。』拱辰又云：『南朝亦知北朝公主先聘與元昊，殊不禮待，憂幽而卒。』契丹主云：『直是飲恨而卒，然只是皇族之女。』拱辰云：『雖知只是宗女，亦須名爲陛下公主下嫁，豈可如此不禮！今或陛下更與通親，毋乃太自屈也。』契丹主云：『更做甚與他爲親，只封册至今亦未曾與。』拱辰慮其再通姻好，即與中國不便，故因話而諷之。拱辰又云：『今來陛下且與函容，亦是好事，陛下於西羌用兵數年，其殺獲勝負，亦畧相當，古語謂爭城殺人盈城，爭地殺人盈野，豈是帝王仁德好事。』契丹主云：『極是也。』兩朝誓旨册内有此。」）

歐陽文忠公集内制集卷一：「皇帝回謝契丹皇帝書：『九月日，兄大宋皇帝致書於弟大契丹聰文聖武英畧神功睿哲仁孝皇帝闕下：使軺云止，惠問見貽，且承累歲而來，薦有西師之舉。討其不服，初煩剪伐之謀；全以舊恩，終示含容之度。慶武戈之遂息，分軍獲以爲儀。言諭斯勤，欣銘并集。方凝寒律，冀保沖襟。企詠之誠，指陳奚既。續遣使人咨謝次。今忠正軍節度使、檢校太尉、同中書門下平章事蕭德等回，專奉書陳謝。不宣。白。』又皇帝回謝契丹皇太后書：『九月日，姪大宋皇帝謹致書於嬸大契丹儀天體道至仁廣德慈順章聖皇太后闕下：鄰邦敦睦，結信好以彌深；使聘申歡，承諭言而甚厚。固壽齡之遐福，欣帖泰之休期；加侑幣以惟豐，積感悰而增切。秋商在候，嗇履惟和。今忠正軍節度使、檢校太尉、同中書門下平章事蕭德等回，專奉書陳謝。不宣。謹白。』」

長編：九月丁亥，「詔代州五臺山諸寺收童行者，非有人保任，毋得係籍。時雄州言：『契丹遣蔚、應、武、朔等州人來五臺山出家，以探刺邊事。』故條約之」。

〔七〕索隱卷二：「一統志承德府古蹟：遼祕書監在平泉州，故大定府城內。」

〔八〕晁説之嵩山集卷二：「契丹主洪基以白金數百兩鑄兩佛像，銘其背云：『願後世生中國。』」張江裁燕京訪古録：「西便門内西北一里，菜園井臺後，有頹殘佛殿三楹，内有一台，上座一佛，高三尺八寸，惡像猙獰，鬚髮鬃烈，雙耳環珮下垂，如金剛像，半衫半甲，花雲戰靴，雙手捧鉢，左骽盤，右骽立，眦目裂齒，威武絶世。背後鐫陰文篆書銀佛銘曰：『白銀千兩，鑄二佛像。威武莊嚴，慈心法相。保我遼國，萬世永享。開泰寺鑄銀佛，願後世生中國。耶律鴻基虔心鑄造。』共四十四字，考此地當是大遼開泰寺也。」洪爲弘字避諱，鴻，疑是鈔寫或刊印之誤。原鑄二佛像，或是分供於中京、南京，故臺上僅坐一佛像。此時興宗在位，鑄像雖是道宗發願，曲赦京囚，仍屬興宗功德。

〔九〕高麗史卷七：「冬十月乙未，東女真柔遠將軍尼多弗等二十八人來獻駿馬，歸我被擄人信金、位奉、遲禮等三人，且言蕃人實彬、鹽漢、比丹、摩里弗等四人曾受契丹官爵，聞王惠愛，異土之人，願得入覲，故謹與俱來，賜尼多弗、實彬、鹽漢、比丹、摩里弗職加等，其餘賜物有差。甲辰，契丹橫宣使、益州刺史耶律芳來。」

〔一〇〕高麗史卷七：「十一月甲子，契丹宣諭使、益州刺史耶律幹來。」按芳即爲益州刺史，何以此云益州刺史幹。

〔一一〕長編：十二月「乙卯，契丹國母遣始平節度使、左監門衛上將軍耶律昌世，寧州觀察使馮見善；契丹遣彰聖節度使、右監門衛上將軍蕭福延，崇祿卿劉九言來賀正旦」。（原注：「按原本作崇福卿，誤。今據遼史百官志改正。」）

高麗史卷七：「十二月庚寅，契丹遣復州刺史耶律新來賀生辰。」

二十四年春正月癸亥，如混同江。戊辰，朝皇太后。辛巳，宋遣使來賀，饋馴象。〔一〕

二月己丑朔，召宋使釣魚、〔二〕賦詩。癸巳，如長春河。甲寅，夏國遣使來賀。〔三〕

三月癸亥，皇太弟重元生子，曲赦行在，及長春、鎮北二州徒以下罪。〔四〕

夏〔五〕五月，駐蹕南崖。〔六〕

秋七月壬午，如秋山。次南崖之北峪，不豫。〔七〕

八月丁亥，疾，大漸，召燕趙國王洪基，諭以治國之要。戊子，大赦，縱五坊鷹鶻，焚鈎魚之具。己丑，帝崩于行宮，年四十。〔八〕遺詔燕趙國王洪基嗣位。清寧元年十月庚子，上尊謚爲神聖孝章皇帝，廟號興宗。

贊曰：興宗即位年十有六矣，不能先尊母后而尊其母，以致臨朝專政，賊殺不辜，又不能以禮幾諫，使齊天死於弒逆，有虧王者之孝。惜哉！若夫大行在殯，飲酒博鞠，疊見簡書。及其謁遺像而哀慟，受宋弔而衰絰，所爲若出二人。何爲其然歟？至於感富弼之言而申南宋之好，許諒祚之盟而罷西夏之兵，邊鄙不聳，政治内修，親策進士，大修條制，下至士庶，得陳便宜，則求治之志切矣。于時左右大臣，曾不聞一賢之進，一事之諫，欲庶幾古帝王之風，其可得乎？雖然，聖宗而下，可謂賢君矣。

〔一〕長編：至和元年九月「壬午，送契丹國馴象二」。

按宋史卷三二九王臨傳云：「彼（契丹）嘗求馴象，可拒而不拒；嘗求樂章，可與而不與。」是馴象爲應契丹要求而饋送者。

〔二〕按北地氣候及契丹習俗，釣字應是鈎字之誤。

〔三〕長編：至和二年（一〇五五）二月「丙午，徙知并州武康軍節度使韓琦知相州，琦以疾自請也。先是潘美帥河東，避寇抄爲己累，令民内徙，空塞下不耕，號禁地，而忻代州、寧化火山軍廢田甚廣，歐陽脩嘗奏乞耕之。詔范仲淹相視，請如脩奏。尋爲明鎬沮撓，不克行，及琦至，遣人行視曰：『此皆我腴田民居，舊迹猶存，今不耕，適留以資敵，後且皆爲敵人有矣。』訂鎬議非是。遂奏代州寧化軍，宜如岢嵐軍例，距北界十里爲禁地，餘則募弓箭手居之，會琦去，即詔弼議，弼請如琦奏，凡得户四千，墾地九千六百頃」。（原注：「開耕禁地，實録於此年四月丙申，始載琦奏，今移入此。琦訂鎬議非是，及弼請如琦奏，並據兵志第二，志云：慶曆中，河東都轉運使歐陽脩上言，代州、岢嵐、寧化、火山軍被邊地幾二三萬頃，請募人墾種，充弓箭手。詔宣撫使范仲淹議，仲淹以爲便，遂以岢嵐軍北草城川禁地，募人距敵界十里外佔耕，得二千餘户，歲輸租數萬斛，自備弓馬，涅手背爲弓箭手，時并州明鎬沮議，事乃中止。至和二年，韓琦奏訂鎬議非是，曰：『昔潘美患契丹數入寇，遂驅傍邊耕民内徙，苟免一時失備之咎。其後契丹講和，因循不復許人復業，遂名禁地，歲久爲敵人侵耕，漸失疆界，今代州寧化軍有禁地萬頃，請如草城川募弓箭手，可得四千餘户。』下并州富弼議，弼請如琦奏。詔：『爲條視山坡川原地均給人二頃，其租一秋輸川地畝五升，坡原地畝三升，毋折變科徭，仍指揮即擇山險爲社，以便居止，備征防。毋得擅役。』先是麟、府、豐州，以閑田募置人給屋貸口糧二石，而德順軍静邊寨壕下弓箭手，尤爲勁勇，夏人利其地，數求争，朝廷爲築堡戍守，此兵志所書也。耕岢嵐事，與食貨志第一及慶曆四年所書稍異。」）

〔四〕鎮北州不見本史卷三七—四四地理志。疑是皇太弟重元頭下州。

長編：三月「乙亥，詔雄州探事人補三班差使殿侍者，並以爲本州指使」。

〔五〕長編：四月「己亥，契丹國母遣歸德節度使、左驍衛上將軍蕭知微，永州節度觀察留後王澤；契丹主遣保安節度使、左監門衛上將軍耶律防，殿中監王懿等來賀乾元節，並獻契丹主繪像」。宋會要蕃夷二同，惟繫於去年。另云：「且請御容，許之，未及往而告哀使至，遂罷。去年契丹使蕭德來言，虜主每謂通好五十年，思會南朝皇帝，昨令竊寫得天表，恐未能髣髴，故交馳繪像，便若相見，庶篤兄弟之情，至是虜主卒，遂不報。」（原注：李𡌴十朝綱要：「己亥，契丹主遣使以其畫像來獻，求易御容，以代相見，篤兄弟之情。」）

長編：「是（四）月，殿中侍御史趙抃又言：『王拱辰報聘契丹，行及鞾淀，未致君命，契丹置宴餞宋選、王世全，拱辰等遂窄衣與會，自以隨行京酒換所設酒，痛飲深夜，席上聯句，語同俳優。選及世全，因醉與敵使争，及契丹主自彈琴以勸拱辰酒，拱辰既不能辭，又求私書爲己救解，失禮違命，損體生事。乞加黜降。』宋選尋坐罪，責通判宿州。朝廷獨不問拱辰。抃又言：『拱辰比吴奎罪惡爲大，兩府惡奎，即逐之，乃陰庇拱辰，不顧邦典，頃年韓綜坐私勸契丹主酒，落職知許州。去年契丹遣泛使，欲援綜例上壽，賴接伴楊察以朝廷曾黜綜以告之，敵使乃止。拱辰既輒當契丹主彈琴送酒之禮，今若不責拱辰，異時敵使妄欲援拱辰例，則朝廷將何辭拒之。』詔拱辰罰金二十斤，放。」

〔六〕東國通鑑：「文宗九年五月，契丹遣匡義軍節度使耶律革，崇禄卿陳顗來册王爲守太師，加食邑五千户，食實封五百户，仍賜車輅冠服圭劍等物。又遣利州刺史蕭禄來册王太子爲三韓國公。」高麗史卷七：文宗九年「五月辛酉，契丹遣耶律革、陳顗來册王，詔曰：『卿嗣立世勳，茂修文教。效珍職篚，尊奬於皇家；奕慶藩圭，撫甯於青域。屬兹行禮，思與同休。爰特降於册函，仍優加於賄命。式昭眷想，當體恩榮。今差匡義軍節度使耶律革等往彼，備禮册命。仍賜車輅冠服圭劔等及特賜諸物，具如別録，至可領也。』册曰：『王者禮遇羣后，懷和萬邦。錫以彤旐，寵价藩之功茂；賜之膰胙，表王室之慶成。順考前規，允膺休典。朕甫鍾嘉運，勉徇鴻名。緜蕝之儀，適交修於朝右；蓼蕭之澤，宜遐冒於海隅。妙簡靈辰，式揚昆命。匡時致理，竭節資忠。奉上功臣開府儀同三司、守太保兼中書令、上柱國、高麗國王、食邑一萬户、食實封一千三百户王徽，淹融迪裕，忠肅秉彝。木德司仁，旁鍾於醇粹；珠衡挺異，迥賦於英標。而自嗣興乃邦，纘服前烈。樹桓文之遐業，撫辰卞之全封。善政其蘇，驩謡允穆。賓王請朔，久堅事大之誠；候律占風，克謹守邦之職。作皇家之外蔽，壯戎翰之中權。實寬東顧之憂，率資北面之力。存逢邦慶，永念世勳。乃臨遣於使駢，特進加於朝册。維師陞秩，奉邑增封。申昭柔遠之恩，式協疇庸之典。今遣使匡義軍節度使、饒州刺史兼御史大夫耶律革，使副崇禄卿護軍陳顗，持節備禮，册命爾爲守太師，加食邑五千户、食實封五百户。餘如故。於戲！鸞冕八章異其數，象輅九旂昭其文，講備物於曲臺，溢榮暉於列國。歛膺殊禮，永懋令圖。矧當熙盛之期，益著匡甯之續。儀形羣岳，貽燕後昆，寶朕訓言，膺受繁祉。』王受册於南郊。癸亥，遣利州刺史蕭禄來册王太子，官告曰：『古之諸侯，厥有世子。貞列邦而爲重，守冢社以維艱。永念亢宗，必先立嫡；近省來奏，深嘉乃誠。爰念稟朔尊王，蓋絶專封之禮；瞻天請命，固求樹本之恩。特舉舊章，懋膺榮典。匡時致理竭節資忠奉上功臣、開府儀同三司、守太傅、中書令、上柱國高麗國王，食邑一萬户、食實封一千三百户王徽子勳，憑積德之厚，稟貽謀之休，越在齠年，欝爲雅器。綴胄筵而讓齒，趨師席以參玄。而況寶係莫竟，昌源寖遠。肯堂肯構，既克紹於世風；拜後拜前，是併敷於朝典。顧三韓之右地，揔百濟之舊名。榮分父母之邦，爵復公侯之始。示予綏援，弘爾善祥。於戲！當紈綺之齡，受絲綸之寵。黑轓異等，玄衮升華。所宜崇孝敬以承親顔，敦信厚而儀公族。勿驕勿惰，有初有終。欽兹維休，無忝慈訓。可特封三韓國公。』太子迎命於閤門庭」。

長編：五月癸亥，「知諫院范鎮言：『比奉使河北還，伏見河北連歲招兵未已，皆是坊市無賴及隴畝力田之人，冒爲軍營子弟。誠是軍營子弟，則今日詔下，明日自當投牒，豈有及今一年，尚未盡至，其爲坊市無賴、隴畝力田之人明矣。……先朝用兵時，兵纔四十餘萬，今不用兵而兵已倍之，……今塘水東西三百餘里，多於先朝也；歲予金繒五十萬，禮聘又十餘萬，亦多於先朝也。以多於先朝之塘水，多於先朝之金繒，以備契丹而與之和也，宜省兵以息民，而反多兵以困民者，臣所以深惑也。……取兵於民則民稀……民心離；寓兵於民則民稠……民心固。與其離民之心以備契丹，契丹未至而民力先已困，國用先已匱；孰若固民之心以備契丹，契丹雖至而民力有餘，國用有備。……」

〔七〕高麗史卷七：「秋七月丁巳朔，都兵馬使奏：『契丹前太后皇帝詔賜鴨江以東爲我國封境，然或置城橋，或置弓口欄子，漸踰舊限，是謂不厭，今又創立郵亭，蠶食我疆。魯史所謂無使滋蔓蔓難圖也。宜送國書於東京留守，陳其不可，若其不聽，遣使告奏。』於是致書東京留守曰：『當國襲箕子之國，以鴨江爲疆，矧前太后皇帝玉册頒恩，賜茅裂壤，亦限其江。頃者，上國入我封界，排置橋壘。梯航納款，益勤於朝天；霄闥抗章，乞復其舊土。至今未沐俞允，方切禱祈，又被近日來遠城軍夫逼邇我城，移設弓口門，又欲創亭舍。材石既峙，邊民騷駭，未知何意。伏冀大王親鄰軫念，懷遠宣慈，善奏黈聰，還前賜地。其城橋、弓欄、亭舍，悉令毁罷。』庚申，契丹康慶遵等十五人來投，歸我没蕃人五十三口。」

〔八〕興宗亡年，東都事畧作四十三歲，李燾長編作四十一歲。按本史卷一五聖宗紀開泰五年二月戊戌皇子宗真生，實四十歲也。興宗之謚，李氏長編、東都事畧、契丹國志作文成皇帝，疑傳聞之誤。

契丹國志卷八：「八月，國主崩。……先是日食正陽，客星出於昴。宋著作佐郎劉羲叟曰：興宗其死乎？至是果驗。」

長編：至和二年八月「己丑，契丹主宗真卒。立二十五年，年四十一。謚文成皇帝，廟號興宗。宗真性佻脱，嘗與教坊使王税輕等數十人約爲兄弟，出入其家，至拜其父母，數變服入酒肆、佛寺、道觀。王綱、姚景熙、馮立輩，遇之於微行，後皆任顯官。尤重浮圖法，僧有正拜三公、三師兼政事令者凡二十人。馬保忠嘗勸以臣下無勳勞，宜且序進之，佛然怒曰：『若爾則是君不得專，豈社稷之福耶。』保忠皇恐，自是欲有遷除，必先厚賜貴臣，以絶其言。故親信者曷剌王等數十人，皆拔處將相。嘗夜燕，與劉四端兄弟、王綱入樂隊，命后妃易衣爲女道士，后父蕭磨只（后妃傳作蕭孝穆）曰：『漢官皆在，后妃入戲，恐非所宜。』宗真毆磨只敗面，曰：『我尚爲之，若女何人耶。』宗真善畫，嘗以所畫鵝雁來獻，上作飛白書答之」。（契丹國志卷八畧同。）

郭若虚圖畫見聞志卷六：「皇朝與大遼國馳禮，於今僅七十載，繼好息民之美，曠古未有，慶曆中，其主號興宗，以五幅縑畫千角鹿圖爲獻，旁題年月日御畫，上命張圖於太清樓下，召近臣縱觀。次日，又敕中闈宣命婦觀之，畢，藏於天章閣。」契丹國志卷八曰：「是時（興宗時）南北無事，歲受南宋餽遺，百四五十年，内府之儲，珍異固山積也。」孫升孫公談圃卷中：「趙志忠自契丹歸朝，官至正郎，嘗求差遣，不報，在都堂厲聲曰：『天下只有閻羅大王至公。若教不公，似志忠底已死了一二三十個。』志忠歸中國時上書及得契丹文字甚多，蓋志忠嘗爲契丹史官也。」郡齋讀書後志卷一曰：「虜廷雜記十卷，契丹降人趙志忠撰，記虜廷雜事，始於阿保謹，迄於耶律宗真。李清臣云：『志忠仕虜爲中書舍人，得罪宗真來歸，上此書及契丹地圖。言虜中事甚詳。』」陳振孫直齋書録解題卷五曰：「陰山雜録十六卷，不著名氏。莆田鄭氏書目云：趙志忠撰。歐公歸田録云：『志忠本華人，自幼陷虜，爲人明敏，在虜中舉進士，至顯官，歸國，能述虜中君臣世次、山川風物甚詳。今觀此書，可概見矣。』」

遼史補注卷二十一

本紀第二十一

道宗一

道宗孝文皇帝，諱洪基，〔一〕字涅鄰，小字查剌。興宗皇帝長子，母曰仁懿皇后蕭氏。六歲封梁王，重熙十一年進封燕國，總領中丞司事。明年，總北南院樞密使事，加尚書令，進封燕趙國王。二十一年爲天下兵馬大元帥，知惕隱事，預朝政。帝性沉静、嚴毅，每朝，興宗爲之斂容。〔二〕

二十四年秋八月己丑，興宗崩，即皇帝位於柩前，哀慟不聽政。辛卯，百僚上表固請，許之。詔曰：「朕以菲德，託居士民之上，第恐智識有不及，羣下有未信；賦斂妄興，賞罰不中；上恩不能及下，下情不能達上。凡爾士庶，直言無諱。可則擇用，否則不以爲愆。卿等其體朕意。」壬辰，以皇太弟重元爲皇太叔，免漢拜，不名。〔三〕癸巳，遣使報哀于宋及夏、高麗。〔四〕甲午，遣重元安撫南京軍民。戊戌，以遺詔，命西北路招討使西平郡王蕭阿剌爲北府宰相，仍權知南院樞密使事，北府宰相蕭虛烈爲武定軍節度使。辛丑，改元清寧，大赦。

九月戊午，詔常所幸圍場外毋禁。庚申，詔除護衛士，餘不得佩刃入宮；非勳戚後及夷離堇、副使、承應諸職事人不得冠巾。壬戌，詔夷離堇及副使之族并民如賤，〔五〕不得服駝尼、水獺裘，刀柄、兔鶻、鞍勒、珮子不許用犀玉、骨突犀；〔六〕惟大將軍不禁。乙丑，賜內外臣僚爵賞有差。庚午，尊皇太后爲太皇太后。辛未，遣左夷離畢蕭謨魯、翰林學士韓運以先帝遺物遺宋。〔七〕癸酉，遣使以即位報宋。丙子，尊皇后爲皇太后，宴菆塗殿。以上京留守宿國王陳留爲南京留守。〔八〕壬午，遣使賜高麗、夏國先帝遺物。

冬十月丁亥，有司請以帝生日爲天安節，從之。以吴王仁先同知南京留守事，陳王塗孛特爲南府宰相，進封吴王。〔九〕壬寅，以順義軍節度使十神奴爲南院大王。

十一月甲子，葬興宗皇帝於慶陵。〔一〇〕宋及高麗遣使來會。〔一一〕名其山曰永興。丙寅，以南院大王侯古爲中京留守，北府宰相西平郡王蕭阿剌進封韓王。壬申，次懷州。有事於太宗、穆宗廟。甲戌，謁祖陵。戊寅，冬至，有事於太祖、景宗、興宗廟，不受羣臣賀。〔一二〕

十二月丙戌，詔左夷離畢曰：「朕以眇冲，獲嗣大位；夙夜憂懼，恐弗克任。欲聞直言，以匡其失；今已數月，未見所以副朕委任股肱耳目之意；其令內外百官比秩滿，各言一事。仍轉諭所部，無貴賤老幼，皆得直言無諱。」戊子，應聖節，上太皇太后壽，宴羣臣命婦，册妃蕭氏爲皇后。進封皇弟越王和魯斡爲魯國王，許王阿璉爲陳國王，楚王涅魯古徙封吴王。〔一三〕辛卯，詔部署院，事有機密即奏，其投謗訕書，輒受及讀者并棄市。癸巳，皇族十公悖母，伏誅。甲午，以樞密副使姚景行爲參知政事，翰林學士吴湛爲樞密副使，參知政事、同知樞密院事韓紹文爲上京留守。丙申，宋遣歐陽脩等來賀即位。〔一四〕戊戌，詔設學養士，頒五經傳疏，置博士、助教各一員。癸卯，以知涿州楊績參知政事兼同知樞密院事。庚戌，以聖宗在時生辰，赦上京囚。〔一五〕

是年，御清涼殿放進士張孝傑等四十四人。

〔一一〕洪，全遼文卷二聖宗欽愛皇后哀册及仁德皇后哀册均作弘。房山石經題記，楊晳封號弘農郡作洪農。宋避趙匡胤父弘殷，弘作洪。遼以洪代弘似是爲宋避諱。考元和姓纂卷一：「弘氏，避孝敬（李弘）諱改姓洪氏。」唐已避弘作洪，遼石刻中民字缺末筆，應是避唐諱。

本史卷六四皇子表：道宗一子濬。卷六五公主表：昭懷太子一女延壽，並稱道宗曰文帝。金大和四年龐鑄撰太師梁忠烈王祠堂記：「道觀蓋王妃移剌氏始建之。……妃，遼文宗女也。明達智詈毅然，丈夫有所弗及。」

〔二〕侯延慶退齋閒雅録：「劉拱衛遠宣和初守祁州，嘗接伴北使，有李處能者，北朝故相李某之子號李狀元家，燕人之最以學著者。處能謂遠云：本朝道宗皇帝好文，先人每荷異眷，嘗於九日進菊花賦，次日，賜批答一絶句云：『昨日吟卿菊花賦，剪碎金英作佳句；至今襟袖有餘香，零落秋風吹不去。』」錢芳標蒓獻詞話曰：「遼主得其臣所獻黄菊賦題其後云云。元張肯繼孟檃括其詞，寄蝶戀花曰：『昨日得卿黄菊賦，細翦金英、題作多情句。冷落西風吹不去，袖中猶有餘香度。滄海塵生秋日暮，玉砌雕闌、木葉鳴疏雨。江總白頭心更苦，素琴猶寫幽蘭譜。』繼孟手書於卷，予嘗見之。」（按道宗此詩，别見於老學庵筆記卷四，其文作：昨日得卿黄菊賦，碎翦金英填作句；袖中猶覺有餘香，冷落西風吹不去。處能父儼，賜姓耶律，本史卷九八有傳。）書史會要卷八：「遼道宗喜作字，嘗有所書秦越大長公主捨棠陰坊第與大昊天寺碑及額，今在燕京舊城。」

〔三〕本史卷一一二本傳：「道宗即位，册爲皇太叔，免拜不名。」

〔四〕長編：至和二年（一〇五五）八月「辛亥，雄州以契丹主之喪來奏」。「九月丙辰朔，詔爲契丹主輟視朝七日。禁在京、河北、河東緣邊音樂各七日，仍擇日成服舉哀，令禮部詳定以聞。」「戊午，契丹遣右宣徽使忠順節度使左金吾衛上將軍耶律元亨來告哀，上爲成服於內東門幄殿，宰臣率百官詣東横門進名奉慰。」

周煇清波雜志卷一〇：「至和三年，劉原父敞使契丹，檀州守李翰勞其行役，劉云：『跋涉不辭，但山路迂曲，自過長興，卻西北行，六程到柳河，方稍南行，意甚不快。』又云：『聞有直路自松亭關往中京，纔十餘程，自柳河纔二百餘里。』翰笑曰：『盡如所示，乃初踏逐修館舍已定，至今迂曲。』」按周氏所記未合，考自古北口過柳河至中京之路，即劉敞所經之路，計十程，若自松亭關之路爲十餘程，則古北口之路不爲迂曲，此其一；柳河爲自古北口路途中之館，若經松亭，似不必過柳河，所言二百餘里云云無所指，此其二。

歐陽文忠公集内制集卷三：「雄州開啓北朝皇帝盡七道場齋文，注曰『八月二十六日』，文云：『伏爲北朝皇帝世結鄰歡，歲交聘問。方睦敦隆之好，遽聞訃告之音，深極哀懷，用伸資薦。廣梵筵而斯啓，陳法供以惟嚴。冀仰助於仙遊，庶永孚於冥佑。』」

高麗史卷七：文宗九年（一〇五五）「九月癸亥，契丹興宗告哀使鴻臚少卿張嗣復來，王聞嗣復過鴨緑江，減常膳，輟音樂，禁屠宰，斷弋獵。乙丑，王服素襴，率百官出昌德門前，嗣復傳詔，舉哀行服，輟朝市三日」。「丙子，遣知中樞院事崔惟善，工部侍郎李得路如契丹弔喪會葬。冬十月乙酉，生辰回謝使户部侍郎崔宗弼還自契丹奏，禮部云：『帝名宗真，汝名犯宗字，宜改之，臣於表狀改稱崔弼。』門下有奏：『宗弼宜答以我國不知所諱誤犯之，表章所載，未敢擅改。彼若强之，但減點畫，庶合於禮，宗弼擅改表文，有辱使命，請科罪。』原之。」

本史卷九七王觀傳：「興宗崩，充夏國報哀使。」西夏書事卷一九：「興宗崩，遣告哀使王觀至國，尋賜遺物。十一月，使如契丹會葬。」

〔五〕疑「民如」二字倒舛，應作「并如民賤」。

〔六〕按本史卷一一六國語解作榾柮犀。拾遺卷二三引異文有骨篤犀、榾拙犀、骨咄犀、蠱毒犀。索隱卷二謂蕭樂音奴傳亦作榾拙。洪皓松漠紀聞、陶宗儀輟耕録並作「骨咄」。

〔七〕長編：十二月「庚子，契丹遺右宣教使、左金吾衛上將軍蕭運，翰林學士、給事中、史館修撰史運來獻遺留物」。蕭運，宋會要作韓運。

〔八〕本史卷八七蕭孝友傳：孝友小字陳留，改上京留守，更王秦；清寧初，加尚父。頃之，復留守東京。檢下文二年又「以東京留守宿國王陳留爲北府宰相」。則此南京應是東京之訛。

〔九〕長編：八月癸丑，「龍圖閣直學士、兵部郎中呂公弼爲契丹祭奠使，西上閤門使、英州刺史郭諮副之；鹽鐵副使、工部郎中李參爲契丹弔慰使，内苑使兼閤門通事舍人夏佺副之。（長編未著另有會葬使。郭諮，宋史卷三二六有傳。）甲寅，改命劉敞、竇舜卿爲契丹國母生辰使，户部副使、工部郎中張掞爲契丹生辰使，西染院副使兼閤門通事舍人王道恭副之」。

〔一〇〕全遼文卷九仁懿皇后哀册作永興陵。慶陵爲聖宗永慶陵簡稱，用以統稱聖、興、道宗三陵。

〔一一〕全遼文卷八耶律宗允墓誌銘：「清寧初……拜爲南宰相，斯則我朝所置之元輔也。位在丞相之上。」

〔一二〕長編：十一月丙辰，「詔河北州軍，契丹葬日，毋得舉樂」。

高麗史卷七：十一月，「契丹東京回禮使檢校工部尚書耶律道來」。

〔一三〕全遼文卷七耶律宗政墓誌銘：「清寧元年……有匡内制外之功，進位守太傅，改封趙國王。又賜『翊聖功臣。』」據此應補：「越國王查葛改封趙國王。」耶律宗政，即查葛。

〔一四〕長編：至和二年八月「辛丑，翰林學士、吏部郎中、知制誥、史館修撰歐陽脩爲契丹國母生辰使，四方館使、果州團練使向傳範副之；右正言、知制誥劉敞爲契丹生辰使，文思副使竇舜卿副之；起居舍人、直秘閣知諫院范鎮爲契丹國母正旦使，内殿丞制、閤門祇候王光祖副之；權度支判官、刑部員外郎李復圭爲契丹正旦使，内殿崇班、閤門祇候李克忠副之。時朝廷未知契丹主已卒，故生辰、正旦遣使如例。既而御史趙抃言，克忠多由内降得差遣，請改命，乃以染院副使兼閤門通事舍人柴貽範代之」。

宋會要蕃夷二：至和二年「八月二十六日，詔：『北朝差告哀使耶律元亨赴闕，朕以大契丹文成皇帝，講修前世之好，繼息兩朝之民。信幣交持，使軺相聘，憧憧道路，垂五十年。睦然兄弟之情，確乎金石之固。忽聆哀訃，良用震懷。爰申感慘之深，以示敦和之至。宜特輟視朝七日，兼禁在京音樂七日，以輟朝日爲始。其河北、河東緣邊州軍亦禁樂七日，仍擇日舉哀成服，禮官具儀。』帝成服於内東門幕殿」。長編：八月「癸丑，改命歐陽脩、向傳範爲賀契丹登寶位使。……九月丙辰朔詔爲契丹主輟視朝七日，禁在京河北河東沿邊音樂各七日，仍擇日成服舉哀，令禮院詳定以聞」。

〔一五〕長編：十二月「己酉，契丹國母遣林牙、保静軍節度使蕭衮，文州觀察使、知客省使杜宗鄂；契丹遣崇儀節度使耶律達，益州觀察留後劉日亨來賀正旦。又遣林牙、右領軍衛上將軍蕭鏐，歸州觀察使寇忠來謝册立」。

高麗史卷七：「十二月甲寅朔，契丹遣金州刺史耶律長正來賀生辰。」

葉夢得石林燕語卷二：「契丹既修兄弟之好，仁宗初，隆緒在位，於仁宗爲伯，故明肅太后臨朝，生辰正旦，契丹皆遣使致書太后，本朝亦遣使報之。猶娣婦通書於伯母，無嫌也。至和二年，宗真卒，洪基嗣位。宗真妻臨朝，則仁宗之弟婦也，與隆緒時異。衆議每遣使但致書洪基，使專達禮意，其報亦如之，最爲得體。」

歐陽發文忠公事迹：「至和二年，先公奉使契丹，契丹使其貴臣陳留郡王宗愿，惕隱大王宗熙，北宰相蕭知足，尚父、中書令、晉王蕭孝友來押宴。曰：『此非常例，以卿名重。』宗愿、宗熙並契丹皇叔，北宰相蕃官最高者，尚父、中書令晉王，是太皇太后弟。送伴使耶律延寧言：『自來不曾如此，一併差近上親貴大臣押宴。』」

王珪華陽集卷一四内制載：「仁宗時皇帝賀契丹皇帝正旦書云：『伯大宋皇帝致書於姪大契丹聖文神武睿孝皇帝闕下：寒威收節，淑氣闓辰，想履德之多勤，宜薦享之有裕。爰馳使傳，聿致邦儀，肇慶春元，永孚鄰好。今差某官充正旦國信使副，有少禮物，具諸別幅，專奉書陳賀。不宣。白。』又回契丹賀乾元節書：『伯大宋皇帝致書於姪大契丹聖文神武睿孝皇帝闕下……今某官等迴，專奉書陳謝。不宣。白。』」

歐陽文忠公集內制集卷三：「皇帝回謝契丹皇帝告哀書：『九月日，伯大宋皇帝致書於姪大契丹皇帝闕下：特枉使軺，遽馳國訃，不意凶變，文成皇帝上僊。載念久敦世好，方睦鄰歡，聞問震驚，撫懷感惻。姪皇帝始茲纘紹，深極哀摧，冀節至情，以遵典禮。已差人使，專持慰禮，今右宣徽使、忠順軍節度使、左金吾衛上將軍耶律元亨回，奉書陳謝。不宣。白。』又皇帝回契丹皇太后告哀書：『九月日，姪大宋皇帝謹致書於嬸大契丹仁慈聖善欽孝廣德安靜正淳懿和寬厚崇覺儀天皇太后闕下，不意凶變，文成皇帝上僊。方敦鄰睦，遽及訃音。載惟慈慕之懷，必極哀傷之念。冀從順變，式副瞻言。已差人使，專持慰禮，今右宣徽使、忠順軍節度使、左金吾衛上將軍耶律元亨回，奉書陳謝。不宣。謹白。』」此處兩見並稱興宗爲文成皇帝。下文三年注〔三〕，亦兩見並作文成。

王珪華陽集卷二四載：「仁宗時，皇帝請契丹皇帝達皇太后正旦禮物書云：『伯大宋皇帝致書於姪大契丹聖文神武睿孝皇帝闕下，歲籥更端，物華蕃始，想極親闈之奉，舉迎拜祉之休。歡篤善鄰，禮申常聘，庶因晨夕，爲道誠悰，今差某官充皇太后正旦國信使副，有少禮物，具諸別幅，專奉書披述。不宣。謹白。』又回契丹達皇太后賀乾元節謝書：『伯大宋皇帝致書於姪大契丹聖文神武睿孝皇帝闕下，初炎履候，載誕膺期，嗣修鄰好之勤，曲導慈音之貺。祥延邦歷，聘厚物儀。滋用感藏，具因敷達。』」

二年春正月丙辰，詔州郡官及僚屬決囚，如諸部族例。己巳，詔二女古部與世預宰相、節度使之選者免皮室軍。是月幸魚兒濼。〔一〕

二月乙酉，以左夷離畢蕭謨魯知西南面招討都監事。乙巳，以興宗在時生辰宴羣臣，命各賦詩。〔二〕

三月丁巳，應聖節，曲赦百里内囚。己卯，御製放鷹賦，賜羣臣，諭任臣之意。〔三〕

閏月己亥，始行東京所鑄錢。乙巳，南京獄空，進留守以下官。〔四〕

夏四月甲子，詔曰：「方夏，長養鳥獸孳育之時，不得縱火於郊。」

五月戊戌，謁慶陵。甲辰，有事於興宗廟。

六月丁巳，詔宰相舉才能之士。戊午，命有司籍軍補邊戍。辛酉，阻卜酋長來朝，貢方物。丁卯，高麗遣使來貢。辛未，罷史官預聞朝議，俾問宰相而後書。乙亥，中京蝗蝻爲災。丙子，詔强盜得實者，聽諸路決之。丁丑，南院樞密使趙國王查葛爲上京留守，同知南京留守事吴王仁先爲南院樞密使。乙酉，遣使分道平賦税，繕戎器，勸農桑，禁盜賊。〔五〕

八月〔六〕辛未，如秋山。〔七〕

九月庚子，幸中京，祭聖宗、興宗於會安殿。〔八〕

冬十月丙子，如中會川。

十一月戊戌，知左夷離畢事耶律劃里爲夷離畢，北院大王耶律仙童知黄龍府事。甲辰，文武百僚上尊號曰天祐皇帝，〔九〕后曰懿德皇后。大赦，乙巳，以皇太叔重元爲天下兵馬大元帥，徙封趙國王查葛爲魏國王，〔一〇〕魯國王和魯斡爲宋國王，陳國王阿璉爲秦國王，吴王涅魯古進封楚國王，百官進遷有差。

十二月戊申朔，以韓王蕭阿剌爲北院樞密使，東京留守宿國王陳留北府宰相，宋國王和魯斡上京留守，秦國王阿璉知中丞司事。甲寅，上皇太后尊號曰慈懿仁和文惠孝敬廣愛宗天皇太后。〔一一〕

〔一〕長編：仁宗嘉祐元年（一〇五六）春正月「戊午，宴契丹使者於紫宸殿，宰相文彦博奉觴詣御榻上壽，上顧曰：『不樂邪？』彦博知上有疾，錯愕無以對，然尚能終宴。己未，契丹使者入辭，置酒紫宸殿。使者入至庭中，上疾呼曰：『趣召使者陞殿，朕幾不相見。』語言無次。左右知上疾作，遽入禁中。彦博以上旨諭契丹使者云：『昨夕飲酒稍多，今不能親臨宴，遣大臣就驛賜宴，仍授國書。』」

〔二〕高麗史卷七：文宗十年（一〇五六）「二月甲午，有司奏：『没蕃人廉可偁……於庚戌年（統和二十八年)中，充環衛公子軍役，會丹兵闌入，京城震騷，奉二親避兵故鄉峯城縣，道遇賊，被虜而去，清寧元年正月，攜一子亡來，請可倆父祖永業田舍。並令還給。制曰：『可倆功臣苗裔，丁年被俘，棄蕃土妻兒，惟攜一子皓首而歸，深爲憐憫，可給舊業田廬。』」

〔三〕長編：「三月「癸酉，契丹遣順義節度使、右監門衛上將軍蕭信，右諫議大夫王行己來謝。契丹主以朝廷屢遣使恤其喪，因名信等爲都謝使」。蕭信，宋會要蕃夷二及歐陽文忠公集均作蕭佶。歐陽文忠公集内制集卷三：「皇帝回契丹太皇太后回謝書：『三月日，姪大宋皇帝謹致書於嬸大契丹仁慈聖善欽孝廣德安靜正淳懿和寬厚崇覺儀天太皇太后闕下，嚮以訃音來告，方深感愴之懷，賵禮是將，用繼講修之好。豈期懿念，復枉使車，且承春候之和，克固壽康之福，其於感慰，罔罄敷陳。今順義軍節度使左監門衛上將軍蕭佶等回，專奉書陳謝不宣，謹白。』又皇帝回契丹皇帝回謝書：『三月日，伯大宋皇帝致書於姪大契丹皇帝闕下，頃承哀訃，嘗遣使軺，惟久睦於仁鄰，俾往伸於賻襚。復蒙惠問，仍示典儀。方此春和，克支福履，其爲慰浣，奚既名言。今順義軍節度使左監門衛上將軍蕭佶等回，專奉書陳謝不宣。白。』」

〔四〕長編：「閏三月癸卯，詔：『河北緣邊商人多與北客貿易禁物，其令安撫司設重賞以禁絶之。』」

〔五〕據長編、契丹國志卷九：「七月，有彗出紫微垣，歷七星，其色白，長丈餘。」

〔六〕據長編、宋史、契丹國志：「庚戌朔，日有食之。」

〔七〕長編：八月「丙寅，刑部員外郎、知制誥石揚休爲契丹國母生辰使，文思使、康州刺史沈惟恭副之；刑部員外郎、直史館、同修起居注唐詢爲契丹生辰使，東頭供奉官、閤門祗候王鍇副之；侍御史范師道爲契丹國母正旦使，供備庫副使劉孝孫副之；右司諫馬遵爲契丹正旦使，内殿崇班、閤門祗候陳永圖副之。尋以祠部員外郎、判度支勾院、集賢校理刁約代師道」。

契丹國志卷二四：「刁約使契丹，爲北語詩云：『押燕移離畢（移離畢，官名，如中國執政），看房賀跋支（賀跋支如執政防閤），餞行三匹裂（匹裂似小木罌，以木爲之，加黄漆），密賜十貔貍（形如鼠而大，穴居，食穀粱，嗜肉。北朝爲珍膳，味如豚肉而脆）。』」

宋史翼卷一據京口耆舊傳補刁約傳云：「嘉祐初使北，歸途戲用契丹疋裂、貔貍等爲詩，雖一時諧謔，亦爲當世傳誦。」

〔八〕安國軍節度使、金紫崇禄大夫、檢校太師左領軍衛上將軍、知涿州軍州事、開國公蕭惟平，是秋在雲居寺提點造經。

〔九〕天祐，宋大詔令集卷二三〇以後並同。全遼文卷一〇哀册文作天佑。

〔一〇〕全遼文卷七耶律宗政墓誌銘：「清寧二年，尋判上京留守臨潢尹事。册命爲魏國王。」全遼文卷八耶律宗允墓誌銘：「清寧初拜爲南宰相。翌歲，會陳大禮，加賜協贊功臣，兼中書令。」

〔一一〕長編：十二月「癸酉，契丹國母遺奉國節度使、驍衛上將軍蕭扈，起居郎中、知制誥、史館修撰韓孚；契丹遺懷德節度使耶律煜，廣州防禦使韓惟良來賀正旦」。扈等言武陽寨天池廟侵北界，中書樞密院按舊籍，陽武寨地本以六蕃嶺爲界，康定中，北界耕户聶再友、蘇直等南侵嶺二十餘里，代州累移文朔州，而朝廷以和好存大體，命徙石峯。未幾又過石峯之南，遂開壍以爲限。天池廟屬寧化軍橫嶺鋪，慶曆中，北界耕户杜再榮侵入冷泉村，近亦有石峯爲表，乃詔館伴使王洙以圖及本末諭扈等」。（原注：王洙持地圖諭扈等，乃明年正月壬午，今并書。張方平載王洙詰蕭扈事，見熙寧八年正月乙酉，聶再友、蘇直、杜思榮事見慶曆元年十二月庚辰。又五年五月甲寅，并此嘉祐元年十二月癸酉，其初葺天池廟，在大中祥符九年五月甲辰朔。）

宋史卷三三三沈立傳：「立字立之……乞行通商法，三司使張方平上其議……召爲户部判官。奉使契丹，適行册禮，欲令從其國服，不則見於門。立折之曰：『往年北使講見儀，未嘗令北使易冠服，況門見耶？』契丹愧而止。」按張方平爲三司使在嘉祐元年（一〇五六）八月，沈立奉使當在是年，或是年之後，而立於遼值册禮，似當爲本年十一月上尊號之事。然則立果於是年使北云。傅樂煥宋遼聘史表稿（見傅氏遼史叢考，以下簡稱傅表）將沈立奉使繫于嘉祐四年（一〇五九），云：「長編所記本年聘使原不闕。」長編所載諸使臣或有未能成行者，使臣不闕，實漏載也。高麗史卷七：「十二月戊申朔，契丹遣永州刺史蕭惟新來賀生辰。」

三年春正月庚辰，如鴨子河。丙戌，置倒塌嶺節度使。乙未，五國部長來貢方物。〔一〕

二月己未，如大魚濼。〔二〕

三月辛巳，以楚國王涅魯古爲武定軍節度使。〔三〕

夏四月丙辰，清暑永安山。〔四〕

五月己亥，如慶陵，獻酎於金殿、同天殿。

六月辛未，以魏國王查葛爲惕隱，〔五〕同知樞密院事蕭唐古南府宰相，魏國王貼不〔六〕東京留守。〔七〕

秋七月甲申，南京地震，赦其境内。〔八〕乙酉，如秋山。

八月辛亥，帝以君臣同志華夷同風詩進皇太后。〔九〕

九月庚子，幸中會川。〔一〇〕

冬十月己酉，謁祖陵。庚申，謁讓國皇帝及世宗廟。辛酉，奠酎于玉殿。〔一一〕

十一月丙子，以左夷離畢蕭謨魯爲契丹行宫都部署。庚子，高麗遣使來貢。

十二月庚戌，禁職官於部内假貸貿易。戊辰，太皇太后不豫，曲赦行在五百里内囚。

己巳，太皇太后崩。〔一二〕

〔一〕宋會要蕃夷二：嘉祐「二年正月，詔以河東地界圖示契丹人使，初，蕭扈等來賀正，乃言陽武寨天池廟侵北界土田，二府按代州陽武寨舊以六蕃嶺爲界，康定中，北界人户聶再支、蘇直等南侵嶺二十餘里，本州累移文朔州，朝廷以南北和好，務存大體，正令代州别立石峯爲界，比年又過石峯之南，尋又開塹以爲限。天池廟本屬寧化軍横嶺鋪，慶曆中嘗有北界人杜思榮侵耕冷泉谷，近年亦標石峯。詔館伴使王洙以圖及本末諭之」。

〔二〕索隱卷二：「案此與二年魚兒濼異。方輿記要十八引金志柔遠縣有大魚濼謂即魚兒濼，其説非也。今考魚兒濼有二：遼之大魚濼亦有三：其一在札魯特右翼南百七十里，蒙古名伊克札哈蘇台，其北十里又有巴漢札哈蘇台；其一在蒿齊忒右翼東南百五十三里，蒙古名札哈蘇台；此二濼皆屬遼上京道。其一在鑲黄等四旗牧廠故興城西，則即金志撫州治柔遠縣大魚濼行宫之地。但撫州之地爲遼志所未詳。此紀之大魚濼，當在今蒿齊忒，爲遼上京道之西境也。」

〔三〕長編：嘉祐二年（一〇五七）春三月「乙未，契丹遣林牙、左監門衛大將軍耶律防，樞密直學士、給事中陳顗來求聖容」。（原注：嘉祐二年三月，遼使耶律防、陳顗等至，防等屢乞傳戎言，依常例傳奏畢，近前面奏事。奉聖旨只令那（挪）一步，舍人傳奏。館伴使錢明逸奏：「防令通事，皇帝令依常例傳奏畢，近前面奏事，使副兩人齊跪，令陳顗奏聞。』通事舍人夏防言：『自來傳奏只是舍人，今使人而親奏，已得聖旨，只令那步亦是舍人傳奏，如傳奏不當，更請密學子細傳與舍人。」陳顗入殿門裏言與館伴，恐傳奏不盡，悉寫劄子諮問，二朝誓書内有此。）陳覬，宋史作陳顗。「戊戌，右諫議大夫、權御史中丞張昪爲回謝契丹使，單州防禦使劉永年副之。初，契丹主宗真送其畫像及隆緒畫像凡二軸，求易真宗皇帝及上御容。既許之，會宗真死，遂寢。至是遣使再求，故命昪等諭令更持洪基畫像來即予之。翰林學士胡宿草國書，奏曰：『陛下先已許之，今文成即世而不與，則傷信，且以尊行求卑屬，萬一不聽命，責先約，而遂與之。則愈屈矣。』不從。昪等至契丹，果欲先得聖容，昪折之曰：『昔文成弟也，弟先面兄，於禮爲順，今南朝乃伯父，當先致恭。』契丹不能對。初以未如其請，夜載巨石塞其門，衆皆恐。永年擲去之，由是世傳永年有神力。」昪，錢表作昇，誤。

歐陽文忠公集卷一一一論契丹求御容劄子云：「……契丹與中國通盟久矣，而嚮來宗真特於信好，自表慇懃，別有家書，繼以畫像。聖朝納其來意，許以報之，而乃遷延至今，遂欲食言而中輟。是則彼以推誠結我，我以不信待之。」又曰：「臣竊見契丹來書，初無寒温候問之言，直以踐言孤約爲説，其意在於必得，若此時被沮，勢必更來，事既再三，豈能堅執。」龔鼎臣東原録曰：「張昪、杲卿，嘉祐二年夏，回虜聘求聖上儀容事，昪見戎主言：『前來皇帝曾將過御容在南朝，蓋以代相見耳。今已稱姪，須我主復圖儀容去，則南朝必送聖範來。蓋前來是兄弟，即弟先送，今是伯侄，侄宜先來，即伯後答。如此先後順也。』迄從其議。」

高麗史卷八：文宗十一年（一〇五七）「三月乙酉，契丹遣蕭繼從、王守拙來册王，詔曰：『卿控臨祖服，藩屏皇家。薦號龍庭，方畢推崇之禮；均休免域，宜行册拜之恩。式示寵頒，用昭温睠。今差天德軍節度使蕭繼從、左千牛衛大將軍王守拙等充封册使副，並賜卿冠服、車輅、銀器、匹段、鞍馬、弓箭等，具如别録，至可領也。』册曰：『我國家重蒼睠命，累聖垂休。推恩信於萬邦，寧分中外；褒功勳於庶位，詎隔邇遐。眷三韓閫閾之雄，限伯禹方隅之表。其有踐開青社，遙控紫庭。紹匡合之霸圖，修委輸之臣節。雖日中有子，曾申錫於王封；而天下同文，旋弼成於帝化。屬均大慶，思答洪勳；爰卜臧辰，式頒寵典。咨爾匡時致理竭節資忠奉上功臣、開府儀同三司、守太師兼中書令、上柱國高麗國王、食邑一萬五千户、食實封一千八百户王徽，精儲龍宿，傑出雞林。博通幼尚於詩書，聰悟生知於禮樂。宏謀祕奥，常探金櫃之編；敏思遒妍，已着錦樓之集。粤自襲爵朱蒙之國，宣風玄菟之鄉，以寛猛董雄師，以惠和熙雅俗。膏雨霈一方之澤，景星爲千古之祥。當聖考臨軒，頗盡匡周之禮；迨沖人纂業，尤堅奉啟之誠。剡華楮以飛章，匭青茅而入貢。載覿忠義，無替敬恭。近者迫羣輿懇切之詞，推寡昧優崇之號，勉從勸請，遂舉盛儀。方覃象魏之恩，首奬桓文之畧，是用移晉相專車之秩，陞漢臣獨坐之班。兼益户封，併昭宸奬。今遣使天德軍節度使蕭繼從、使副左千牛衛大將軍王守拙持節備禮，册命爾爲兼尚書令、加食邑五千户、食實封二百户。於戲！飛龍在運，白馬伸盟。寵錫彤弓，位冠於五侯九伯；榮調玉鉉，權崇於四輔三公。矧乃居先人賜履之邦，襲伯氏揚旍之寄，弼翊可以希於善善，拊循可以慕於優優。宜樹芳猷，别凝茂績。應福謙於神道，契助順於天心。敬戒於兹，長守富貴。』王率百官受册於南郊。契丹又遣蕭素、柴德滋來册王太子，詔曰：『卿慶鍾王胤，幼標聰悟之名；爵列國公，早被豐優之命。束蕝屬行於成禮，編筠思洽於殊休。宜有寵頒，式符眷矚。今差利州管内觀察使蕭素、司農卿柴德滋充封册使副，並賜卿冠服、車輅、銀器、匹段、鞍馬、弓箭等，具如别録，至可領也。』册曰：『朕嗣守丕圖，奄宅縣宇，徇縉紳之抗疏，束茅蕝以陳儀。上奉慈顔，方增於懿號；下襃眇德，亦被於虛稱。載惟延賞之恩，宜舉襲封之典。咨爾匡時致理竭節資忠奉上功臣、開府儀同三司、守太師兼中書令上柱國高麗國王、食邑一萬五千户、食實封一千八百户王徽子勳，鴒鶺瑞質，騄駬奇蹤。挺岐嶷之英姿，藴温良之妙德。肯堂承訓，允符作室之言；良治傳芳，期肖爲裘之業。爰自綺紈之歲，已膺綸綍之榮。今屬玉檢推尊，銷金在運，率土皆霑於慶宥，承家宜被於寵靈。特霈筠編，茂均蕭澤。是用遣使利州管内觀察使蕭素、使副守司農卿柴德滋，持節備禮，册命爾爲順義軍節度使、朔武等州觀察處置等使、崇禄大夫、檢校大尉，同中書門下平章事、使持節朔州諸軍事、行朔州刺史上柱國三韓國公、食邑三千户、食實封五百户。於戲！爵疏五等，首冠於侯封；寄重十連，兼提於相印。服是休美，永惟敬哉。』太子率宫官百僚詣南郊受册。王潛幸觀禮」。

〔四〕長編：四月丁未，「右司諫吕景初、左藏副使李綬爲河北體量安撫使，以河北地數震也」。「丙辰，契丹國母遣昭德節度使、右監門衛上將軍耶律昌福，右諫議大夫、知制誥劉雲；契丹遣武安節度使蕭矩，引進使、泰州團練使劉從備來賀乾元節」。「丙寅，雄州言：『北界幽州地大震，大壞城郭，覆壓死者數萬人。』詔河北密爲備禦之計。以契丹歸明人趙二南爲蔡州司士參軍，馬錫爲茶酒班殿侍、京東安撫司指使，仍各賜田二頃。」（宋會要同。）

宋會要瑞異三：「嘉祐二年三月三日，雄、霸等州并言：『二月十七日夜地震。』至四月二十一日，雄州又言：『幽州地大震，大壞城郭，覆死者數萬人。』詔河北備禦之。是歲，河北數地震，朝廷遣使安撫。」

宋史卷一二仁宗紀：嘉祐二年（一〇五七）四月「丙寅，幽州地大震，壞城郭，覆壓死者數萬人」。又卷六七五行志：「嘉祐二年，雄州北界幽州地大震，大壞城郭，覆壓者數萬人。」一九八一年一月，於北京宣武門附近發現古地震遺迹。據考古發掘報告，此遺迹即本年地震所遺。震級大於七級，震中裂度爲十度左右，致使南京大憫忠寺兩層大閣被毁，此次震中位置即在今北京附近。本史七月甲申地震，應爲餘震。

永樂大典卷四六五〇引元一統志：「大憫忠寺在舊城，有杰閣，奉白衣觀音大像，二石塔對峙於前，按古記考之……（唐）昭宗景福初，節度使李匡威建崇閣七楹三級……遼世宗天禄四年閣又災，穆宗應曆五年即故基省爲兩級，遼道宗清寧三年摧於地震，詔趣完之。」宋會要、宋史、嘉靖霸州志、嘉靖雄乘卷下、萬曆保定府志卷一五所記同。

長編：四月「辛未，通判黄州殿中丞趙至忠上契丹地圖及雜記十卷」。（原注：此據正史契丹傳。實録云：上契丹建國子孫圖及纂録事三册，與本傳不同。按虜廷雜記今具在。實録所稱悉在其間矣。至忠來歸在慶曆元年八月，熙寧二年七月乃致仕。范鎮雜記稱至忠嘗爲契丹史官，契丹稱中書舍人，或中書舍人即兼史職也。三年二月，又上國俗官稱儀物録，六年五月，又獻契丹蕃漢兵馬機事十册并契丹出獵圖。）

〔五〕按全遼文卷七耶律宗政墓誌銘，拜大内惕隱在明年（清寧四年）冬。

〔六〕按下文五年六月，貼不應是吴王，詳本書卷七二補傳。

〔七〕高麗史卷八：「六月丁未，契丹東京持禮回謝使檢校工部尚書耶律可行來。」

〔八〕長編：「四月丙寅，雄州言北界幽州地大震，大壞城郭。」又嘉祐四年正月丙申朔，日食。長編原注引楊畋傳云：「嘉祐三年冬，河北地震，明年日食正旦。」可見是多次連續地震，不止一次。主要爲四月二十日地大震，本史漏載。此次應屬餘震。或是頒赦之日。

〔九〕長編：八月乙巳朔，「詔編集樞密院機要文字。……初樞密使韓琦言：『歷古以來，治天下者莫不以圖書爲急，蓋萬務之根本，後世之模法，不可失也。恭維我宋受命幾百年矣。機密圖書，盡在樞府，而散逸蠹朽，多所不完。臣比到院，因北界爭寧化軍土田，令檢北界朔州移寧化軍天池廟係屬南朝牒，累月檢之不獲。及因西人理會麟州界至，又尋慶曆中臣在院日與西人商議納欵始末文案，亦已不全。……請差官於諸房討尋編録。一本進内，一本留樞密使廳，以備經久之用。……六年十一月乃成書。慶曆誓書三本，樞密院既不復存，大理寺丞周革但於廢書中求得杜衍手録草本，因具載焉。』」「己巳，鹽鐵副使、刑部員外郎郭申錫爲契丹國母生辰使，西京左藏庫副使王世延副之；右司諫吕景初爲契丹生辰使，西京左藏庫副使張利一副之；度支判官、祠部郎中、直秘閣王疇爲契丹國母正旦使，西染院使李珹副之；殿中侍御史吴中復爲契丹正旦使，東頭供奉官、閤門祇候宋孟孫副之。」按歐陽文忠公集卷八六有賀遼儀天太皇太后正旦國書，以景初、利一爲賀使，與此歧異。

〔一〇〕長編：九月「丁亥，以契丹歸明人郝永言爲鄧州司士參軍，給俸，仍賜田二頃」。（宋會要同。）「庚子，契丹遣樞密使、右金吾衛上將軍蕭扈，宣政殿學士、禮部尚書吴湛來再求御容。且言當致洪基像。」（宋會要同。）

高麗史卷八：「九月甲申，遣王夷甫、崔爰俊如契丹謝賜册命。」

〔一一〕長編：冬十月「己酉，翰林學士兼侍讀學士、工部郎中、知制誥、史館修撰胡宿爲回謝契丹使，禮賓使李綬副之，且許以御容。約因賀正使置衣篋中交致焉」。（原注：張唐英云：遣張昪送御容，契丹具儀仗拜謁驚歎。按張昪非送御容者，今不取。）

宋史卷一二仁宗紀：嘉祐二年「冬十月乙巳，遣胡宿報使契丹」。乾隆本宋史附考證引邵氏聞見後録卷一：「契丹求仁宗御容，議者慮有厭勝之術。帝曰：吾待契丹厚，必不然，遣御史中丞張昪遣之。」據此則使契丹者張昪，本紀則云胡宿。張昪僅是許遣，並非遣使。邵博聞見後録卷一：「嘉祐二年秋，北虜求仁皇帝御容，議者慮有厭勝之術，帝曰：『吾待虜厚，必不然。』遣御史中丞張昪遣之，虜主盛儀衛，親出迎，一見驚肅再拜，語其下曰：『真聖主也。』」

高麗史卷八：冬十月「癸亥，契丹橫宣使泰州刺史耶律宏來」。

宋會要蕃夷二：嘉祐二年六月，「契丹遣使再求御容，即遣翰林學士胡宿，禮賓使李綬往報之。初，契丹累求真宗皇帝及帝御容，乃遣權御史中丞張昪等行，令諭以後持新虜主繪像來即與之。前月又遣蕭扈等，且言不敢違朝廷命，是以置於篋中，令賀正使吴中復交致之」。

〔二二〕長編：「十二月丁卯，契丹國母遣左千牛衛上將軍耶律世達，諫議大夫、知制誥張嗣復；契丹主遣臨海節度使耶律充，引進使張挺來賀正旦。」

高麗史卷八：「十二月癸卯朔，契丹遣右諫議大夫王宗亮來賀生辰。丁未，遣尚書、户部侍郎安民甫如契丹賀太皇太后生辰。己酉，遣尚書、工部侍郎崔繼游賀天安節。」

全遼文卷二欽愛皇后哀册：「十二月癸卯朔，二十七日己巳，大行太皇太后崩於中會川行宮之壽安殿。」

長編：「己巳，契丹國母蕭氏卒。」宋會要蕃夷二：「（嘉祐）三年正月，雄州言：『契丹國母蕭氏去年十二月二十七日卒。』蕭氏，宗真之母，洪臺之宗母也。」臺（基）宗（祖）爲避諱改字。

四年春正月壬申朔，遣使報哀于宋、夏。〔一〕如鴨子河鈎魚。癸酉，宋遣使奉宋主繪像來。〔二〕丁亥，知易州事耶律頗得〔三〕秩滿，部民乞留，許之。

二月丙午，詔夷離畢：諸路鞫死罪，獄雖具，仍令別州縣覆案，〔四〕無冤，然後決之；稱冤者，即具奏。庚戌，如魚兒濼。〔五〕

三月戊寅，募天德、鎮武、東勝等處勇捷者籍爲軍。〔六〕甲午，肆赦。

夏四月甲辰，謁慶陵。丁卯，宋遣使弔祭。〔七〕

五月庚午朔，上大行太皇太后尊謚曰欽哀皇后。〔八〕癸酉，葬慶陵。夏國、高麗遣使

來會。乙酉，如永安山清暑。〔九〕

六月乙丑，以北院樞密使、鄭王蕭革爲南院樞密使，徙封楚王，南院樞密使、吴王仁先爲北院樞密使。〔一〇〕

秋七月辛巳，制諸掌内藏庫官盜兩貫以上者，許奴婢告。壬午，獵于黑嶺。〔一一〕

冬十月戊戌朔，以同知東京留守事侯古爲南院大王，保安軍節度使奚底爲奚六部大王。

十一月癸酉，行再生及柴册禮，宴羣臣於八方陂。庚辰，御清風殿受大册禮。大赦。以吴王仁先爲南京兵馬副元帥，徙封隋王。壬午，謁太祖及諸帝宫。丙戌，祠木葉山。禁造玉器。〔一二〕

十二月辛丑，弛〔一三〕駝尼、水獺裘之禁。乙巳，許士庶畜鷹。辛亥，南院樞密使楚王蕭革復爲北院樞密使。

閏月己巳，賜皇太叔重元金券。〔一四〕

是歲，皇子濬生。

〔一〕契丹國志卷九：「祖母法天皇太后蕭氏卒。帝遣懷德節度使蕭福延詣宋告哀。宋仁宗發哀於内東門幄殿，百官進名奉慰，輟視朝七日。」
長編：嘉祐三年（一〇五八）「二月癸卯，契丹遣林牙懷德軍節度使蕭福延來告其祖母喪。上爲發哀於内東門幄殿，百官進名奉慰，輟視朝七日」。（宋會要蕃夷二同。）
歐陽文忠公集内制集五皇帝回契丹皇帝告哀書：「二月日，伯大宋皇帝致書於姪大契丹聖文神武睿孝皇帝闕下，承遣使車，特貽緘翰，不意凶變，太皇太后上僊。載維契好，久睦仁鄰，聞此訃音，但增感愴。姪皇帝負荷至重，追慕所深，冀節哀情，用遵禮制。已差人使，專持慰禮。今林牙、懷德軍節度使蕭福延回，奉書陳謝。不宣。白。」

〔二〕東都事畧卷一二三：「洪基及主見御容，驚肅再拜，退而謂左右曰：『我若生在中國，不過與之執鞭捧蓋，爲一都虞候耳。』」契丹國志卷九：「帝以御容於慶州崇奉，每夕宮人理衣衾，朔日、月半上食，食氣盡，登台而燎之，曰『燒飯』。惟祀天與祖宗則然。」燒飯參本史卷四九禮志爇節儀及本書卷一一六國語解禮志注。
契丹國志卷九：「清寧十年，是歲，帝遣林牙、左監門衛大將軍耶律防，樞密直學士、給事中陳顗詣宋，求真宗、仁宗御容。宋遣右諫議大夫、權御史中丞張昇爲回謝使，單州防禦使劉永年副之。」

〔三〕即耶律頗的，本史卷八六有傳。

〔四〕別州縣，本史卷六二刑法志下作附近官司。

〔五〕宋會要蕃夷二：嘉祐三年「二月，殿中丞趙至忠上契丹國俗官稱儀物録。至忠本虜人，熟知其國中事」。

高麗史卷八：文宗十二年（一〇五八）二月「戊午，内史舍人知東宫侍讀事崔尚奏：『昨伴送丹使王宗亮，夜至金郊驛，宗亮見列炬曰：「郊餞被酒，所以犯夜燃炬。徒肆衣單可悶，後宜侵早啟行。嘗聞貴朝引見客使，勸酒至夜，今觀禮樂，一似中華，歎美不已。然三詣王府，宴必張燈。我朝之法：惟昏夕許用花燭。人臣會客，雖至侵夜，不得燃燭。」臣亦念王者向明而治，宜於大昕接見賓客。況燈燭亦民膏血，費用太多，恐失儉德。昔陳敬仲飲桓公酒辭，公火繼之，命曰，臣卜其晝，未卜其夜。乞自今宴好之禮，止令卜晝。辭歸之禮，宜用會朝時。』從之。辛酉，契丹遣檢校尚書右僕射蕭禧來告太皇太后喪，王以玄冠素服迎之」。

〔六〕按此是遼代募兵之始。僅西京道邊州行之。

鎮武，應作振武。索隱卷二：「唐朔州軍額本作振武，遼已改爲順義軍，而此紀仍舉其舊名。」東勝除本史卷一五聖宗紀開泰六年七月作勝州外，卷四八百官志四、卷四一地理志五並作東勝州。

〔七〕長編：正月「己亥，雄州言契丹國母喪。詔侍御史朱處約爲祭奠使，宫苑使潘若沖副之；度支判官、兵部員外郎、集賢校理李仲師爲弔慰使，六宅副使雍規副之」。四月「辛亥，契丹遣崇儀節度使蕭慶，給事中李輌來賀乾元節。」

〔八〕全遼文卷二載拓本哀册文作欽愛皇后。

〔九〕宋史卷一二仁宗紀：嘉祐三年五月「甲午，契丹遣使致其祖母遺留物」。宋長編：五月「甲午，契丹遣林牙歸德節度使耶律嗣臣、右諫議大夫劉伸來獻其國母遺留物」。宋會要蕃夷二：「五月，契丹遣使獻其國母遺留物，繼以契丹國母葬以聞，詔特輟視朝一日。」

〔一〇〕高麗史卷八：「六月壬寅，契丹遣左領軍衛上將軍蕭偘來致太后遺物。」

〔一一〕據長編、宋史：「八月己亥朔，日有食之。」長編：八月「辛亥，度支副使、右諫議大夫周湛爲契丹國母生辰使，閤門通事舍人王咸有副之；開封府判官、度支郎中李及之爲契丹生辰使，内殿崇班、閤門祗候王希甫副之；度支判官、刑部郎中朱壽隆爲契丹國母正旦使，禮賓使王知和副之；太常博士、直集賢院、判户部勾院祖無擇爲契丹正旦使，内殿承制、閤門祇候王懷玉副之。湛辭不行，改命户部副使、吏部員外郎楊畋。畋以曾伯祖業嘗陷敵辭，乃命權鹽鐵副使、工部郎中王鼎代往。朝廷以今契丹母，于上弟婦行也，禮不可通問，勅使者但遺書契丹，傳達聘物。而契丹人必欲面見使者致書，鼎以禮折之，契丹詘服。自是爲常」。（原注：此據李清臣所作王鼎墓誌。蕭氏，契丹主……洪基之母也。）「九月己丑，契丹遣長寧節度使蕭翥，衛尉卿郭竦來謝慰奠。」周湛，宋史卷三〇〇有傳。又去年十二月己巳，太皇太后崩，乃法天太皇太后，即道宗祖母，此國母云者乃宗天皇太后，即道宗之母也。

高麗史卷八：八月，「王欲於耽羅及靈巖伐材造大船，將通於宋。內史門下省上言：『國家結好北朝，邊無警急，民樂其生，以此保邦上策也。昔庚戌之歲，契丹問罪書云：東結構於女真，西往來於宋國，是欲何謀。又尚書柳參奉使之日，東京留守問南朝通使之事，似有嫌猜，若泄此事，必生釁隙。且耽羅地瘠民貧，惟以海産乘水道經紀謀生，往年秋伐材過海，新創佛寺，勞弊已多，今又重困，恐生他變，況我國文物禮樂，興行已久，商舶絡繹，珍寶日至，其於中國，實無所資，如非永絶契丹，不宜通使宋朝。』從之」。九月「乙亥，契丹東京回禮使、檢校左散騎常侍耶律延寧來」。長編：九月「乙亥，秦鳳經畧司言，西番唃厮囉與契丹通姻。先是唃厮囉納克壘阿匝爾等叛歸夏國，諒祚乘此引兵攻掠境上。唃厮囉與戰，敗之。獲酋豪六人，收橐駞戰馬頗衆，因降隆博、哩恭、瑪頗克三族。會契丹遣使送女妻其少子董戩，乃罷兵歸。契丹既與唃厮囉通姻。數遣使由回鶻路至河湟間，與唃厮囉約舉兵取河西，河西謂夏國也。欲徙董戩涼州，與之相近，唃厮囉辭以道遠兵難合，乃止。（原注：此據高永年隴右日録並汪藻青唐録）契丹之妻董戩也。遣使送之，久留不還，間而蠱其妻，董戩知之，殺其使，置其妻不見，母喬氏喻董戩宜以契丹故親其妻，董戩不從。（原注：此據汪藻青唐録。）」

宋史卷四九二吐蕃傳：「唃厮囉……嘉祐三年，擦羅部阿作等叛厮囉歸諒祚……厮囉與戰，敗之。……會契丹遣使送女妻其少子董氈，乃罷兵歸。」

〔三〕全遼文卷七耶律宗政墓誌銘：「四年冬，復拜大內惕隱，掌屬籍事。又賜同德功臣。」

〔一三〕弛，百衲本原作詳，猶言加詳，此從殿本。

〔一四〕長編：閏十二月「辛卯，契丹國母遣林牙天德節度使耶律通，左諫議大夫史館修撰馬佑；契丹遣保靜節度使耶律維新，右諫議大夫史館修撰王實來賀正旦。」高麗史卷八：「十二月丁酉朔，契丹遣筵州刺史郭在貴來賀生辰。」

五年春，〔一〕如春州。

夏〔二〕六月甲子朔，〔三〕駐蹕納葛濼。〔四〕己丑，以南院樞密使蕭阿速爲北府宰相，樞密副使耶律乙辛南院樞密使，惕隱查葛遼興軍節度使，〔五〕魯王謝家奴武定軍節度使，東京留守吴王貼不西京留守。

秋七月丁酉，以烏古敵烈詳穩蕭謨魯爲左夷離畢。〔六〕

冬十月壬子朔，幸南京，祭興宗於嘉寧殿。〔七〕

十一月，禁獵。

十二月壬戌，以北院林牙奚馬六爲右夷離畢，參知政事吴湛以弟洵冒入仕籍，削爵爲民。〔八〕

是年，上御百福殿，放進士梁援等百一十五人。〔九〕

〔一〕據長編、宋史、契丹國志：「正月丙申朔，日有食之。」高麗史卷八：文宗十二年「閏（十二）月丙申晦，日食。十三年春正月丁酉朔」。

長編：嘉祐四年（一〇五九）春正月「辛丑，契丹使辭，命宰相韓琦押宴於都亭驛，以上未御殿也」。

高麗史卷八：文宗十三年（一〇五九年）二月甲戌，「遣告奏使、尚書、工部員外郎崔奭珍如契丹。」

〔二〕長編：四月「乙亥，契丹國母遣右監門衛上將軍耶律偘，起居郎知制誥王觀；契丹遣彰聖軍節度使蕭拱，崇祿卿馬堯咨來賀乾元節」。蕭拱，歐陽文忠公集作蕭供。歐陽文忠公集内制集六皇帝回契丹皇帝賀乾元節書：「四月日，伯大宋皇帝致書於姪大契丹聖文神武睿孝皇帝闕下，乾陽正月，紀茲載誕之辰；鄰聘修歡，既以千齡之祝。書言既縟，禮幣兼豐，感著之私，敷陳罔罄。今彰聖軍節度使蕭供等回，專奉書陳謝。不宣。白。」又皇帝回契丹皇帝達皇太后賀乾元節書：「四月日，伯大宋皇帝致書於姪大契丹聖文神武睿孝皇帝闕下，壽節届期，鄰歡惇契。仍導柔慈之旨，過申延祝之言，兼厚物容，用增刻著，顯希侍次，達此悰誠。今左監門衛上將軍耶律偘等回，專奉書陳謝。不宣。白。」

〔三〕按宋六月癸亥朔，長編宋史同，南北差一日。

〔四〕案即捺剌泊，新五代史卷七二四夷附録：「（唐）莊宗之末，德光乃西徙横帳，居捺剌泊，出寇雲、朔之間。」方輿紀要卷四四：「捺剌泊，在（大同）府北。」水道提綱卷二七：「在大同邊外有奇兒池，其西南有代哈池，皆在察哈爾牧地。又曰代哈池，在殺虎口東北百七十里，有三源：一自東北來曰布波河，一自東南來曰莽阿圖河，一自南來曰布兒哈烏蘇河，匯於徹楞山之東麓。」代哈爲捺剌、納葛之音轉。

〔五〕全遼文卷七耶律宗政墓誌銘：「再判遼興軍節度，平灤營觀察處置等使。」

〔六〕長編：八月「乙酉，户部員外郎天章閣待制唐介爲契丹國母生辰使，六宅使梅州刺史桑宗望副之；侍御史丁詡爲契丹生辰使，左藏庫副使劉建勳副之；開封府判官工部郎中張中庸爲契丹國母正旦使，左藏庫副使馮文顯副之；太常博士集賢校理判理欠憑由司沈遘爲契丹正旦使，供備副使高繼芳副之」。

高麗史卷八：「九月丙申，契丹東京回謝使檢校右散騎常侍耶律延寧來。」（去年作左散騎常侍。）

〔七〕全遼文卷一〇妙行大師碑銘：「清寧五年十月初旬，車駕幸燕。」

高麗史卷八：「冬十月甲申，契丹多于伊男于陵等二人來投。」

〔八〕長編：十二月「丙戌，契丹國母遣歸德軍節度使耶律思寧，泰州觀察留後韓造；契丹遣懷化軍節度使耶律嘏，起居舍人知制誥史館修撰王棠來賀正旦」。

高麗史卷八：十二月辛酉朔，「契丹遣檢校司徒耶律德來賀生辰」。

〔九〕鏤板流行法悟釋摩訶衍論贊玄疏序：「洎我大遼興宗御宇，志弘藏教，欲及遐邇，敕盡雕鏤，須人詳勘。覺苑持承綸旨，忝預校場，因採羣詮，訪獲斯本，今上繼統，清寧五年，敕鏤板流行。」

六年春，〔一〕如鴛鴦濼。〔二〕

夏〔三〕五月戊子朔，監修國史耶律白〔四〕請編次御製詩賦，仍命白爲序。己酉，駐蹕納葛濼。〔五〕

六月戊午朔，以東北路女直詳穩高家奴爲惕隱。壬戌，遣使録囚。丙寅，中京置國子監，〔六〕命以時祭先聖先師。癸未，以隋王仁先爲北院大王，賜御製誥。〔七〕

冬十月甲子，駐蹕藕絲淀。〔八〕

〔一〕長編：嘉祐五年（一〇六〇）春正月，「有大星墜西南，光燭地，有聲如雷」。（契丹國志同。）歐陽文忠公集內制集七皇帝回契丹皇帝賀正旦書：「正月日，伯大宋皇帝致書於姪大契丹聖文神武睿孝皇帝闕下：歲端更始，順陽律以布和；信聘時修，講鄰歡而增固。閱書言之勤好，加篚幣之腆豐。感戢所深，述宣罔既。今懷化軍節度使耶律⿰扌叚等回，專奉書陳謝不宣。白。」又皇帝回契丹皇帝達皇太后賀正旦書：「正月日，伯大宋皇帝致書於姪大契丹聖文神武睿孝皇帝闕下，玉曆頒時，寶鄰交聘，兼馳使驛，別枉信函。載傳慈懿之言，益固講修之好。顒希侍次，達此悰誠。今歸德軍節度使耶律思寧等回，專奉書陳謝，不宣。白。」

〔二〕全遼文卷八沙門真延撰非濁禪師實行幢記：「清寧六年（一〇六〇）春，鑾輿幸燕。回次花林，師坐於殿，面受燕京管内懺悔主菩薩戒師。」長編：二月「壬午，汝州録事參軍楊從簡爲殿中丞致仕，特賜五品服。以從簡自契丹歸明。守官二十年無他過也」。三月「癸丑，知雄州曹偕言：『幽州人杜清自來與雄州探刺事宜，今事覺，挈家來歸，請補外州一教練使，給良田數頃，仍以月俸贍之。』從之」。

〔三〕長編：四月「己巳，契丹國母遣林牙左驍衞上將軍耶律格，崇禄卿吕士林；契丹遣瑞盛節度使耶律素，東上閤門使張戩來賀乾元節」。

〔四〕耶律白，本史卷九六本傳作耶律良。

〔五〕長編：五月己丑，「西上閤門使郭諮獻所造拒馬車。諮嘗知潞州，言懷、保傍山可以植稻，定武、唐河抵瀛、莫間，可興水田。又作鹿角車、陷馬槍，請廣獨轅弩於他道。詔諮置弩千，分給并、潞。諮又言：『臣自冠武弁，未嘗一日不思禦戎之計。頃使契丹，覩幽、燕地方不及三百里，無十萬人一年之費，且烏合之衆，非二十萬不敢舉。若以術制之，且舉不得利，居無以給。不踰數年，必棄幽州而遁。慶曆初，經畫河北大小水界斷敵疆，即其術也。臣所創車弩，可以破堅甲、制奔衝。若多設之，助以大水，取幽、薊如探囊中物爾。』會三司議均田租，召還。諮陳均括之法四十條。復上平燕議曰：『契丹之地，自瓦橋至古北口，地狹民少；自古北口至中京屬奚、契丹；自中京至慶州，道旁纔七百餘家。蓋契丹疆土雖廣，人馬至少。倘或南牧，必率高麗、渤海、達靼、黑水、女真、室韋等國會戰，其來既遠，其糧匱乏。臣聞以近待遠，以逸待勞，以飽待饑，用兵之善計。又聞得敵自至者勝，先據便地者佚。以臣所見，請舉慶曆之策，合衆河於塘泊之北界，以限戎馬；然後以景德故事，頓兵自守。步卒十二萬，騎卒三萬，强壯三萬，歲計糧餉百八十三萬六千斛。又旁河郡邑，可由水運以給保州。然後以拒馬車三千、陷馬槍千五百、獨轅弩三萬，分選五將臣，可以備其一，來則戰，去則勿追。幽州糧儲既少，敵不可久留，不半年間當遁沙漠，則進兵斷古北口、塞松亭關，傳檄幽、薊，燕南自定。……我太祖駿膺天命，天下咸服，亦唯契丹未滅。當俟聖謀，奉行天討。且彼之所恃者，惟馬而已。但能多方致力，使馬不獲伸用，則敵可破，幽、燕可取。』帝壯其言，詔置獨轅弩二萬。尋命諮同提點在京諸司庫務，及揀內軍器庫兵仗，下南北作坊繕完，特命諮提舉」。

〔六〕索隱卷二：「案一統志：承德府古蹟遼國子監，在平泉州故大定府城內。」

〔七〕長編：秋七月「庚寅，詔河北兩地供輸人輒過黄河南者，以違制論。初，邊臣言：『兩地供輸人，舊條私出本州界，並坐徒，後乃更從杖，恐漸入近南州軍刺事，難以辨姦詐。』故復著此條」。

〔八〕長編：八月「庚辰，刑部郎中天章閣待制兼侍讀錢象先爲契丹國母生辰使，西染院副使兼閤門通事舍人夏偉副之；侍御史陳經爲契丹主生辰使，東頭供奉官、閤門祗候郭靄副之；鹽鐵判官、刑部郎中閻詢爲契丹國母正旦使，西京左藏庫副使劉禧副之；度支判官、祠部員外郎、直集賢院王安石爲契丹正旦使，西頭供奉官、閤門祇候趙元中副之。既而安石辭行，改命户部判官、兵部郎中、秘閣校理王繹」。

全遼文卷七耶律宗政墓誌銘：「清寧六年，移判武定軍節度，奉聖、歸化、儒、可汗等州觀察處置巡檢屯田勸農等使。」

索隱卷二：「案藕絲以形狀色香名，今名瑞潭。一統志：瑞潭在錦州府寧遠州西北舊前屯城北五十里，三泉迸出，相去丈餘，水色白香美異常。寧遠州，遼嚴州興城縣也。」

高麗史卷八：文宗十四年（一〇六〇）「冬十一月庚寅，契丹宣賜使、高州管内觀察使蕭奧來」。「十二月丙辰朔，契丹遣永州管内觀察使耶律烈來賀生辰。」

長編：十二月「庚辰，契丹國母遣林牙、右衛上將軍耶律道，太常少卿、昭文館直學士柴德滋；契丹遣懷化軍節度使耶律嘏，起居舍人、知制誥、史館修撰王棠來賀正旦」。傳表：耶律嘏、王棠二人去年同行，今又同行，似有一誤。

七年春三月庚戌，如春州。以耶律乙辛知北院樞密使事。〔一〕

夏四月辛未，禁吏民畜海東青鶻。〔二〕

五月丙戌，清暑永安山。丙午，謁慶陵。辛亥，殺東京留守陳王蕭阿剌。〔三〕

六月壬子朔，日有食之。〔四〕甲子，以蕭謨魯爲順義軍節度使。丁卯，幸弘義、永興、崇德三宮致祭。射柳，賜宴，賞賚有差。戊辰，行再生禮，復命羣臣分朋射柳。丁丑，以楚國王涅魯古知南院樞密使事。

秋〔五〕九月丁丑，駐蹕藕絲淀。〔六〕

冬十二月壬午，〔七〕以知黃龍府事耶律阿里只〔八〕爲南院大王。〔九〕

〔一〕長編：嘉祐六年（一〇六一）三月「戊戌，契丹歸明人武珪爲下班殿侍、河北沿邊安撫司指揮。武珪本鎮州人，陷敵歲久，頗知敵事，至是上所畫契丹廣平淀受禮圖，特録之」。（宋會要蕃夷二畧同。）

直齋書録解題：「燕北雜録五卷、西征寨地圖附、思鄉武珪記，嘉祐六年宮苑使知雄州趙（案此處原本闕一字。）進於朝，珪自契丹逃歸，事見國史傳。」

〔二〕得放海東青鶻者須經特許。本史卷一一〇張孝傑傳：「（大康）三年，乙辛薦孝傑忠於社稷，帝謂孝傑可比狄仁傑，賜名仁傑，乃許放海東青鶻。」卷九六蕭韓家奴傳：「大康初，徙王吴，賜白海東青鶻。」

長編：四月「甲子，契丹國母遣林牙、左威衛上將軍蕭扆，四方館使、寧州防禦使韓貽孫；契丹遣始平節度使蕭礪，崇禄卿李庸來賀乾元節。」

高麗史卷八：文宗十五年「四月丙辰，契丹東京回禮使、檢校工部尚書蕭嗽思來」。

〔三〕本史卷九〇蕭阿剌傳：「會行瑟瑟禮，入朝陳時政得失，革以事中傷，帝怒，縊殺之。」卷一一三蕭革傳：「會南郊，阿剌以例赴闕……革伺帝意不悅。因譖（之），帝大怒，縊阿剌於殿下。」

長編：五月庚戌，「詔河北沿邊安撫司，禁北人捕魚於界河。初界河屬我境，而北人潛入河中捕魚採葦，雄州移文涿州詰之，契丹驅所犯人榜境上。隆緒之統和二十四年亦自約束。久之，北人或由海口載鹽入界河，涉雄、霸抵涿、易者，邊吏因循不能止，於是宮苑使、忠州刺史趙滋知雄州，遣巡兵補殺之，且破其船，乃復捕魚之禁」。

〔四〕據宋史補。長編：「是日未初，從西食四分。」契丹國志卷九：「日食四分。」宣府鎮志卷五：「六月己巳，有星出天尺垣車肆側，西南行，至尾没。」

〔五〕長編：閏八月己丑，「户部郎中、知制誥張瓌爲契丹國母生辰使，如京使朱克明副之；度支判官、刑部員外郎、集賢校理宋敏求爲契丹生辰使，西染院副使、閤門通事舍人張山甫副之；司封郎中楊佐爲契丹國母正旦使，供備庫副使李宗副之；鹽鐵判官、度支員外郎、集賢校理王益柔爲契丹正旦使，内殿崇班、閤門祗候王淵副之。」

〔六〕長編：九月「丙子，宮苑使、忠州刺史、知雄州趙滋爲龍神衛四廂都指揮使。始滋捕殺界河鹽運者，契丹以爲言，知瀛州彭永、河北轉運使燕度皆劾滋生事，請罷之。朝廷更以爲能，就加軍職，尋又遷天武、捧日、四廂都指揮使。司馬光言：『……聞滋對契丹使以禮貌驕倨，不遵舊式，近者又聞本路帥臣奏滋任意行事，恐致引惹。切以景德以前契丹未和親之時，戎車歲駕，疆場日駭，乘輿暴露於澶淵，敵騎憑陵於齊、鄆，兩河之間，暴骨如莽，先帝深惟安危之大體，得失之至計，親屈帝王之尊，與之約爲兄弟，歲捐金帛以弭之，聘問往來，待以敵國之禮。陛下承統，一遵故約。……今契丹所以事中國之禮，未有闕也。爲邊臣者，當訓士卒，繕器械，以戒不虞；厚饔餼，謹威儀，以待使者。內不失備，外不失好，以副朝廷之意而已。今滋數乘客氣，以傲使人，争小勝以挑强敵，苟爲夸大於目前，以求一時之虚名，而不顧國家永久之患，臣恐釁隙一開，則朝廷未得高枕而卧也。』」

〔七〕冬十二月壬午，十二，原作「十一」。按十一月庚戌朔，無壬午；十二月庚辰朔，初三日爲壬午，據改。

〔八〕耶律阿里只，本史卷八六本傳作耶律合里只。

〔九〕長編：十二月「甲辰，契丹國母遣林牙、左鎮軍衛大將軍蕭傳，泰州觀察留後魯昌裔；契丹主遣長寧節度使蕭輦，崇禄卿王正辭來賀正旦」。

高麗史卷八：「十二月庚辰朔，契丹遣檢校太傅、寧州刺史蕭述來賀生辰。」

遼史補注卷二十二

本紀第二十二

道宗二

八年春正月癸丑，如鴨子河。〔一〕

二月，駐蹕納葛濼。

三月戊申朔，楚王蕭革致仕，進封鄭國王。〔二〕

夏五月，吾獨婉惕德〔三〕屯秃葛等乞歲貢馬駝，許之。

六月丙子朔，駐蹕拖古烈。〔四〕辛丑以右夷離畢奚馬六爲奚六部大王。是月，御清涼殿放進士王鼎等九十三人。〔五〕

秋七月甲子，射熊于外室剌。〔六〕

冬十月甲戌朔，駐蹕獨盧金。

十二月庚辰，以知北院樞密使事蕭圖古辭爲北院樞密使。癸未，幸西京。戊子，以皇

太后行再生禮，曲赦西京囚。〔七〕

〔一〕高麗史卷八：文宗「十六年（一〇六二）春正月壬戌，東京回禮使、檢校尚書、右僕射耶律章來」。

〔二〕全遼文卷七耶律宗政墓誌銘：「以八年三月十二日薨於武定軍之署，享年六十，幕吏馳訃於行闕，天子出涕，展家人之禮，輟視朝者五日。詔贈守太師。謚曰忠懿。」

〔三〕惕德，德原誤「隱」，據本史卷二五紀大安十年正月、六月及卷六九部族表改。

〔四〕拖古烈，即櫝山。見本史卷一一六國語解。

〔五〕長編：嘉祐七年（一〇六二）「六月癸未，單州團練使劉永年爲汝州團練使、知代州。契丹取山木積十餘里，輦載相屬於路，前守懼生事，不敢遏。永年曰：『契丹伐木境中而不治，他日將不可復制。』遣人縱火，一夕盡焚之。上其事，帝稱善。契丹移文代州捕縱火盜。永年報曰：『盜固有罪，然在我境，何預汝事？』契丹不敢復言」。

〔六〕長編：八月癸未，「邈川首領唃厮囉既老，國事皆委其子董戩。……先是契丹以女妻董戩，與之共圖夏國，夏國諒祚與戰，屢爲所敗。及是諒祚舉兵擊董戩，屯於古渭州……諒祚尋復爲董戩所敗，築堡於古渭州之側而還」。

〔七〕高麗史卷八：「十二月甲戌朔，契丹遣泰州管內觀察使高守正來賀生辰。」傳表：「據（鄭）獬鄖溪集，知曾使遼，見遼主於西京，年代不詳。按本年道宗駐西京，長編本年失書聘使，獮北使或即在本年。」

全遼文卷八釋摩訶演論贊玄疏序：「粤若清寧紀號之八載，四方無事，五稼咸登，要荒共樂於昇平，溥率皆修於善利。皇上萬樞多暇，五教皆弘。乃下温綸，普搜墮典。獲斯寶册，編入華龕。自茲以來，流通寖廣。」

九年春正月辛亥，幸鴛鴦濼。辛未，禁民鬻銅。〔一〕

三月辛未，宋主禎殂，以姪曙爲子嗣位。〔二〕

夏〔三〕五月丙午，以隋王仁先爲南院樞密使，徙封許王。是月，清暑曷里狘。〔四〕

秋七月丙辰，如太子山。戊午，皇太叔重元與其子楚國王涅魯古及陳國王陳六、〔五〕同知北院樞密使事蕭胡覩、衛王貼不、〔六〕林牙涅剌、溥古、統軍使蕭迭里得、駙馬都尉參及弟朮者、圖骨、旗鼓拽剌詳穩耶律郭九、文班太保奚叔、内藏提點烏骨、護衛左太保敵不古、按答、副宫使韓家奴、寶神奴等凡四百人，誘脅弩手軍犯行宫。時南院樞密使許王仁先、知北樞密院事趙王耶律乙辛、南府宰相蕭唐古、北院宣徽使蕭韓家奴、北院樞密副使蕭惟信、敦睦宫使耶律良等率宿衛士卒數千人禦之。涅魯古躍馬突出，將戰，爲近侍詳穩渤海阿廝、〔七〕護衛蘇射殺之。己未，族逆黨家。庚申，重元亡入大漠，自殺。辛酉，詔諭諸道。壬戌，以仁先爲北院樞密使，進封宋王，加尚父，耶律乙辛南院樞密使，韓家奴殿前都點檢，封荆王。蕭惟信、耶律馮家奴並加太子太傅。宿衛官蕭乙辛、回鶻海鄰、〔八〕褭里、耶律撻不也、阿厮、宮分人急里哥、霞抹、乙辛、只魯並加上將軍。諸護衛及士卒、庖夫、弩手、傘子等三百餘人，各授官有差。耶律良密告重元變，命籍横帳夷離堇房，爲漢人行宮都部署。癸亥，貼不訴爲重元等所脅，詔削爵爲民，流鎮州。戊辰，以黑白羊祭天。〔九〕

八月庚午朔，遣使安撫南京吏民。癸酉，以永興宮使耶律塔不也有定亂功，爲同知點檢司事。

冬十月戊辰朔，幸興王寺。庚午，以六院部太保耶律合朮知南院大王事。是月，駐蹕藕絲淀。

十一月辛丑，以南院宣徽使蕭九哥爲北府宰相。己未，追封故富春郡王耶律義先爲許王。〔一〇〕

是歲，封皇子濬爲梁王。

〔一〕本史卷一一五西夏外記：「（清寧）九年正月，禁民鬻銅於夏。」

高麗史卷八：文宗十七年（一〇六三）「三月丙午，契丹送大藏經，王備法駕迎於西郊」。賜大藏經，本史卷一一五高麗外記繫於咸雍八年（一〇七二）十二月。又見卷二三道宗紀：「（咸雍八年十二月）庚寅，賜高麗佛經一藏。」

〔二〕長編：嘉祐八年（一〇六三）三月「辛未晦，上暴崩于福寧殿」。夏四月癸酉，「命引進副使王道恭告哀契丹」。（宋史卷一三英宗紀同。）

〔三〕宋史卷一三英宗紀：「（四月）乙亥，遣韓贄等告即位於契丹。六月辛卯，契丹遣蕭福延等來祭弔。」契丹國志卷九：「宋仁宗崩，契丹遣使祭大行於皇儀殿，遂見宋嗣帝英宗於東廂，嗣帝痛哭久之。」

長編：四月庚辰，「諫官司馬光等言：『竊見大行宴駕已近旬日，其告哀契丹使者猶未進發，兼聞不曾素戒使者對答繼嗣之辭，臣等竊議，深恐未便，何則，國家既與契丹約爲兄弟，遭此大喪，立當訃告，彼中刺探之人，所在有之，今天下縞素，彼中豈得不知，而訃告之人尚未到，彼將謂中國有何事故，能不猜疑。自古大宗無子則取於小宗以爲後，著在禮典，豈爲國患，若敵有問，盡以實對，有何所傷，今問繼嗣於使人，而使人對以不知，事體豈得穩便。陛下初爲皇子之時，詔書已布告天下，彼中安得不知，今若答以虛辭，不足詐彼而適足取其笑侮爾。國家自與契丹和親以來五十六年，生民樂業。今國家有大故，正是鄰敵闚伺之時，豈可更接之失理，自生間隙。臣等願朝廷早決此議，令使人晝夜兼數程進發，若彼中間及繼嗣，皆以實告。』」「辛巳，命契丹賀乾元節使保静軍節度使耶律穀等進書奠梓宫，見上於東階。」（宋會要同。）「始契丹使者至德清，廷臣有欲卻之者，有欲候其至國門諭令出者。議未決，太常丞、集賢校理邵亢請許其使者奉國書置柩前，俾得見上，以安遠人。詔從其言。（原注：前此使介並書，惟此但書耶律穀等，今因之。）龍圖閣直學士周沆充館伴契丹使者，初未許見，先詔取書置柩前。使者固請見，曰：『取書非故典也。』上以方衰絰辭焉。使者執書不肯授閤門，沆曰：『昔北朝有喪，南使至柳河而還。今朝廷重鄰好，聽北使至京師，達命於几筵，恩禮厚矣，奈何更以取書爲嫌乎？』使者立授書，上亦卒見穀等。朝廷未知契丹主之年，沆從容雜他語以問，使者出不意，遽對以實，既而悔之，相顧愕然曰：『今復兄事南朝矣。』」七月「丁巳，契丹使祭大行皇帝於皇儀殿，遂見上於東廂，上慟哭久之。使人言及大行，輒出涕」。（宋會要同。）「癸亥，契丹使辭於紫宸殿，命坐賜茶，故事當賜酒五行，自是終諒闇，皆賜茶而已。」

宋會要禮二九仁宗大行喪禮：「七月丁巳，契丹國母遣林牙、左金吾衛上將軍蕭福延，觀書殿學士尚書、禮部侍郎、知制誥同修國史張嗣復；國主遣昭德軍節度使蕭遜，給事中王籍爲祭奠使，左驍騎上將軍耶律逵，衛尉卿、昭文館學士劉霖，安東軍節度使耶律衍，四方館使韓貽慶爲弔慰使。」（又蕃夷同，惟貽慶，作夷慶。）按長編僅記契丹使來祭，未著使名。宋史卷一三英宗紀以福延等來，繫於六月辛卯。據長編元豐八年九月乙巳：「依嘉祐八年賀北朝生辰使李受等過界在仁宗喪制體例。」

王珪華陽集卷五九邵安簡公亢墓誌銘：「爲三司度支判官，接伴契丹賀乾元節使。既至德清軍，會仁宗上仙，有欲却之者，又欲其至國門而去，議未決，公言不若令奉國書置柩前，因使得見上，以安遠人心，詔從公言，其年遂使契丹。」度支副使趙抃使契丹，見東坡集卷八趙清獻（抃）神道碑。聞見後録卷一：「仁皇帝崩，遣使訃於契丹，燕境之人無遠近皆聚哭，虜主執使者手號慟曰：『四十二年不識兵革矣。』」陳師道後山談叢卷二曰：「仁宗崩，訃於契丹，葬而來祭，以黄白羅爲錢，他亦稱是。」

〔四〕金史卷二四地理志：金蓮川初名曷里滸東川，疑即此地。

〔五〕陳國王陳六即蕭孝友，本史卷八七本傳：孝友，字撻不衍，小字陳留。重熙八年進王陳。（後）更王吴，進王趙，徙王燕，更王秦。又進封豐國王。此用舊稱。

〔六〕衛王貼不，本史卷三一營衛志上、卷八二耶律隆運傳並作魏王。

〔七〕本史卷一一二涅魯古傳同。阿厮，卷九六本傳作耶律阿思。「近侍詳穩渤海」，本傳作「渤海近侍詳穩」，檢卷四五百官志一有「渤海近侍詳穩司」，此處「渤海」與「近侍詳穩」互倒。

〔八〕本史卷九七本傳作孩里。

〔九〕長編：七月戊辰，「初，契丹主宗真母蕭氏愛少子宗元，欲以爲嗣，宗真之重熙二十三年王拱辰報聘，宗真常爲拱辰言之，其明年，宗真死，洪基嗣立，以宗元爲皇太叔。洪基之清寧三年，蕭氏卒。宗元怙寵益驕恣，與其相某謀作亂，及相某以貪暴黜，宗元懼，謀愈急。洪基知其謀，陰爲之備。是月戊午，宗元從洪基獵於涼淀，洪基讓宗元先行，宗元不可，洪基先行，依山而左，宗元之子楚王洪孝以百餘騎直前，射洪基傷臂，又傷洪基馬，馬仆，其太師某下馬掖洪基，使乘己馬，殿前都點檢蕭福美引兵遮洪基，與洪孝戰，射殺之，洪基兵與宗元戰，宗元不勝而遁，南趣幽州，一日行五百里，明日自殺，燕京留守耶律明與宗元通謀，聞其敗，領奚兵入城授甲，欲應之，副留守某，將漢兵拒焉；會使者以金牌至，遂擒斬明，洪基尋亦至，陳王蕭孝友等皆坐誅。先遣來使者數人，悉宗元之黨也。過白溝，並以檻車載去誅之。獨蕭福延以兄福美有功得免。時清寧九年也」。（契丹國志卷九同。）續通鑑考異：「契丹國志載重元事畧同遼史。長編云：『宗元子楚王洪孝性陰狠，興宗嘗言其目有反相，至是，以其黨四百人直犯行宮，射契丹主，傷臂，又傷馬。太師某掖其主使乘己馬，殿前都點檢蕭福美引兵與洪孝戰，射殺之，宗元不勝而遁，南趣幽州，一日行五百里，明日自殺。』按洪孝當即涅魯古之漢名，遼史闕書或削而不書也。遼主未嘗傷臂，當時平亂諸臣，亦無蕭福美之名，疑長編係傳聞之誤也。又長編云：『燕京留守耶律明與宗元通謀，領奚兵入城授甲，欲應之，副留守某，將漢兵拒焉。會使者以金牌至，遂禽斬明，先所遣來使者數人，悉宗元之黨也。過白溝，悉以檻車載去誅之。獨蕭福延以兄福美有功得免。』所載之事俱不見遼史。然其時南京未嘗有變，重元北走大漠，非南趨幽州也。」重元北走非趨幽州，安撫南京吏民，似有耶律明之事，穆宗明，石刻明字均缺筆，即有其人，亦不得名明。

〔一〇〕宋史卷一三英宗紀：十一月「辛亥，契丹遣蕭素等來賀即位」。高麗史卷八：文宗十七年「十一月癸卯，契丹遣益州刺史蕭格來聘」。「十二月戊辰朔，契丹遣右諫議大夫李日肅來賀生辰。」

十年春正月己亥，北幸。〔一〕

二月，禁南京民決水種粳稻。〔二〕

秋七月壬申，詔決諸路囚。辛巳，禁僧尼私詣行在，妄述禍福取財物。〔三〕

九月壬寅，幸懷州，謁太宗、穆宗廟。

冬十月壬辰朔，〔四〕駐蹕中京。戊午，禁民私刊印文字。〔五〕

十一月甲子，定吏民衣服之制。辛未，禁六齋日〔六〕屠殺。丁丑，詔求乾文閣所闕經籍，命儒臣校讎。庚辰，以彰國軍節度使韓謝十〔七〕爲惕隱。詔南京不得私造御用綵緞，私貨鐵，及非時飲酒。命南京三司，每歲春秋以官錢饗將士。〔八〕

十二月癸巳，以北院大王蕭兀古匿爲契丹行宮都部署。〔九〕

是歲，南京、西京大熟。

〔一〕宋會要禮五七誕聖節門：「治平元年（一〇六四）正月壽聖節……宰臣、文武百官、大遼國使詣紫宸殿上壽。」（長編同。）

長編：治平元年春正月「甲寅，雄州奏：『歸信、容城縣報，契丹追賊有七騎奔入南界，逐出之。』詔河北沿邊安撫使：『北界賊盜來奔，即逐出。若驚劫，即捕送本國。若婦女老小避賊入境，即善諭遣之。』」

〔二〕長編：二月辛未，「令西京左藏庫副使、緣界河巡檢都監趙用再任，從高陽關及河北緣邊安撫司之請也。用才武果敢而熟邊事，敵人以鹽船犯邊禁者，用割腸而沈之，敵人畏用，以其出常乘虎頭船，謂之趙虎頭」。

閏五月「癸酉，步軍都虞候、端州防禦使、知雄州趙滋卒，贈遂州觀察使。滋在雄州六年，敵憚而惡之，使人經過，滋與飲，勸酒皆不應。異時涿州數以細故移文往來，及是罕有至者。敵常大饑，舊米出塞，不得過三斗。滋曰：『彼亦吾民』，令出米無所禁，邊人德之」。

〔三〕宋史卷一三英宗紀：治平元年八月「乙卯，遣兵部員外郎吕誨等四人充賀契丹太后生辰正旦使。刑部郎中章岷等四人充賀契丹主生辰正旦使」。一九七四年七月鎮江市南郊出土章岷墓誌銘亦記其於本年出使契丹。

〔四〕據長編、宋史，宋十月癸巳朔，南北差一日。按本史卷四四朔閏表十月壬辰，遼、宋同。

〔五〕夢溪筆談卷一五：「契丹書禁甚嚴，傳入中國者法皆死。」

宋會要蕃夷二：「治平元年十月二十八日，定州安撫司言：差人監送北來人韓高畍上京，詔韓高畍特與借職，仍賜公服靴笏，差淮南州軍監當。」高麗史卷八：文宗十八年「冬十月丙辰，契丹遣檢校右散騎常侍耶律亘來詔曰：『朕荷累聖之鴻休，纘一寧之嘉祚。勵精求理，寅畏居懷，十稔於兹，四方大定。圓極祐曆，繼薦瑞於昌期；羣辟拜章，議推功於眇德。勤請彌切，牢讓靡違，俯徇輿情，勉應徽號。已定次年元日行禮，卿稱藩作翰，事上輸忠，聞究盛儀，諒增同慶。今差禮賓使耶律亘賫詔往彼示諭，想宜知悉。』」

〔六〕每月八日、十四日、十五日、二十三日、二十九日、三十日爲佛家戒日，亦稱六齋日。又一日、八日、十四日、十五日、十八日、二十三日、二十四日、二十八日、二十九日、三十日，爲十直日，亦稱十齋日。

索隱卷二云：「百丈清規引隋開皇三年詔天下正、五、九月并六齋日各寺建祈禱道場，不得殺生命。又浄度經，所司神明聽察一月六奏，有六齋日。廣宏明集辨正論云：道門齋法，六齋十直。唐大詔令集武德六年詔：自今正月、五月、九月及十直日，所在公私宜斷屠殺。然則三長月外，唐用十直日，隋用六齋日。此紀從隋制，而不及正、五、九之三長月。」

〔七〕謝十，父雱金，祖德威，本史卷八二有傳。

〔八〕宣府鎮志卷五：「十一月庚午，水犯金，在尾十六度。」

〔九〕宋史卷一三英宗紀：十二月「丙辰，契丹遣耶律烈等來賀壽聖節，蕭禧等來賀明年正旦」。據陳襄語録賀正旦使中有韓近。

高麗史卷八：「十二月壬辰朔，契丹遣司農卿胡仲來賀生辰。契丹高奴等三人……來投。」

咸雍元年春正月辛酉朔，文武百僚加上尊號曰聖文神武全功大畧廣智聰仁睿孝天祐皇帝。〔一〕改元，大赦。册梁王濬爲皇太子，内外官賜級有差。甲子，如魚兒濼。庚寅，詔諸遇正旦、重午、冬至別表賀東宫。〔二〕

三月丁亥，以知興中府事楊績知樞密院事。〔三〕

夏四月辛卯，以知樞密院事張嗣復疾，改知興中府事。庚子，清暑拖古烈。〔四〕

五月辛巳，夏國遣使來貢。〔五〕

秋七月丙子，以皇太后射獲熊，賞賚百官有差。

八月丙申，客星犯天廟，詔諸路備盜賊，嚴火禁。〔六〕

九月乙亥，駐蹕藕絲淀。丁丑，左夷離畢慥古爲孟父敞穩。〔七〕

冬十月丁亥朔，幸醫巫閭山。己亥，皇太后射獲虎，大宴羣臣，令各賦詩。

十一月壬戌，有星如斗，逆行，隱隱有聲。

十二月甲午，以遼王仁先爲南京留守，徙封晉王。〔八〕辛亥，以南京留守蕭惟信爲左

夷離畢。壬子，熒惑與月並行，自旦至午。〔九〕

〔一〕聰，原作總，應是聰字之誤。房山石經：大安七年刻十住斷結經題記，八年刻超月明三昧經題記並作聖文神武全功大畧聰仁睿孝天佑皇帝。全遼文卷八釋摩訶衍論賛玄疏卷一與下文高麗史卷八並同。均無「廣智」二字。析津志輯佚寺觀：「報先寺有遼聖文神武全（功）大畧聰仁睿孝天佑皇帝御書華嚴經覺林菩薩偈。咸雍三年歲次丁未十一月望日祀尼居。」亦無「廣智。」皇帝尊號，崇若神明，何得訛脱。疑本史衍誤。

〔二〕按「諸」下疑脱「路」或「道」字。或遇是道字之訛。

〔三〕高麗史卷八：文宗十九年（一〇六五）三月「己未，契丹東京留守牒報，册上皇太后尊號慈懿仁和文惠孝敬顯聖昭德廣愛宗天皇后，加上皇帝尊號聖文神武全功大畧聰仁睿孝天元皇帝」。亦無「廣智」二字，惟作天祐，與本史同。

〔四〕宋會要蕃夷二：「（治平）二年三月，知代州劉永年言：『梅迴、瓶形兩寨地土水泉，爲契丹置鋪侵據，數諭未聽，望許臣量出兵馬，示必争之勢。』詔令經畧安撫司喻地分巡檢城寨，使臣常行視拒止之。是月代州言：『契丹侵西徑寨地，殺守兵三人。』岢嵐軍又言：『契丹争神林塢等地界，殺弓箭手二人。』詔河東經畧司令雄州牒涿州禁止。」

宋會要蕃夷二：治平二年「四月，太原府代州管内鈐轄專管勾麟府軍馬王慶民與契丹議畫牧羊峯地，以樺泉堆、解板溝爲界，賞蕃漢將吏有差。」

高麗史卷八：「夏四月癸巳，契丹遣耶律寧、丁文通來册王，詔曰：『卿忠勤奉上，熙洽逢辰。展縟憲於曲臺，既增殊號；霈鴻恩於遐域，式表同休。往陳册拜之儀，優示頒宣之命。用昭温眷，當體至懷。今差寧遠軍節度使耶律寧、益州管内觀察使丁文通充封册使副。並賜卿冠服車輅銀器匹緞鞍馬弓箭酒等，具如别録，至可領也。』册曰：『朕誕膺駿命，慎守丕圖。上則荷累聖之貽謀，罙昌運祚；下則親諸侯而立國。廣樹藩維。其有嗣爵朱蒙，申疆玄菟。延世大開於王社，納忠遐獎於帝宸。適逢熙洽之期，載益龐鴻之號。縟儀束蕝，方薄浹於殊休；懿册編瓊，宜先加於異數。咨爾匡時致理竭節資忠奉上功臣，開府儀同三司、守太師中書令兼尚書令上柱國高麗國王，食邑二萬户、食實封二千户王（徽），慶鍾奕葉。道冠生民。維嶽降神，素推於雄傑；自天生德，夙富於温仁。而自表海襲封，帶河傳誓。化敷辰卞，洽宣綏撫之功；業茂桓文，妙盡修輸之節。任土述賓王之職，守方遵請朔之文。爰尚周勤，靡忘欽顧。乃者，勉從羣請，增上諱稱。載惟匡合之謀，特降褒崇之命。既念功而錫號，仍與邑以疏封。是用遣使寧遠軍節度使耶律寧、副使益州管内觀察使丁文通等，持節備禮册命，加爾守正保義四字功臣，食邑三千户、食實封三百户，餘如故。於戲！高而愈卑，持盈之格訓；小則事大，保國之令猷。王其表率一方，儀刑羣岳。勿爽愼終之道，勿愆效順之誠。繼汝先風，爲予外蔽。寶是敕戒，永孚於休。』庚子，王受册於南郊。其賜物則九旒冠、九章服、玉圭、玉册、象輅、衣襨、匹緞、弓箭、鞍馬等物。

又遣耶律迪、麻晏如册王太子，詔曰：『卿鑿楹禀訓，早居世子之榮；紲組分封，爰列上公之爵。束葩屬行於盛禮，編筠思洽於洪恩。兼示頒霑，用昭眷矚。今差利州管内觀察使耶律迪、衛尉卿麻晏如等充封册使副，賜卿冠服車輅銀器匹緞鞍馬弓箭酒等，具如别録，至可領也。』册曰：『朕奉圓靈之休命，承列聖之慶謀。内則懷帝室之茂親，方深雍睦；外則眷王藩之令胄，更厚撫綏。其有玉蔓延華，珠躔挺粹。然毓躬於震域，諒馳懇於宸庭。會逢乂靖之期，增峻龐鴻之號。宜加異數，用浹殊休。咨爾順義軍節度、朔武等州觀察處置等使、崇禄大夫、檢校大尉、同中書門下平章事、使持節朔州諸軍事行朔州刺史、上柱國三韓國公、食邑三千户、食實封五百户王勳，國棟奇材，天球偉器。挹清猷而照俗，包茂畧以經時。識君臣父子之儀，知禮樂詩書之教。矧夙推於令譽，嘗優被於恩章。進秩國公，協親藩后。碧幢按部，操節制之雄權；黄閣調元，領平章之鉅任。而能寬以涵物，原而律身。載量英敏之才，爰降寵嘉之典。榮飛鳳綍，貴珥貂綏。兼益崇階，併昭盛紀。是用遣使利州管内觀察使耶律迪、副使守衛尉卿麻晏如持節備禮，册命爾爲兼侍中加特進，餘如故。於戲！一時之遇，千古所稀。念繼世之勳，予不忘於獎卲；懸匡邦之志。爾宜盡於勤能。無恃寵以驕人，勉竭忠而奉主。服是丕訓，永保休貞。』癸卯，太子受册於南郊，其賜物則九旒冠、九章服、牙笏、竹册、革輅、衣對、匹緞、鞍馬、弓箭、酒等物。」（東國通鑑畧同。）

〔五〕長編：治平二年六月己酉，「司馬光言：……『近者聞契丹之民有於界河捕魚及於白溝之南翦伐柳栽者。此乃邊鄙之小事，何足介意，而朝廷以前知雄州李中祐不能禁禦爲不材，別選州將以代之，臣恐新將之至，必以中祐爲戒而以趙滋爲法，妄殺敵人，則戰鬭之端，往來無窮矣。……伏望陛下嚴戒北邊將吏，若契丹不循常例，小小相侵，如魚船、柳栽之類，止可以文牒敕會，道理曉諭，使其官司自行禁約，不可以矢刃相加。若再三曉諭不聽，則聞於朝廷，雖專遣使臣，至其王廷，與之辨論曲直，亦無傷也。若又不聽，則莫若博求賢才，增修政事，待公私富足，士馬精强，然後奉辭以討之，可以驅穹廬於漠北，復漢、唐之土宇，其與争漁柳之勝負，不亦遠哉。』」宋史卷一三英宗紀：治平二年六月甲寅，「詔遣官與契丹定疆界」。本史卷九三蕭迂魯傳：「咸雍元年，使宋議邊事，稱旨。」

〔六〕宋史卷一三英宗紀：八月「壬子，以工部郎中蔡抗等充賀契丹生辰使，侍御史趙鼎等充賀契丹正旦使」。趙鼎外又有起居舍人同知諫院傅堯俞，侍御史趙瞻，見長編治平三年三月辛酉及宋史卷三四一傅堯俞傳。又宋賀正使王嚴，見本史明年正月。

〔七〕高麗史卷八：「八月丙午，遣尚書右僕射金良贇，殿中少監徐靖如契丹謝册命。」高麗史卷八：九月「遣禮部尚書崔尚，將作少監金成漸，如契丹謝太子册命」。

〔八〕高麗史卷八：「冬十二月丙戌朔，契丹遣左諫議大夫傅平來賀生辰。」宋會要蕃夷二：「十二月，館伴契丹使馮京等言：『契丹使牒稱，南界侵天池等處地，請以聞。』詔京等告以本州結好，務在悠久，比來疆土圖證具存，恐被邊臣隱昧，故時有辯争，請北朝戒飭，令各務安靖。是月雄州言，得涿州牒報，契丹國改爲大遼國。」

〔九〕本史卷九六耶律仁先傳：「咸雍元年，加于越，改封遼王，與耶律乙辛共知北院樞密事。乙辛恃寵不法，仁先抑之，由是見忌，出爲南京留守，改王晉。」

王珪華陽集卷二四内制載英宗時皇帝賀契丹皇帝正旦書云：「兄大宋皇帝致書於弟大契丹聖文神武睿孝皇帝闕下……遥達慶函。」又皇帝回契丹皇帝賀壽聖節書：「兄大宋皇帝致書於弟大契丹聖文神武睿孝皇帝闕下：春陽始布，月朏初華。紀誕節之嘉祥，申寶鄰之永好。特紆使傳，爰致慶儀。載味勤辭，具申感素。今某官等迴，專奉書陳謝。不宣。白。」又皇帝賀契丹皇太后正旦書：「姪大宋皇帝謹致書於嬸大契丹慈懿仁和文惠純孝廣愛宗天皇太后闕下：……今差某官充正旦國信使副，有少禮物，具諸別幅，專奉書陳賀。不宣。謹白。」又皇帝回契丹皇太后賀壽聖節書：「姪大宋皇帝謹致書於嬸大契丹慈懿仁和文惠純孝廣愛宗天皇太后闕下：……今某官等迴，專奉書陳謝。不宣。謹白。」

韓元吉桐蔭舊話：「契丹使每歲至中國，索食料多不時珍異之物，州縣撓動。（韓縝）之使虜，入其境少深，則必索猪肉及胃臟之屬，從者莫能曉，蓋燕北第産羊，俗不畜猪，驛司馳騎，疲於奔命，無一日不加箠楚，所以困之爾。既回程，與伴送者飲，率盡酒，然公翌日乘騎如故，初不病酲也。蓋取隨行大杯酌勸之，伴者不能勝，屢至委頓，臨别，痛飲達旦，及叙違馬上，幾不能相揖。後聞虜中責伴者以失儀，沙袋擊之至死。」

二年春正月丁巳，如鴨子河。宋賀正使王嚴卒，以禮送還。癸未，幸山榆淀。〔一〕

二月甲午，詔武定軍節度使姚景行，問以治道，拜南院樞密使。

三月辛巳，以東北路詳穩耶律韓福奴爲北院大王。壬午，彗星見於西方。〔二〕

夏四月，霖雨。

五月乙亥，駐蹕拖古烈。辛巳，以户部使劉詵爲樞密副使。〔三〕

六月丙戌，回鶻來貢。甲辰，阻卜來貢。

秋七月癸丑朔，以西北路招討使蕭朮者〔四〕爲北府宰相，左夷離畢蕭惟信南院樞密使，〔五〕同知南院樞密使事耶律白惕隱。丙辰，南院樞密使姚景行致仕。庚申，録囚。辛酉，景行復前職。丁卯，如藕絲淀。以歲旱，遣使振山後貧民。〔六〕

九月壬子朔，日有食之。以參知政事韓孚爲樞密副使。

冬十二月壬午，以知樞密院事楊績爲南院樞密使，樞密副使劉詵參知政事。戊子，僧守志加守司徒。〔七〕丁酉，以西京留守合朮爲南院大王。辛丑，以蕭朮者爲武定軍節度使。〔八〕

是年，御永安殿放進士張臻等百一人。〔九〕

〔一〕長編：治平三年（一〇六六）春正月「癸酉，契丹改國號曰大遼」。（原注：按續綱目及宋史俱未著大字。）九朝編年備要卷一七、契丹國志卷九同。高麗史卷八、朝鮮史畧卷三並稱契丹復號大遼。宋史卷一三英宗紀：「（治平）三年春正月丙辰朔，契丹遣耶律仲達來賀正旦。戊午，契丹遣使蕭惟輔等來賀壽聖節。」

高麗史卷八：文宗二十年（一〇六六）夏四月「甲辰，遣司宰卿高復昌如遼賀改國號」。

〔二〕契丹國志卷九：「春三月，彗見西方。庚申，晨見於室，本大如月，長七尺許。辛巳，昏見於昴，如太白，長丈有五尺。壬午，孛於畢如月，至五日没。」

長編：三月「辛酉，起居舍人同知諫院傅堯俞，侍御史趙鼎、趙瞻自契丹使歸，以嘗與呂誨言濮王事，家居待罪，而堯俞新除侍御史知雜事，告牒不受，稽首上前曰：『臣初建言在誨前，今誨等逐而臣獨進，不敢就職。』上數諭留堯俞等，堯俞等終求去。乃以堯俞知和州，鼎通判淄州，瞻通判汾州。瞻初以接伴契丹使，對延和殿」。（對上論濮王事。）

〔三〕按劉詵即劉伸，字濟時，宛平人。本史卷九八有傳。

〔四〕本史卷九一本傳作蕭朮哲。

〔五〕本史卷九六本傳作北院樞密副使。

〔六〕宋史卷一三英宗紀：治平三年「八月庚子，遣傅卞等賀遼主生辰，張師顔等賀正旦」。

〔七〕宋會要蕃夷二：「（治平）三年九月，命國信使副邵必、盧戭因便諭大遼國令戒邊吏自守如故約。

初雄州城下挾路蒔柳，至遼界上，後多死，知州李中祐蒔補之。遼新城吏以爲生事，帥數百騎盜伐至於城下，又及初約遼人不得漁界河中，至是漁不止。故命論之。」

〔八〕高麗史卷八：「冬十一月壬子，遼橫賜使歸州刺史耶律賀來。十二月辛巳朔，遼遣崇禄卿王去惑來賀生辰。」宋史卷一三：治平三年十二月癸卯，「遼遣蕭靖等來賀正旦、壽聖節。」宋史卷三三一蘇寀傳：「使契丹，還及半道，聞英宗晏駕。」則寀應在本年出使。傅表據張師正括異志在本年賀遼生辰正旦使中尚有龍圖閣直學士韓縝，供備庫使段繼文。

〔九〕魏坤倚晴閣雜鈔：「燕京歸義寺在善果寺西，遼刹也。天王殿前一碑，無撰書人姓氏，額題彌陀邑特建起院碑，文稱寺肇自清寧七年，買徐員外地，遂爲歸義寺，備書寺基墻垣尋尺以及佛像經藏之數，碑陰首書疏主懺悔師守司徒純慧大師，賜紫沙門守臻、本行僧録檢校司空精修大師賜紫沙門智清。次載邑衆姓名：『上京留守、開府儀同三司、守太尉兼中書令豳國公劉二玄，開府儀同三司兼侍中開國公趙徽，建雄軍節度使開國公劉需，諫議馬子佺，尚書張挺，中舍李思□，秘書省校書郎劉文，左班殿直韓允，右班殿直王規，燕遼國妃劉蕭氏，遼國夫人杜鄭氏，其餘邑首、邑長、邑正、押司官、印官副正副録、知歷錢物，名號不一，又數十人。』」

三年春正月辛亥，如鴨子河。甲子，御安流殿鈎魚。〔一〕

三月癸亥，宋主曙殂，子頊嗣位，遣使告哀，〔二〕即遣右護衛太保蕭撻不也、翰林學士

陳覺等弔祭。〔三〕

閏月丁亥，扈駕軍營火，賜錢、粟及馬有差。辛卯，駐蹕春州北淀。〔四〕乙巳，以蕭兀古匿爲北府宰相。

夏五月壬辰，駐蹕納葛濼。壬寅，賜隨駕官諸工人馬。

六月戊申，有司奏新城縣民楊從謀反，僞署官吏，上曰：「小人無知，此兒戲爾。」獨流其首惡，餘釋之。庚戌，宋遣使饋其先帝遺物。〔五〕辛亥，宋以即位，遣陳襄來報，〔六〕即遣知黃龍府事蕭圖古辭、中書舍人馬鉉往賀。〔七〕壬戌，南府宰相韓王蕭唐古致仕。〔八〕壬申，以廣德軍節度使耶律蘗奴爲南府宰相，度支使趙徽參知政事。

秋七月辛丑，熒惑晝見，凡三十五日。〔九〕

九月戊戌，詔給諸路囚糧。癸卯，幸南京。〔一〇〕

冬十一月壬辰，夏國遣使進回鶻僧、金佛、梵覺經。〔一一〕

十二月丁未，以參知政事劉詵爲樞密副使，東北路詳穩高八南院大王，樞密直學士張孝傑參知政事。己酉，以張孝傑同知樞密院事。丁巳，行再生禮，赦死罪以下。是月，夏國王李諒祚薨。〔一二〕

是歲，南京旱、蝗。

〔一〕本史卷一〇五楊遵勗傳：「咸雍三年，爲宋國賀正使。」

長編：治平四年（一〇六七）春正月庚戌朔，「契丹賀正使在館，故事，賜宴紫宸殿，時上不豫，命宰臣就館宴之。使者以非故事，不即席。曾公亮責以賜宴不赴，是不虔君命也。人主不便，必待親臨，非體國也。使者乃即席。丁巳，帝崩……庚申，樞密院召禮官問遺契丹母書當何稱，欲自稱重姪，稱彼爲太母。判太常寺李柬之、同判太常寺宋敏求等以爲當稱姪孫、叔祖母。從之」。

宋史卷三三一蘇寀傳：「使契丹還，及半道，聞英宗晏駕，契丹置宴，仍用樂。寀謂送者曰：『兩朝兄弟國家，君臣之義，吾與君等一也，此而可忍，孰不可忍。』遂爲之徹樂。」

王珪華陽集卷二四內制載神宗時皇帝賀大遼皇帝正旦書：「姪大宋皇帝謹致書於叔大遼聖文神武全功大畧聰仁睿孝天祐皇帝闕下：物華資始，天令更端。緬維順履之修，益侈純休之受。載馳使傳，交繹鄰歡。詠祝之深，諭言曷究。」又卷二五皇帝謹賀大遼皇太后正旦書：「姪孫大宋皇帝致書於叔祖母大遼慈懿仁和文惠純孝顯聖昭德廣愛宗天皇太后闕下：天令更端，物新華始。惟茂敦於柔度，固丕介於純釐。矧修鄰好之長，用誌歲儀之慶。兹爲遥頌，未易勝陳。」又回大遼賀同天節書：「姪大宋皇帝謹致書於叔大遼聖文神武全功大畧聰仁睿孝天祐皇帝闕下。執衔施令……今某官等迴專奉書陳謝。不宣。謹白。」又回大遼皇太后賀同天節書：「姪孫大宋皇帝謹致書於叔祖母大遼慈懿仁和文惠純孝顯聖昭德廣愛宗天皇太后闕下：候屬初夏，時宣盛陽，特紆使傳之華，夙致誕辰之慶。情敦永睦，物過常豐。其在棨藏，曷殫敷喻。」

〔二〕宋史卷一四神宗紀：治平四年正月戊午，「遣馮行己告哀於遼」。

〔三〕宋會要蕃夷二：「治平四年六月三日，以英宗崩，大遼國主與其國母遣祭奠弔慰使奉寧軍節度使蕭禧等並入奠皇儀殿。是日上御殿之東幄，禧等進慰書，入見，退賜御筵於都亭驛，命參知政事吴奎主之。」

宋會要禮二九大行喪儀門：「六月巳酉，遼祭奠弔慰奉使奉寧軍節度使蕭禧，永州觀察使蕭餘慶，安遠軍節度使蕭輔，荆州觀察使蕭福慶，副使右諫議大夫、知制誥陳覺，太常少卿、充乾文閣待制王言敷，咸州團練使柴好問，太常少卿、充史館修撰劉詵并入奠大行皇帝神御於皇儀殿。」

宋史卷一四神宗紀：「治平四年六月己酉，遼遣蕭餘慶等來弔祭。」

〔四〕本史卷二五大安十年四月作春州北平淀。

宣府鎮志卷五：「三月己未，有星孛於尾。閏三月辛巳，夜，蒼黑雲起南方，兩首至濁，闊尺，貫尾、箕。」

〔五〕陳襄語録云：「□□遣史炤、周孟陽、李評、李琦等爲遺留北朝禮信使副。」

宋史卷三三三楊佐傳：「英宗升遐，奉遺留物再往使（遼），卒於道。」佐殆奉使而未至遼廷者也。

〔六〕宋史卷一四神宗紀：治平四年正月「辛酉，遣孫坦等告即位於遼」。

錢氏考異謂此與宋史所記孫坦告即位異。索隱卷二云：「神宗紀孫坦下有等字，則告即位使固不止坦一人。」

陳襄語録：「辛酉，遣陳襄、□咸融充皇帝登寶位告北朝皇太后國信使副，孫坦、□愈充告北朝皇帝使副。」是陳襄等爲告太后使，孫坦等爲告皇帝使。

〔七〕宋史卷一四：九月「甲午，遼遣耶律好謀等來賀即位」。宋會要蕃夷二：「九月十九日，大遼遣彰信軍節度使蕭恭順，廣州防禦使耶律好謀，副使崇禄少卿董庠賀皇帝登極。」宋會要蕃夷二：九月「二十三日，樞密院言：順安軍探得戎主見在燕京住坐，刱造軍器，及河北緣邊奏皆云見修涿、易二州城及添兵馬、增葺器甲、廣致糧草，二州最爲近緣，戎主在燕京，未聞有遷徙日月，恐別生事，可密令諸路體察事因聞奏，詔令河北沿邊安撫司密切差人體探」。

〔八〕本史卷九六本傳作蕭德、南府宰相漢王。

〔九〕宋會要蕃夷二：「八月十八日，光禄卿史炤奉使河北迴，言：『體訪得戎主恐冬初至燕京，欲去易正牛陵固安等縣界打圍，乞密下沿邊防托。』詔河北沿邊安撫司常切體探，暗作隄備。」

〔一〇〕宋史卷一四神宗紀：治平四年九月辛卯，「遣孫思恭等報謝於遼，且賀生辰、正旦」。宋呂陶净德集卷二一樞密劉公（庠）墓誌銘：「是年（英宗崩）秋，奉使大遼……將還，度以正月八日至白溝」，其時賀生辰使，例以正月七、八日還至雄州，故庠似爲生辰使。

〔一一〕參本書卷一四統和十九年注〔二〕。

〔三〕宋史卷一四神宗紀：治平四年十二月「己巳，遼遣蕭傑等來賀正旦」。高麗史卷八：文宗二十一年「冬十二月乙巳朔，遼遣寧州管內觀使胡平來賀生辰」。東坡集卷六滕公（甫）墓誌：「治平四年（咸雍三年），遼遣蕭林牙楊興公來聘。」陳襄語録咸雍三年：「六月十八日，有右班殿直、閤門祗候韓貽訓賜臣等酒果，右班殿直、閤門祗候馬初賜筵，太尉夷離畢蕭素伴宴。十九日，有西頭供奉官韓宗來賜臣等茶食並酒。二十日，有供奉官、閤門祗候耿可觀賜臣等酒果，韓宗賜射弓筵，樞密副使太師耶律格伴宴。二十二日，有右承制魯滽賜臣等酒果，左承制韓君卿賜筵，翰林學士給事中王觀伴宴。七月二日，有東頭供奉官、閤門祗候王崇彝就館賜臣等筵，左承制、閤門祗候王縷賜酒果，度支使左承李翰伴宴。十五日，有東頭供奉官、閤門祗候馬世章賜臣等筵，西頭供奉官劉侁賜酒果，步軍太傅伴宴。十七日，有東頭供奉官、閤門祗候郝振來問勞。十九日，有東頭供奉官、閤門祗候馬世延來賜臣等筵。」

四年春正月甲戌朔，日有食之。丙子，如鴛鴦濼。辛巳，改易州兵馬使爲安撫使。丁亥，獵炭山。辛卯，遣使振西京饑民。

二月甲辰朔，詔元帥府募軍。壬子，夏國王李諒祚子秉常遣使告哀。癸丑，頒行御製華嚴經贊。〔一〕丁卯，北行。〔二〕

三月丙子，遣使夏國弔祭。〔三〕甲申，振應州饑民。乙酉，詔南京除軍行地，餘皆得種稻。庚寅，振朔州飢民。乙未，夏國李秉常遣使獻其父諒祚遺物。

夏四月戊午，阿薩蘭回鶻遣使來貢。〔四〕

五月丙戌，駐蹕拖古烈。

六月壬子，西北路雨穀，方三十里。丙寅，以北院林牙耶律趙三〔五〕爲北院大王，右夷離畢蕭素颯〔六〕中京留守。

秋七月壬申，置烏古敵烈部都統軍司。〔七〕丙子，獵黑嶺。是月，南京霖雨，地震。〔八〕

九月己亥，駐蹕藕絲淀。

冬十月辛亥，曲赦南京徒罪以下囚。永清、武清、安次、固安、新城、歸義、容城諸縣水，復一歲租。戊辰，册李秉常爲夏國王。〔九〕

十二月辛亥，夏國遣使來貢。〔一〇〕

〔一〕至元法寶勘同總録卷一〇有大方廣佛華嚴經隨品讚十卷，聖文神武睿孝皇帝御製。一帙，云字號。

〔二〕本史卷六八遊幸表作正月「北幸」。

〔三〕全遼文卷八志延撰陽臺山清水院創造藏經記：「咸雍四年三月四日（丙子鄧從貴）捨錢三十萬，葺諸僧舍宅……乃罄捨所資，又五十萬，及募同志助辦，印大藏經，凡五百七十九帙，創內外藏而龕措之。」

〔四〕宋史卷一四神宗紀：熙寧元年（一〇六八）四月「辛亥，同天節，羣臣及遼使初上壽於紫宸殿」。

〔五〕本史卷九四耶律那也傳作北面林牙。

〔六〕本史卷九五有傳，字特免。陳襄語録作太尉夷離畢蕭素。

〔七〕本史卷二五大安十年十月作西北路統軍司。

〔八〕宋史卷一四神宗紀：八月「丁卯，遣張宗益等賀遼主生辰、正旦」。蘇頌蘇魏公集，是年賀生辰正旦者，另有蘇頌、齊□□。

金史卷二太祖紀：「本諱阿骨打……遼咸雍四年戊申，七月一日，太祖生。」

全遼文卷九薊州玉田縣東上生院無垢净光佛舍利塔銘序：「因窣堵坡藏之，洎於咸雍間地震所壞。」

宋會要瑞異三：「（七月）二十七日上批御史錢顗言：河北地震今尚未息，居民殆無生意，其欠税當權倚閣方民乏食之際宜早施行。」

宋史卷六七五行志：「是（八）月，須城、東阿二縣地震終日。滄州、清池、莫州亦震，壞官私廬舍、城壁。是時河北復大震，或數刻不止，有聲如雷，樓櫓民居多摧覆，壓死者甚衆。」

〔九〕長編拾補卷三下：十月「乙卯詔：『出奉宸庫珠二千三百四十萬，付河北四榷場鬻之，别封樁以備買馬。』」（容齋三筆卷一三：「以奉宸庫珠子付河北緣邊，於四榷場鬻錢銀，準備買馬，其數至於二千三百四十三萬顆。」

〔一〇〕高麗史卷八：文宗二十二年（一〇六八）「十二月己亥朔，遼遣益州管内觀察使魏成來賀生辰」。宋史卷一四神宗紀卷一四：熙寧元年十二月「甲子，遼遣耶律公質來賀」。長編拾補卷三上：七月「己卯，羣臣表上尊號曰奉元憲道文武仁孝，詔不許。及第三表，司馬光入直，因言：『上尊號之禮，非先王令典，起於唐武后、中宗之世，遂爲故事，因循至今。太祖開寶九年羣臣上尊號，有「一統太平」字，太祖以燕晉未平，却而不受。是見聖人之志，苟無其實，終不肯有其名也。太宗端拱二年詔，自前所加尊號盡從省去，且曰：以理言之，皇帝二字亦未易兼稱。朕欲稱王，但不可與諸子同爾。羣臣懇請，乃受「法天崇道」四字而已，其後終身不復增益。先帝治平二年辭尊號不受，天下莫不稱頌聖德。不幸，次年有諂諛之臣言，國家與契丹常有書往來，彼有尊號而中國獨無，足爲深耻。於是羣臣復以非時上尊號者，甚爲朝廷惜之。……』」

五年春正月，阻卜叛，〔一一〕以晉王仁先爲西北路招討使，領禁軍討之。

夏〔一二〕六月己亥，駐蹕拖古烈。丙午，吐蕃遣使來貢。壬戌，以南院樞密使蕭惟信知北院樞密使事。

秋七月乙丑朔，日有食之。戊辰，夏國遣使來謝封册。癸未，詔禁皇族恃勢侵漁細民。

八月，謁慶陵。

九月戊辰，仁先遣人奏阻卜捷。〔三〕

冬十月己亥，駐蹕藕絲淀。

十一月丁卯，詔四方館副使止以契丹人充。丁丑，五國剖阿里部叛，〔四〕命蕭素颯討之。

閏月戊申，夏國王李秉常遣使乞賜印綬。己未，僧志福加守司徒。

十二月甲子，行皇太子再生禮，減諸路徒以下罪一等。乙丑，詔百官廷議國政。甲戌，五國來降，仍獻方物。〔五〕

〔一〕正，本史卷七〇屬國表作三。

〔二〕宋史卷一四神宗紀：熙寧二年（一〇六九）四月「壬寅，遼遣耶律昌等來賀同天節」。

〔三〕宋史卷一四神宗紀：九月「丁丑，遣孫固等賀遼主生辰、正旦」。

〔四〕剖，原誤「部」。據本史卷三三營衛志下及卷六九部族表改。

〔五〕宋史卷一四神宗紀：十二月「戊子，遼遣蕭惟禧來賀正旦」。高麗史卷八：文宗二十三年「十二月癸亥朔，遼遣御史中丞高聳來賀生辰。遼東京回禮使檢校右僕射耶律極里哥來」。

六年春正月甲午，如千鵝濼。〔一〕

二月丙寅，阻卜來朝，貢方物。

夏四月癸未，西北路招討司以所降阻卜酋長至行在。〔二〕

五月甲辰，清暑拖古烈。甲寅，設賢良科，詔應是科者，先以所業十萬言進。〔三〕

六月辛巳，阻卜來朝。乙酉，以惕隱耶律白爲中京留守。是月，御永安殿放進士趙廷睦等百三十八人。

秋七月辛亥，獵于合魯聶特。

八月丙子，耶律白薨，〔四〕追封遼西郡王。〔五〕

九月庚戌，幸藕絲淀。甲寅，以馬希白詩才敏妙，十吏書不能給，召試之。

冬十月丁卯，五國部長來朝。壬申，西北路招討司擒阻卜酋長來獻。

十一月乙卯，禁鬻生熟鐵于回鶻、阻卜等界。

十二月戊午，加圓釋、法鈞二僧並守司空。己未，以坤寧節，赦死罪以下。辛酉，禁漢人捕獵。〔六〕

〔一〕索隱卷二：「案一統志天鵝濼在蒿齊忒右翼東南三十里。蒙古名運圖。」

〔二〕宋史卷一五神宗紀：熙寧三年（一〇七〇）夏四月「丙寅，遼遣耶律寬來賀同天節」。長編：熙寧三年四月「丙寅，遼主遣永州觀察使耶律寬，衛尉少卿程冀；其母遣懷德節度使蕭禧，太常少卿張冀來賀同天節」。丁卯，「國信所言：『賀同天節遼使至臨清驛，有契丹迪烈子伊爾根夜刺同宿契丹，死者四人、傷者十二人，除孝贈錢絹外，餘未敢支賜。』詔：『傷死者，更給對見生餼節衣、朝辭例物等，如病死者例，其迪烈子伊爾根亦準此給，如死，亦以孝贈賜之。』」

〔三〕長編：五月丁酉，「詔：『雄州北兩屬户，遇災傷即以貸糧接續分給，仍作科次輸納。』從河北沿邊安撫使張利一請也」。庚戌，「制置條例司言：『諸路科買上供羊，民間供備幾倍，而河北榷場博買契丹羊，歲數萬，路遠抵京，則皆瘦惡耗死，屢更法不能止，公私錢歲費四十餘萬緡。近委著作佐郎程博文訪利害，博文募屠户以產業抵當，召人保任，官豫給錢，以時日限口數斤重供羊，人多樂從，得以充足。歲計除供御膳及祠祭羊，依舊別圈養棧外，仍更棧養羊，常滿三千爲額，以備非常支用。』從之。博文所裁省冗費，凡十之四，人甚以爲便。先是進呈條例，上批曰：『屠户情願本家宰殺亦聽一節可删去。恐以死肉充故也。』羊事條目極多，而上一閱遂見此，人莫不稱嘆。蓋上於天下所奏報利害，擿其精要類如此」。

〔四〕本史卷九六本傳作耶律良，字習撚，小字蘇。

〔五〕宋史卷一五神宗紀：熙寧三年八月戊寅，「遣張景憲等賀遼主生辰、正旦」。長編：熙寧三年八月「戊寅，司勳郎中、權户部副使張景憲爲遼主生辰使，供備庫副使劉昌祚副之；主客郎中户部判官李立之爲正旦使，内殿承制劉鎮副之；天章閣待制孫永爲遼國母生辰使，供備庫使楊宗禮副之；度支員外郎、直舍人院吕大防爲正旦使，供備庫副使張述副之。既而吕大防辭，改命禮部郎中、開封府判官趙瞻」。（原注：「瞻十二月四日又以府判除知鄧州，豈瞻亦辭行乎，未知奉使果何人也。」一本作「不知又以何人代瞻。」）述按：下文本年十二月庚申，「開封府判官、祠部郎中趙瞻知鄧州，瞻因出使得奏事……由是不得留京師，瞻時出使未還也」。范太史集卷四一趙瞻神道碑云：「熙寧三年，入爲開封府判官，奉使契丹。」是使北者仍是趙瞻，長編未及前後檢照。

〔六〕宋史卷一五：十二月「壬午，遼遣蕭遵道等來賀正旦」。長編：十二月「壬午，遼主遣秦州觀察使蕭遵道，太常少卿、直乾文閣楊規訓；其母遣奉國軍節度使耶律寧，起居郎、知制誥成堯錫來賀正旦」。（成堯錫，韓魏公家傳作成禹錫。）長編：十二月癸未，「富弼言：『……伏緣西夏與北敵，視朝廷常爲犄角之勢，蓋北敵山前後十八州，每恐朝廷有復取之意。慶曆初，因元昊叛，仁宗不免討伐，而北敵遂有嫚書，興割地之隙。

其書大意，自謂我與西夏是甥舅之國，南朝不合加兵。臣不能盡記其辭，惟記一句云，「殊無忌器之嫌」。此大可見其意也。臣其時兩使北廷，每見元昊遣人在彼，密令詢問，云來借兵，此皆臣始末親經目覩，不是剽聞。以昔校今，不敢謂必無此事。今北敵亦須疑朝廷既平西夏，即移兵北伐，必有借助西夏之謀，不可不過慮及此也。更或二敵相應，兩下起事，即國用人力，如何枝梧其間，軍情民心，須常加防察，不可使至於此極也。……』」

七年春正月戊子，如鴨子河。

二月乙丑，女直進馬。丙寅，以南院樞密使姚景行知興中府事。〔一〕

三月己酉，以討五國功，加知黄龍府事蒲延、懷化軍節度使高元紀、易州觀察使高正〔二〕並千牛衛上將軍，五國節度使蕭陶蘇斡、寧江州防禦使大榮並静江軍節度使。幸黑水。

夏四月癸酉，如納葛濼。乙亥，禁布帛短狹不中尺度者。〔三〕

六月己卯，吐蕃來貢。癸未，南院大王高八致仕。

秋七月甲申朔，以東北路詳穩合里只爲南院大王，西南面招討使拾得奴爲奚六部大王。己丑，遣使按問五京囚。庚子，如藕絲淀。〔四〕

八月辛巳，置佛骨于招仙浮圖，罷獵，禁屠殺。〔五〕

冬十月己卯，如醫巫閭山。壬戌，以南府宰相耶律蘖奴爲南京統軍使。戊辰，謁乾陵。

庚辰，詔百官廷議軍國事。

十一月戊子，免南京流民租。己丑，振饒州饑民。丙午，高麗遣使來貢。

十二月壬子，以契丹行宫都部署耶律胡覩知北院樞密使事，知北院樞密使事蕭惟信爲南府宰相，兼契丹行宫都部署。丁巳，漢人行宫都部署李仲禧、北院宣徽使劉霂、樞密副使王觀、都承旨楊興工〔六〕各賜國姓。戊寅，回鶻來貢。〔七〕

是歲，春州斗粟六錢。

〔一〕長編：熙寧四年（一〇七一）二月庚午，「手詔付樞密院曰：『……據河東邊吏奏，北敵聚兵，雖未測虚實，恐邊臣有以啟之者。況今朝廷政事之弊，方議修理，國財民力，窮乏可知，平時無事，尚虞天災流行，無以待之，若四方有警，何以支梧，恐邊臣未悉朝廷之計，宜密戒諭之。』……馮京又言：『或聞就契丹借兵士，疑契丹不肯。』（王）安石曰：『夏賊若果借兵於契丹，即不爲得計，恐其不至如此。』及是探報契丹陰發腹裏兵三十萬往西界，不令中國知。上曰：『果有此否？』安石曰：『雖有此不足怪。陛下即位，即經營綏州，又取銀州，破其唇齒之勢。彼以爲中國若已服夏國，當覘幽燕，若乘中國有事之時，能撓我權，則其庸多矣！夏國主幼，婦人用事，忿而無謀，或請師於契丹，則爲契丹計，雖許之何爲不可？可以撓中國而無損於我。契丹優爲之，但恐其無遠略，不能出此。』上曰：『果及此，則奈何？』安石曰：『陛下誠以静重待之，雖加一契丹於邊事，亦不至狼狽。若欲進取，非臣所知。且我堅壁清野。積聚芻糧以待敵，則敵未能深爲我患。而彼兩國集於境上，其芻糧何以持久，我所患者，在於芻糧難繼而已。愛惜芻糧，無傷民力，而以静重待敵之釁。則外患非所恤也。』……上曰：『契丹前後極有機會可乘，朝廷自失之。如真宗末年，欲託後嗣，朝廷却宜與承當。』安石曰：『此亦何補？若其後嗣强桀，豈以此故肯屈服；若孱懦，雖無此亦何難屈服。且勝夷狄，只在閒暇時修吾政刑，使將吏稱職，財穀富兵强而已。虛辭僞事，不足爲也。』」辛未，「上謂輔臣曰：『昨定州路安撫使捕安肅軍北客，坐收雜户婦人生子繫獄，其弟邀國信使李立之等自訴，因此驚起北客三十餘人。此事行遣，自有舊例，何至如此紛紛。皆邊臣不體朝廷意，妄有生事，雖已施行，更宜戒諭諸路將官。』」

西夏書事卷二三：「二月遣使請援於遼，遼主許發腹裏兵三十萬助之，於是國中氣復振。」

〔二〕按本史卷四〇地理志四，易州爲刺史。非觀察。

〔三〕長編：四月「辛酉，遼主遣利州觀察使蕭廣，太常少卿張遵度；其母遣懷化節度使耶律暈，起居郎、知制誥張少微來賀同天節」。宋史卷一五云：「遼遣蕭廣等來賀同天節。」

〔四〕長編：七月甲辰，「罷供奉官至殿直日、赴垂拱殿起居，惟朔望及遼使見辭，綴班於紫宸殿下。」

〔五〕宋史卷一五：八月「癸酉，遣楚建中等賀遼主生辰正旦」。西夏事書卷二三：「八月，遣使賀遼天安節。夏使與中國使兵部郎中楚建中，陝西轉運使沈起同至，廷見時，兩使者位著相等，起爭曰：夏使陪臣耳，豈得與王人齒，獨升東朝，夏使不敢並。」長編：八月「癸酉，度支副使、兵部郎中楚建中爲遼主生辰使，西京左藏庫副使夏倸副之；開封府判官、太常博士、秘閣校理韓忠彦爲正旦使，西染院副使、閤門通事舍人李惟賓副之；兵部員外郎、知制誥陳繹爲遼國母生辰使，皇城使、忠州團練使馬偁副之；度支判官、司勳郎中王誨爲正旦使，文思使郭宗古副之。偁以祖應圖陷北敵，辭行，詔以文思副使梁交代之」。是月，「上以河漲，北使道不通，出圖示侍臣。王安石曰：『滑州埽危急，二口可且勿閉。』上乃遣王元規知滑州，經制河事。是月河溢澶州曹村」。

〔六〕按即楊遵勗。本史卷一〇五有傳。字益誠。

〔七〕宋史卷一五：十二月「丙子，遼遣耶律紀等來賀正旦」。長編：十二月「丙子，遼主遣高州觀察使耶律紀，崇祿少卿史館修撰邢希古；其母遣安復軍節度使耶律德誠，海州團練使馬諲來賀正旦」。高麗史卷八：文宗二十五年「十二月辛亥朔，遼遣益州刺史高元吉來賀生辰」。

遼史補注卷二十三

本紀第二十三

道宗三

八年春正月癸未，烏古敵烈部詳穩耶律巢等奏克北邊捷。以戰多殺人，飯僧南京、中京。甲申，如魚兒濼。壬寅，昏霧連日。〔一〕

二月丙辰，北、南樞密院言無事可陳。壬戌，以討北部功，烏古敵烈部詳穩耶律巢知北院大王事，都監蕭阿魯帶烏古敵烈部詳穩，加左監門衛上將軍。戊辰，歲饑，免武安州租稅，振恩、蔚、順、惠等州民。

三月癸卯，有司奏春、泰、寧江三州三千餘人願爲僧尼，受具足戒，許之。〔二〕

夏四月壬子，振義、〔三〕饒二州民。丁巳，駐蹕塔里捨。〔四〕己卯，清暑拖古烈。〔五〕

五月壬午，晉王仁先薨。〔六〕

六月甲寅，振易州貧民。己未，振中京。甲子，振興中府。甲戌，封北府宰相楊績爲

趙王，樞密副使耶律觀參知政事兼知南院樞密使事。丁丑，高麗遣使來貢。〔七〕

秋七月己卯，慶州靳文高八世同居，詔賜爵。丙申，振饒州饑民。丁酉，幸黑嶺。丁未，以御書華嚴經五頌出示羣臣。〔八〕

閏月〔九〕辛未，射熊于羖羊山。〔一〇〕

八月庚辰，混同郡王侯古薨，遣使致祭。〔一一〕

九月甲子，駐蹕藕絲淀。〔一二〕

冬十月己丑，參知政事耶律觀〔一三〕矯制營私第，降爲庶人。癸巳，回鶻來貢。〔一四〕

十一月庚戌，免祖州税。丙辰，大雪，許民樵採禁地。丁卯，賜延昌宫貧户錢。〔一五〕

十二月戊辰，漢人行宫都部署耶律仲禧封韓國公，樞密副使、參知政事趙徽出爲武定軍節度使，樞密副使柴德滋參知政事，漢人行宫副部署耶律大悲奴陞都部署，同知南院樞密使事蕭韓家奴知左夷離畢事。丁丑，以坤寧節，大赦。庚寅，賜高麗佛經一藏。〔一六〕

〔一〕長編：熙寧五年（一〇七二）春正月己丑，「府州言，寧化軍送北界西南面都招討府牒稱：『南朝兵騎越境施弓矢，射傷轄下人。』其牒中官號有犯廟諱嫌音者，詔河東緣邊安撫司，劾原承牒官吏，仍移牒北界招討府，依理施行」。

〔二〕續通鑑考異云：「咸雍二年十二月，僧守志加守司徒，六年十二月加圓釋、法鈞二僧並守司空。今京師歸義寺有遼碑言：清寧七年始建寺，碑陰有守司徒沙門守臻、檢校司空沙門智清，是遼僧多有受顯秩者。遼史不能盡書也。又（補）續高僧傳（卷一七）云：『法均（鈞）至金臺，遼主待以師禮，后妃以下皆展接足之敬。繼其道者曰裕窺，賜榮祿大夫、檢校太尉。』蓋當時重釋教如此。」

〔三〕羅校：「地理志上京道永州義豐縣：『本鐵利府義州，遼兵破之，仍名義州。重熙元年，廢州改今縣。』是此時義州久廢，疑是懿州之誤。」

〔四〕塔里捨，本史卷二五道宗紀大安八年三月作撻里捨。

〔五〕長編：四月「乙卯，遼主遣歸州觀察使耶律適，衛尉少卿張藹；其母遣安遠軍節度使蕭利民，太常少卿王經來賀同天節」。（宋史稱：「遼遣耶律適等來賀同天節。」）「庚申，河北緣邊安撫司言：『北人漁於界河及奪界河西船并射傷兵級，雖已指揮都同巡檢，以便婉順止約，慮彼國不知，邊臣不顧歡好，信縱小民，漸開邊隙。』詔：『同天節送伴使晁端彥等諭北使以朝廷務敦信誓，未嘗先起事端，請聞之本朝，嚴加約束。』」乙亥，「知雄州張利一言：『北界有七八千騎，過拒馬河南，兩地共輸北塹等村地分。續令歸義、容城知縣、縣尉領兵至彼，其人馬即過河北，及河北驛內復有人馬約一千餘。』詔安撫司體量因依以聞。容城、歸義縣人户雖兩屬，而北界前此未嘗遣兵巡邏故也」。

〔六〕按全遼文卷八耶律仁先墓誌銘：「八年四月二十日，（仁先）以疾薨於位。皇上聞訃，輟朝三日。」四月庚戌朔，二十日己巳。五月庚辰朔，壬午，初三日。

長編：五月辛巳，「上批付中書，近不往（住）據雄州繳奏，北界涿州來牒，理會白溝增修館舍及添駐兵甲事，未知因依虚實，可令緣邊安撫司勾當公事李舜舉、提點刑獄孔嗣宗，密切仔細體量，詣實事狀，速具聞奏」。「辛卯，詔：『北界多不循舊規，近頗生事，慮別蓄姦謀，可指揮河北、河東，厚以錢帛，募人深入刺候動静以聞。』」（原注：「兩朝誓書册内載熙寧五年雄州奏：職方員外郎王琥與監榷場侍禁李端彦於白溝界首橋南幕次内，與北界差來左衙戴從省坐定，依例般第一會絹二千匹去橋中心排垛定，有北界永豐庫揀子楊元亨點過大數，二軍人數過小數，從省令元亨解開絹束，逐匹看覷，並托量丈尺，端彦等面與右衙（述注：上文作左衙）從省理會，信好之物，久來交割不會有此體例。從省稱爲今次宣命指揮，從省交割時，一匹匹點檢看覷，當裏面別無小損破弱，即行交割，不云生事。從省又云：『誤使一匹好絹亦須剩住幾日交割圖表子細云云。』州司勘會久來交絹體例，每二千匹作一會，只是逐會點數來交割，不曾差人解拆絹，一匹匹看驗量托，今來若縱令如此揀選量度，不惟邀難住滯，深恐頓失事體，仍慮節次別生事端，無有了期云云。兼稱自去歲以來，凡交割銀絹，逐次北界須作邀難，再三整理，方循舊例，今來又有生事，若不作理道畧與約勒，竊慮北人轉生枝節，州司看詳，若便曲與隨順，令一匹匹托量點驗交割，不惟有損事體，又緣北人方當生事之際，竊慮愈生侵慢之心，深爲不便。本州已諜王琥等更且伺候三兩日，須是以久來體例交割去訖，五月十二日奉聖旨，令雄州執守理道，婉順商量，依自來體例交割。」）

〔七〕長編：六月壬戌，「詔河北都轉運司劾雄州官吏以聞。舊例，歲賜北界絹於白溝交大數而已。時北人欲遍閱之。上疑其疎惡，乃遣使覆視，果得穿穴者數百匹，而雄州未始以聞，故有是詔」。乙丑，「知雄州張利一言：『遼人修城隍，點閱甲兵，必有奸謀，宜先事爲備。』上曰：『彼或爲自防之計。』王安石曰：『誠如此，無事而使人疑之，殆也。若因此更示以繕完點閱之形，則彼以爲我真有謀彼之心，更生其計，惟静以待之，彼將自定也。』」「辛未，詔雄州：『兩地供輸户凡有科率名件，並依舊例，不得令帶納榛箔及增他賦。』」丙子，「詔知雄州張利一等，措置北界巡馬事，令依累降約束，以理約攔出界，及移文詰問，未宜輕出人馬，以開邊隙。先是利一等奏：『北界差兵過拒馬河巡，欲候其來，即遣官引兵驅逐，示之以强，彼乃帖服。』王安石曰：『恐不宜如此。』上曰：『彼兵直過河，距雄州城下數里，不驅逐非便。』安石曰：『雄州亦自創添弓手過北界巡，即彼兵來，未爲大過，今戎主非有倔强，但疆吏生事，正須静以待之。若争小故，恐害大計。就令彼巡兵到雄州城下，必未敢攻圍雄州，若我都不計較，而彼輒有鹵掠侵犯，即曲在彼，我有何所害？』上乃令戒利一等，無得妄出兵。文彦博因言李牧急入收保事，上笑曰：『惟李牧乃可。如雄州官，才出城，便舉家哭，又安可比李牧也。』」

〔八〕長編：七月戊子，「詔：『雄州歸信、容城縣弓級，自今無故不得鄉巡，免致騷擾人户。遇探報有北界巡馬過拒馬河，即委縣官相度人數，部押弓手，以理約攔。」從經畧使孫永請也。時北人涉春月創遣巡馬越拒馬河，而永奏：以爲北人苦鄉巡弓手，故增巡馬。若罷鄉巡，則巡馬勢自當止。朝廷從之。先是，王安石謂：『鄉巡弓手，實無所濟，但有騷擾，若都罷，邊界自靜。』上曰：『前約彼無過河即罷，彼未肯報。』安石曰：『我約彼巡馬不來，即減罷弓手；彼約我減罷弓手，即巡馬不來。兩相持，所以不決。今我不須問彼來與不來，但一切罷鄉巡弓手。彼若引兵過拒馬河，亦不須呵問，彼若鈔劫兩屬人户，自須警移歸，徐理會未晚。料彼非病風狂，豈可非理自騷擾鈔掠兩屬人户？若不鈔掠兩屬人户，又必不敢攻取雄州。任其自來自去，都不省問，復何所爭校。』馮京曰：『如此即彼須占却兩屬人户。』安石曰：『必無此理，然兩屬人户才四千餘，若朝廷有大畧，即棄此四千餘户，亦未有損。』上曰：『要是吞服得彼，即棄四千户何傷。』安石曰：『陛下富有天下，若以道御之，即何患吞服契丹不得？若陛下處心自以契丹不可吞服，西夏又不可吞服。只與彼日夕計校邊上百十騎人馬往來，三二十里地界相侵，恐徒煩勞聖慮，未足以安中國也。自古四夷，如今日可謂皆弱。於四夷皆弱之時，小有齟齬，未嘗不爲之惶擾。若有一豪傑生於四夷，不知何以待之。』上曰：『今契丹主雖庸，然所憑藉基業大。』安石曰：『若無操畧，國大適足以爲之累，緣大物大材不能運故也。彼國大，非吾所當畏。』已而雄州又言：『有兩逃軍報北界云：南朝欲以九月十日發兵二十萬取燕京。契丹見聚兵二十萬防託。』僉曰：『契丹倉卒點集二十萬亦難，必無此理。』安石曰：『契丹已聚兵二十萬，未必然。然疑我侵取其地，因蒐閱點集，恐或有之。蓋聞朝廷經畧，即不能無疑。又爲逃軍所誤，則宜其儆備也。』上以爲然。安石又曰：『今河北將帥，未有可以待警急，即恐未能勝景德時，自古論彊弱以將帥爲急。今河北將帥誰爲勝王超、傅潛輩？』上曰：『王超當時持重不出，不爲失計。若出戰不勝，即契丹更無後顧矣。』安石曰：『河北既如此，若使契丹疑我有侵取之謀，因儆備蒐閲，訓練兵馬，既奮之後，又使人諜知河北空虛，稍肆陵侮，即未易枝梧。雖上憑聖算，期於不能爲大患，然亦不得不以爲念。』馮京曰：『契丹孱弱，安能舉事。』安石曰：『契丹主自即位以來，雖未見其材畧如何，然能保守成業，不失人心。若使其儆備，蒐閲訓練，要非中國之利。』上曰：『然。』安石曰：『既知彼如此非我利，即於小事不宜與争以生其疑隙。如鄉巡弓手便合與罷。昨見雄州奏分人户差役，中國有所占户多，北人所占户少。臣以既是兩屬户若要分，宜與平分。分外占得十數百户，於中國有何利？徒使其有不平之心。又中國每見契丹好生事争彊之狀，又如争鄉巡弓手，朝廷但見邊吏奏，北界差巡馬過來生事；北界亦必但見邊吏奏，南朝添差鄉巡弓手生事。』馮京固争，以爲徒罷鄉巡不便。上從安石言，令樞密院降指揮罷之。文彦博等乃議相度約攔如前詔。詔出，上復令追還。同中書別進呈，會孫永奏至，與安石議畧同，安石力主之。上令盡罷鄉巡弓手。安石曰：『甚善。兩地供輸人户爲弓手所擾極困弊。以内地料之，若差弓手在村，必不自備糧食，決至騷擾村民，料彼巡兵更甚。如此即人户困弊可知。』彦博等與京皆以爲如此盡罷，恐兩屬户爲北人所占。若向時放税，便爲北人所收，不可復取。安石曰：『時異事殊，即應之，不可一揆。

今觀北人惟欲無事，非敢倔彊也。如占差役人，則我占人數比契丹所占甚多。然契丹乃欲依見在所占人分定。如巡馬來，輒言南朝若罷鄉巡弓手，則巡馬更不過河。既前此無之，近乃增差，則生事之端在我邊吏，非關契丹敢爲非理，今但罷鄉巡弓手更鋪，北人必不差巡馬過河。假令已罷鄉巡弓手，北人尚差巡馬過河，我都不與計校，於事體有何所傷？欲令縣官部轄弓手約攔，臣愚以爲亦不須如此。任彼巡兵過河，我都不問，彼必不敢寇掠人户。即彼巡兵雖來，有何所利。』彦博等與京僉以爲恐彼遂占兩屬人户。安石曰：『今兩屬人户，供兩界差役，若彼要盡占人户供差役，令我更不得差役，即方占得兩屬人户，料彼未肯。如此，即全無理，雖用兵與争，亦所不免。若不如此，即如何占得兩屬人户？俟彼待我罷卻鄉巡數月之後，彼巡兵尚來不止，即兩縣人户亦皆德我而怨彼，以彼爲曲，以我爲直。然後因其使來，語之以此，料契丹主亦必不容邊吏如此非理生事也。』彦博等固以爲不可不約攔。上從之。朝廷既罷鄉巡，而北界巡馬亦不爲止。盜賊滋多，州縣不能禁」。「甲午，河東經畧司言：『契丹大點集，云防托漢界，至召女真、渤海首領。自來點集，未嘗如此。』上曰：『如何？』王安石曰：『此事惟須静以待之，内有修補，次及於邊。』王珪、馮京皆謂必無慮。安石曰：『無恃其不來，恃吾有以待之，吾今未有以待，彼亦不可忽也。』上曰：『卿昨言但使彼知戒懼，即非所宜，良是也。』」丙申，「樞密院奏：『代州牒，北界言邊吏侵暴事。又北界牒言雄州修館驛作箭窗女牆敵樓生事。』王安石曰：『此誠生事。』上言非敵樓箭窗，安石曰：『縱非敵樓箭窗，不知館驛創立四角砌臺，又作女牆及牆窗何用，若依自來修蓋，有何所闕？』上令依前降指揮拆毀。文彥博曰：『前來誠不合修，今來若拆毀，便須占地。』安石曰：『事但循常，彼猶生事，若彼別有規圖，即與小小爭校尤無所補。若但以細故互相猜疑，即我每事循常，彼無猜疑之理，今邊隙數起，正爲我與彼所見畧同故也。我以爲若少寬假，彼將別生事陵我，故每事稍異於尋常即須爭校；彼亦以爲若少寬假我，我將別生事陵彼，故每事稍異於尋常即須爭校。故我蓋館驛稍異於常，即疑我改作鎮、添築寨，而爭之不已。彼若見得事情，從我驛館內作敵樓箭窗，有何所妨。我若見得事情，於彼事亦不須每與爭校。』上曰：『雄州生事，亦不可縱。須行遣。』安石以爲誠如此。然上亦不深罪張利一」。本史卷八六耶律頗的傳：「咸雍八年……上獵大牢古山，頗的謁于行宮，帝問邊事。」

〔九〕長編：閏七月戊申朔，「雄州言：『北界巡馬又過拒馬河南，已差官編攔襲逐出界訖。』王安石曰：『何須編攔襲逐。』上曰：『既罷卻弓手，彼又過來，若不編攔襲逐，彼將移口鋪向裏也。』安石曰：『彼若欲內侮，即非特移口鋪而已，若未欲內侮，即雖不編攔襲逐，何故更移口鋪向裏。若待彼移口鋪向裏，乃可與公牒往來理會。昨罷鄉巡弓手，安撫司止令權罷。臣愚以爲即欲以柔靜待之，即宜分明示以不爭。假令便移口鋪，不與爭，亦未妨大畧。』上曰：『若終有以勝之，即雖移口鋪不爭可也。』安石曰：『終有以勝之，豈可以它求，求之聖心而已。聖心思所以終勝，則終勝矣。陛下夙夜憂鄰敵，然所以待鄰敵者，不過如爭巡馬過來之類，規模止於如此，即誠終無以勝敵，大抵能放得廣大，即操得廣大。陛下每事未敢放，安能有所操。累世以來，夷狄人衆地大，未有如今契丹。陛下若不務廣規模，則包制契丹不得。』又曰：『欲大有爲，當論定計策，以次推行。』因論周世宗移御牀，就箭力所及。曰：『天錫人主智略，使毆除禍亂，若勇不足以奮士服衆，何能成務？』馮京曰：『世宗止能爲宋毆除。』上曰：『世宗誠創業造功英主也。』」（原注：陳瓘論曰：「安石勸神考兼夷狄，則奏曰：『四夷則衰弱，數百年來，未有如今日。』及論神考包制契丹不得，則奏曰：『夷狄人衆地大，未有如今日契丹。』兩對所論，同一契丹，取快而言，乍强乍弱，況隨其喜怒而論君子小人哉！」）

甲寅，「王安石曰：『張利一生事，致北界騷動，宜懲責。』上以爲然……王珪、馮京……恐北界聞之。安石曰：『正欲北界聞知，非我縱其如此，乃所以帖息邊事也。』」丙辰，「張利一奏：『雄州與北界商量，減鄉巡弓手，令彼罷巡馬，事方有涯，忽奉朝旨，依孫永所奏，令抽罷鄉巡弓手。北人既見怯弱，即自侵陵。自抽罷後，巡馬過河人數，比前後人數最多，恐漸須移口鋪，占兩屬地，及聞要刺兩屬人户手背，兩屬人户見朝廷不主張，更不敢來投訴，兩屬人户必爲彼所占。』王安石曰：『從初自合直罷鄉巡弓手，利一乃令權罷。權罷與直罷有何所校，但直罷即分劃明，所以待敵國當如此。』上曰：『前權罷，探報言彼亦權住，巡馬過河爲相應，未幾又復過河，此事，疑利一陰有以致之。』安石曰：『但罷鄉巡弓手，從彼巡馬過河，有何所損哉？我既遇之以静，彼自紛擾，久亦當止。』上曰：『若遂移口鋪來占地，則如之何？』安石曰：『我所以待之已盡。彼有强横非理，即我有辭矣。自可與之必爭。』上曰：『爭之不從奈何？』安石曰：『彼若未肯渝盟，即我有辭，彼無不服之理；彼若有意渝盟，不知用鄉巡弓手，能止其渝盟否？」馮京曰：「且示以争占，即息其窺覰之心。緣契丹自來窺覰兩屬人户，要占爲己田地。」安石曰：「契丹若有大畧，即以如此大國，乃窺覰蕞爾屬户，果何爲也。陛下以爲契丹所以争校者，爲陵蔑中國耶？爲中國陵蔑之也。」上曰：「自來契丹要陵蔑中國。」安石曰：「不然。陛下即位以來，未有失德。雖未能强中國，修政事，如先王之時。然亦未至便可陵蔑。所以契丹修城、畜穀，爲守備之計，乃是恐中國陵蔑之故也。若陛下計契丹之情如此，即所以應契丹者，當以柔静而已。天下人情，一人之情是也。陛下誠自反，則契丹之情可見。……契丹主即位已二十年，其性情可見，固非全不顧義理，務爲强梁者也。然則陛下以柔静待契丹，乃所以服之也。」文彦博與京又言：「兩屬地從來如此，互相争占。」安石曰：「爲中國邊吏與契丹邊吏所見畧相同故也。若中國邊吏變舊態以應之，則彼所以應我，亦當不同，不知契丹所以紛紛如此者，爲何事？」上曰：「爲趙用入界。」吴充曰：「已枷勘趙用，然契丹猶不止。」安石曰：「已枷勘趙用，故契丹但以巡馬過河，應我添鄉巡弓手。若不然，即契丹何憚而不以兵馬過河，報趙用放火殺人也。」上曰：「張利一與孫永已相矛盾，難共事。」安石曰：「利一本生事，致契丹紛紛如此。今朝廷既毁拆利一所修館驛，又罷鄉巡弓手。利一與孫永所争皆不用。即利一必不肯了邊事，留之雄州不便。」……安石又言：「既不能强，又不能弱，非所以保天下。文王事昆夷者，能弱也。今以金帛遺契丹，固有事昆夷之形。既度時事，未欲用兵，即當能弱，以息邊警。既不能弱又憚用兵，誠非計也。……君道在知人，知人乃能駕御豪傑，使爲我用。臣道在事君以忠，事君以忠然後政令行。』安石又白上：『兵無不可用之時，則人主知人情僞，駕御如何而已。』」（述按：此即荀子所謂「御得其道，則天下狙詐皆爲用；御失其道，則天下狙詐皆爲敵。君子善所馭而已。」）「庚申，皇城使、端州團練使、樞密副都承旨李綬爲西上閤門使、知代州，客省使、文州防禦使馮行已知雄州。詔緣界河巡檢趙用追一官勒停。刀魚巡檢王浩、潘肇，喜堝等寨巡防高興宗、孟牧各追一官衝替。初，北人漁於界河，因劫界河虎頭船，用等擅縱兵過河，追捕交射，越北界十餘里，至焚其廬舍，拆取魚梁網罟，奪其魚船。北人以爲言，命提點刑獄孔嗣初劾之，而有是責。於是知霸州馬用之，知信安軍孟辯各降一官，知雄州張利一罰銅二十斤。安撫副使王光祖三十斤，并差替，坐不覺察用等故也。」（原注：「（熙寧）五年，界河巡檢趙用追北敵過河居數日，契丹以兵數萬壓境，造浮橋如欲渡者，光祖倚舟對其軍，盡徹户牖，使之按（暗）見舟中，嚴檄邊河不得言出兵，或謂契丹方陣而以單舟乘之，如萬一不可測何？光祖曰：『契丹所顧者信誓也，其來止欲得趙用爾，必無能爲。若少避之，致其勢不得遏而輒發，則吾死不足塞責。』已而契丹請見，遽呼欲有所語。光祖命其子襄即之，敵刃四合，然語惟在用，襄迎折之。其將蕭禧遽揮兵使解去，且邀襄食，以所載青羅泥金箋授襄爲信。即上之。前此朝廷已罷光祖，且降兩官。吴充争曰：『此事非王光祖以身對壘，又以其子冒白刃，取從約則事未可知。應賞而罷，無以示勸沮。』帝命還所降官，以爲真定府鈐轄。此光祖傳所載。然五年閏七月十三日光祖坐不察趙用罰銅三十斤差替。」）「甲子，張利一言：『北界回牒關報賊事，稱備有本界人馬巡歷，無煩行遣。』利一因言罷鄉巡弓手，故致此。王安石曰：『公文前固有此。』上曰：『未嘗言備有本界人馬巡歷也，恐遂來占兩屬地。』安石曰：『兩屬地北界既得差役，又得收稅，占與不占，有何利害。』上曰：『便移口鋪來雄州北，即北門外便不可出。』安石曰：『待如此，然後與争未晚。然契丹修城淘濠，是爲自守之計，但畏我往侵彼，非敢來侵我也。恐未敢便占雄州已南地。』上曰：『銀城七十里，便移口鋪占，今無如之何。』安石曰：『當是時，關南地尚來索，亦無如之何。何但銀城而已。索關南地雖不與，然與三十萬銀絹乃得已。苟非無以待强敵，即彼要移口鋪，必非鄉巡弓手所能抗禦，苟未敢如此，即亦未須與較。』文彦博等皆以爲宜即添鄉巡弓手以應之。安石曰：『卻添弓手即是從前體面，從前如此行之，固未能致彼渝盟，然欲以此望其不以巡馬過河，即恐亦未能也。巡馬過河與不過，既無利害，姑待張利一去後如何？』上曰：『姑待之。』先是上議巡馬事，曰：『彼見我修驛，亦便争巡馬過河，我不當縱之，致彼狃習。』安石曰：『我修驛，彼若曉達事情，自不須争。彼巡馬過河，我若曉達事情，亦不須争也。』」己巳，「初知太原府劉庠言：『探報北界欲用兵力，移口鋪於距馬河南十五里安置。』詔送中書、樞密院。樞密院關中書云：『已令雄州緣邊安撫司審聽具奏。』壬申，王安石白上曰：『此事不足煩聖慮，契丹主即位幾二十年，所爲詳審，必不肯無故生事。昨趙用過河燒屋，朝廷即架勘趙用停替；張利一修官驛過當，即行折毁。鄉巡弓手亦爲之罷。如此而猶欲移置口鋪，侵陵中國，非大狂妄，不肯如此。就令其失計如此，陛下不用遽與之争，徐因使人譬曉，彼亦當悔悟，若不悔悟，即是全不曉道理，不識利害，又何足憚。契丹苟務卑辭厚禮以安我，而兼并夏國，陛下乃當憂懼，爲其有深謀故也。今夏人國弱主幼，無紀律，可兼并之時，彼尚無意兼并，如何乃敢南牧。臣竊觀方今四夷，南方事不足計議，惟西方宜悉意經畧。方其國弱主幼，又無紀律，時不可失，經畧西方，則當善遇北方，勿使其有疑心。緣四夷中，强大未易兼制者，惟北方而已。臣願陛下於薄物細故，勿與之校。務厚加恩禮，謹守誓約而已。』上曰：『若能兼制夏國，則契丹必自震恐，豈非大願。』安石曰：『夏國非難經畧，顧陛下策畫安出爾。』馮京曰：『夏國與契丹，脣齒之國，必相連結捄援。』安石曰：『孫武以爲善用兵者，役不再籍，糧不三載。又以爲舉秋豪不爲多力，蓋經畧敵國，必制勝於無形之中。如舉秋豪，故不再籍，不三載而已舉矣。若不能如此，致其相結相援，而後圖之，非善計也。』」

〔一〇〕索隱卷二：「案遼殺羊山有六：其一在科爾沁左翼東北三百里，蒙古名五虎爾几台；一在土默特左翼西南三十里；一在左翼西北八十里，蒙古名衣馬圖；又一在阿霸垓右翼北百五十里，蒙古名特克拖羅海；又一在四子部落旗西北五十里，蒙古名阿爾哈林圖；又一在毛明安旗西六十里，蒙古名喀喇播克。並見一統志。此年射熊，當在今土默特旗。紀上云黑嶺可證。」

〔一一〕長編：八月丁丑朔，「張利一奏，乞牒北界理會巡馬過河事。王安石曰：『欲候馮行已到，令相度。』樞密院以爲當理會，如銀城坊地，至今猶理會。安石曰：『銀城坊地爲北界所取，卻至今空費文字往來，不知如此終能勝契丹否。』吴充曰：『不如此恐如諸路奏報，必移口鋪過河來，復如銀城坊時事。』安石曰：『銀城坊是幾年占卻？』文彥博曰：『慶曆中。』安石曰：『今日與慶曆中異，恐必不敢來占地。』彥博曰：『何以異？』安石曰：『慶曆中要關南十縣，與三十萬然後止。今日恐未敢來求地，度陛下亦未肯與三十萬物，以此知與慶曆中事異。』上曰：『牒去必不濟事，然且令邊吏理會亦無妨。』安石以爲不須，上固以爲無妨，乃改定牒本婉順理會」。壬午，「王安石白上曰：『雄州繳進涿州牒，牒語甚激切，皆由張利一牒涿州所言非理，故致彼如此。又利一非理侵侮北界事極多。』文彥博曰：『北人稱將禮物來白溝驛送納，元書內云交割，今輒云送納，邊臣自當理會。』安石曰：『當時但爲爭獻納字，今送納與交割亦何校。』王珪曰：『元書有納字。』安石曰：『既有納字，今送字又是平語，何理會之有？』彥博曰：『如此不理會，則必來移口鋪矣。』安石曰：『待彼移口鋪，別理會。』彥博曰：『當先事理會。』彥博等退，安石又曰：『交割與送納無所校，陛下不須令邊臣爭此。臣保契丹無他。若出上策，即契丹移口鋪，陛下亦不須問。若出中策，即待移口鋪，然後與計校未晚。若縱邊臣生事，臣恐以爭桑之小釁，成交戰之大患。臣與張利一，風馬牛不相及，所以屢言利一者，但欲陛下知事之是非，人之情僞。……即當先知所與計事者爲忠爲邪。若所與計事者爲邪，即不肯以天下治亂安危爲己責。更或幸天下有事，因以濟其姦。陛下聖質高遠，然自以涉事未久，故畏謹過當，未能堪事。只契丹移口鋪，陛下便須爲之惶擾即聽惑。聽惑即姦人過計……陛下欲勝夷狄，即須先强中國。詩曰：「無競惟人，四方其訓之。」然則强中國在於得人而已。汲黯在漢朝，淮南爲之寢謀，汲黯非有智畧足憚，但爲人主計，能諒直不爲姦欺而已。惟其如此，故淮南憚之而不敢反。若公孫宏之徒，即非淮南所憚也。今陛下左右前後，似少如汲黯者，此所以未能强中國也。』上矍然良久曰：『契丹慶曆中，亦爲西事故來求關南。』安石曰：『慶曆中爲仁宗計事者，皆全軀保妻子，妨功害能之臣。如公孫宏之徒衆，而如汲黯者寡。此中國所以不强，而契丹敢侮也。』甲申，樞密院欲令雄州牒涿州理會送納字。王安石曰：『恐不足理會。』文彦博曰：『見無禮於君，人臣所當憤疾，此安可但已。』吴充曰：『恐自今公牒，一向稱送納即難理會。』安石曰：『天命陛下爲四海神民主，當使四夷即叙。今乃稱契丹母爲叔祖母。稱契丹爲叔父。更歲與數十萬錢帛，此乃臣之所耻。然陛下所以屈己如此者，量時故也。今許其大如此，乃欲與彼疆埸之吏争其細。臣恐契丹豪傑，未免竊笑中國，且我欲往，當先計其如何報我。今計涿州不過不報，即於我未爲得伸。若更稱引中國，許物書有「納」字，即我未有以難彼，更爲挫屈。又引得彼言辭不遜，不知朝廷如何處置。』彦博等固争。蔡挺曰：『此必是契丹朝廷意指，涿州何敢如此。』上曰：『契丹朝廷如此，欲何爲。』安石曰：『此皆張利一生事，激其忿怒故耳。陛下但觀涿州牒内所坐利一牒語及涿州所引雄州侵陵北人事，即其屈不在彼。陛下欲治（制）强敵，當先自治臣屬，使直在我，然後責敵國之曲。』上因問孫永奏張利一事何如。先是永奏利一不當牒北界，妄要占兩屬地爲南朝地。致其回牒不遜，又利一已有指揮差替，乞暫令人權領事，仍催馮行已到任。安石曰：『孫永所奏皆是，兩屬地，彼元不曾占據，卻妄牒北界，稱是南朝地，所以致其占據，稱是北朝地。』彦博曰：『孫永不知本末，從來公牒争辨如此，非但今日。如斫柳椿亦來争辨，此豈是張利一。』安石曰：『斫柳椿乃李中吉引惹，不可罪張利一，創館驛不依常式，添團弓手，決百姓，爲不合與北界巡兵飲食，又行公牒要占兩屬地界，此即是利一引惹。今既差替，卻令在任候替人。孫永以爲不便，誠是。』彦博曰：『利一人臣，豈不欲事了，事不了，利一自當任責。』安石固執前説。上曰：『姑令雄州作牒本進呈。』」

宋史卷一五：熙寧五年八月「癸巳，遣崔台符等賀遼主生辰、正旦。」

長編：八月「癸巳，司勳員外郎崔台符爲遼主生辰使，皇城副使田諲副之；比部員外郎沈希顔爲正旦使，西作坊副使、閤門通事舍人王文郁副之；龍圖閣待制、權御史中丞鄧綰爲遼國母生辰使，皇城使曹偓副之；權發遣鹽鐵副使、度支郎中王克臣爲正旦使，皇城副使劉舜卿副之。既而綰、克臣辭行，以權發遣度支副使、工部郎中集賢殿修撰沈起，起居舍人、直集賢院章衡代之，又改命田諲押賜夏國生日禮物，代供備庫副使任懷政。初，以懷政使夏國，上問懷政家世，乃任福姪，故兩易之」。（癸巳，原作己巳，誤；兹從宋史改。）

長編：八月丁酉，「雄州言：『契丹巡馬又過河。』樞密院以爲必將添置口鋪。上疑之，僉言當與理會。蔡挺謂宜先辨彼舊不應置鋪，必須北使來説諭。王安石曰：『既改易官吏，且委令應接，待彼依前譸張或移口鋪，即徐理會未晚。』挺曰：『彼謀深。』安石曰：『若契丹有謀，不應如此紛紜，以契丹之大，乃區區争雄州一口鋪地，是何計策？縱我不與之争，乞與一口鋪地，於彼有何所利，於我繫何强弱？ 我修館驛，彼邊臣即以爲南朝必是相次要佔據兩屬地。於此作城鎮，須理會。彼契丹邊臣如此者，以爲若理會後，南朝爲我拆去，即是我有功，因此獲官寵。契丹不察邊臣情狀，所以如此紛紜。今我邊臣亦與彼情狀無異，陛下若能照察，即邊事自然寧息。今日所以紛紜，盡緣是張利一生事。』馮京以爲不因利一故如此。上曰：『昨涿州牒廣信軍，亦但指雄州過失，其意只恐利一。』上又言張利一累次摧沮涿州來使。安石曰：『如安答責邊民，致寇民怨恨，即須撰造事端，疑誤北界人，令生事以摇動所差官吏。今李舜舉去，陛下恐須説與馮行己等，每事務在平静，不宜生事，以文牒侵陵北界，自然無事。』上意終未能不虞契丹置口鋪。安石曰：『能有所縱，然後能有所操。所縱廣，然後所操廣。契丹大情可見，必未肯渝盟。陛下欲經畧四夷，即須討論所施先後。臣比見王韶奏議邊事，以爲朝廷自來言攻則攻於此而已，言守則守於此而已。臣以爲今日之病正在於此。陛下憂契丹移口鋪，即只一向於口鋪上計議。臣以爲正如王韶所奏，陛下若能經畧夏國，即不須與契丹争口鋪，契丹必不敢移口鋪。若不能如此，雖力争口鋪，恐未能免其陵傲。』上曰：『若能討蕩夏國，契丹可知不敢。』安石曰：『以中國之大，陛下憂勤政事，未嘗有失德，若能討論所以勝敵國之道，區區夏國，何難討蕩之有。不務討論此，乃日日商量契丹移口鋪事，臣恐古人惜日，不肯如此。』」

〔一二〕長編：九月丙午朔，「雄州言：『北界欲以兵來立口鋪。』文彦博、蔡挺等欲候其來，必争令拆卻。上曰：『拆卻若不休，即須用兵，如何？』挺曰：『不得已，須用兵。』上以爲難。曰：『彼如此，何意也？』王安石曰：『或是因邊吏語言細故，忿激而爲此；或是恐中國以彼爲不競，故示彊形；或是見陛下即位以來，經畧邊事，以爲更數十年之後，中國安彊，有窺幽燕之計。即契丹無以枝梧，不如及未彊之時，先擾中國，以爲絕遲則禍大，絕速則禍小，故欲絕中國，外連夏人以擾我。』上恐其計不及此。安石曰：『敵國事豈易知，苟有一人計議如此，而其主以爲然，則遂有此事矣。』上曰：『何以應之？』安石曰：『今河北未有以應，契丹未應輕絕和好，若彼忿激及示彊而動，即我但以寬柔徐緩應之，責以累世盟誓信義，彼雖至頑，當少沮。少沮，即侵陵之計當少緩。因其少緩，我得以修備。大抵應口鋪事當寬柔徐緩，修中國守備當急切。以臣所見，口鋪事不足計，惟修守備爲急切。苟能修攻守之備，可以待契丹，即雖并雄州不問，未爲失計。若不務急修攻守之備，乃汲汲爭口鋪，是爲失計。』吳充言：『當愛惜財用，閑處不要使卻，緩急兵食最急。』安石曰：『兵食固不可乏，然非最急。……』安石又白上：『天下事有緩急，如置口鋪是生事，人所罕見。如河北都無以待契丹是熟事，人所習見，臣以謂人所罕見者，乃不足慮，人所習見者乃足憂。足憂宜急，不足慮宜緩。』上以爲什五百姓如保甲，悠悠難成。不如便團結成指揮，以使臣管轄。安石曰：『陛下誠能果斷，不恤人言駭擾，縱有斬指斷臂何患。譬如有契丹之患而不能勝，即不止有斬指斷臂之苦而已。即使團結指揮，亦無所妨。然指揮是虛名，五百人爲一保，緩急便可喚集，雖不名爲指揮，與指揮使無異，乃是實事。幸不至火急，即免令人駭擾而事集爲上策。』又白上曰：『秦漢以來，中國人衆，地墾闢未有如今日。四夷皆衰弱，數百年來未有如今日。天其或者以中國久爲夷狄所侮，方授陛下以兼制遐荒，安彊中國之事。……』上以爲兵須久訓練乃彊。安石曰：『齊威王三年酣飲不省事，一旦烹阿大夫，出兵收侵地，遂霸諸侯。人主誠能分別君子、小人情狀，濟以果斷，即兵可使一日而彊。』」

丁未，「馮行己體量雄州事，以爲添差弓手，騷擾百姓，百姓怨咨，故引北人巡馬過河。上曰：『弓手果騷擾。』文彥博曰：『行己不曉邊事。我界内添差弓手，如何乃云創生。』安石曰：『舊無今有，即創生也。』先是，雄州差北界口鋪、人户，借車般銀絹。涿州不聽。樞密院欲牒涿州稱誓書内明言屬南朝口鋪。慶曆間北界不合修，請詳累牒毁拆，僉以爲如此，示以必争。舊口鋪猶欲拆毁，即必不敢更立新口鋪也。王安石曰：『契丹欲移口鋪，其事有無未可知，若果有之，緣張利一生事，故如此。今罷卻利一，差馮行己。行己到後，正是北人觀其舉措之時，若有依前妄占兩屬地，稱是南界所管。又令拆慶曆五口鋪，即與張利一生事無異。何由使契丹帖息。』……上以爲馮行己初至，正是愛惜人情之時，又恐更生契丹疑惑，遂至交兵。彥博曰：『交兵何妨？』安石曰：『河北未有備，如何交兵無妨？』彥博曰：『自養兵修備到今日，如何卻無備？』上曰：『朕實見兵未可用。與契丹交兵未得。』彥博曰：『契丹若移口鋪，侵陵我，如何不争？』安石曰：『朝廷若有遠謀，即契丹占卻雄州，亦未須争，要我終有以勝之而已。』彥博曰：『彼占吾地，如何不争？占雄州亦不争，相次占瀛州又不争，四郊多壘，卿大夫之辱。』安石曰：『……文王事昆夷，不以爲辱，以爲昆夷强，非由我不素修政刑以致如此故也。要之，吾終有以勝昆夷而已。……』吳充曰：『冒頓至請棄地，即必爭。』安石曰：『……當如冒頓知歙張取與，非以爲如冒頓爭地也。』彥博曰：『須先自治，不可畧近勤遠。』安石曰：『文彥博言須先自治固當，若能自治，即七十里、百里可以王天下。孟子曰：「未有千里而畏人者也。」今以萬里之天下而畏人，只爲自來未嘗自治故也。』上曰：『呼契丹爲叔，契丹鄰敵，乃呼爲皇帝，豈是不畏彼？歲賜與金帛數千萬，已六、七十年，六、七十年畏契丹，非但今日。』彥博曰：『吾何畏彼？但交兵須有名，如太祖取河東，亦須有蠟書之事。』上曰：『患無力，豈患無名？』因言太祖答江南使人事。安石曰：『苟非無力，便取幽燕不爲無名。陛下以堯、舜、文、武有天下，肯終令契丹據有幽燕否？』彥博曰：『要服契丹，即先自治，當令人臣不爲朋黨。』安石曰：『小人乃爲朋黨，君子何須爲朋黨？』……彥博曰：『人所見，豈可盡同。』上曰：『天下義理，豈有二也。』上卒從安石言改定牒本」。庚申，「先是李舜舉言：『探得契丹無移口鋪意，鄉巡弓手擾害百姓，百姓恐，故間牒北界有巡馬事。今已罷鄉巡。又雄州屢移牒北界，令約束巡兵乞覓飲食，巡兵亦不敢擾邊民，邊民甚安。』……舜舉乃言：『不當便罷鄉巡弓手，須與北界商量，亦令罷巡兵。又恐邊民姦猾，復教北人移口鋪，欲呼北界官吏諭之。』安石固以爲不用如此，若召而不至，至而不聽，則於體非宜。蔡挺曰：『向趙用事，彼理直，固肯來。今我理直，彼未必肯來共議也。』上曰：『此皆張利一生事。』安石曰：『利一罪狀明甚……。』上曰：『聞利一欲殺巡兵，賴其早替，幾至生事。』於是降利一爲皇城使、達州刺史、衛州鈐轄，仍以失察趙用擅越界河折傷兵級，坐之」。丁卯，「馮行己言：『北界巡馬猶未止絶，乞移牒約攔。』上從之。王安石曰：『牒固無害，然巡馬過河亦無害。』上曰：『只爲自來無此故也。』」

〔一三〕即王觀，本史卷九七有傳。

〔一四〕金史卷一世祖紀：「遼咸雍八年，五國没撚部謝野勃堇畔遼，鷹路不通。景祖伐之，謝野來禦，景祖被重鎧，率衆力戰，謝野兵敗，走拔里邁濼。時方十月，冰忽解，謝野不能軍，衆皆潰去。乃旋師。……即往見遼邊將達魯骨，自陳敗謝野功。行次來流水，未見達魯骨，疾作而復，卒于家。」

〔一五〕長編：十一月癸丑，「詔河北緣邊安撫司提舉榷場賣銅錫」。甲子，「詔令皇城使程昉、河北緣邊安撫司屯田司，同相度滄州界塘泊利害及邊吴淀灘地，令人户指射栽種桑棗榆柳。先是，議者以河朔地平，自保塞東，雖以塘泊隔敵騎，而西至滿城僅二百里，乃無險可恃，故向者敵入寇，嘗取道於此。謂宜植榆爲塞，異時可依爲阻固，以禦奔突之患」。

高麗史卷九：文宗二十六年「冬十一月丙午朔，遼遣永州刺史耶律直來，行三年一次聘禮」。

〔一六〕長編：十二月己丑，「上曰：『夏國屢敗契丹。』安石曰：『契丹雖大而無能，以當元昊，宜其敗。』上曰：『諒祚亦能敗契丹，諒祚爲國主，能以身先士衆，犯矢石，所以能率其衆勝契丹。』上又曰：『中國亦未嘗能勝契丹。』安石曰：『勝契丹當有素定計畧。如陛下今日但憂契丹移口鋪，與之計校巡馬，恐終無以勝契丹也。』」

長編：十二月「己亥，遼主遣高州觀察使蕭瑜，廣州防禦使王惟教，其母遣安東軍節度使耶律什，太常卿、史館修撰韓煜來賀正旦。」（並見宋史。）

高麗史卷九：「十二月乙亥朔，遼遣檢校太尉張日華來賀生辰。」

九年春正月丁未，如雙濼。〔一〕

夏四月〔二〕壬辰，如旺國崖。〔三〕

秋七月甲辰，獵大熊山。〔四〕戊申，烏古敵烈統軍言，八石烈敵烈人殺其節度使以叛。

己酉，詔隗烏古部軍分道擊之。丙寅，南京奏歸義、淶水兩縣蝗飛入宋境，餘爲蜂所食。〔五〕

八月丙申，以耶律仲禧爲南院樞密使。〔六〕

九月癸卯，駐蹕獨盧金。〔七〕

冬十月幸陰山，遂如西京。

十一月戊午，詔行幸之地免租一年。甲子，南院大王合理只致仕。〔八〕

十二月辛未，以知北院樞密使事耶律宜新爲中京留守，南院宣徽使耶律撒剌爲南院大王。壬辰，高麗、夏國並遣使來貢。〔九〕

〔一〕長編：熙寧六年（一〇七三）春正月「己巳，輔臣同進呈：涿州牒言，雄州不當令容城、歸信縣尉巡歷事。樞密院白上：『朝廷已爲北界罷鄉巡弓手，今更如此，意欲占地轉不遜，恐須亦以不遜答之。』上曰：『只如常應報，不用過當。』王安石曰：『甚善。北界未必有占地意，緣中國亦常言：兩屬地合屬中國，中國豈有占地意。我既疑彼占地，彼亦未必不疑我也。』」二月辛丑，「先是起居舍人、直集賢院章衡等使契丹還，言罷河北沿邊鄉巡弓手非便。於是提點刑獄孔嗣宗復以爲言。上曰：『此失之在初也。今若復置，彼必益兵相臨，遂至生事不已，不可不謹。』」三月丁未，「知瀛州、龍圖閣直學士孫永爲樞密直學士權知開封府。永在瀛州凡二年，於是召入。白溝界河常患北人絶河捕魚。巡檢趙用擅引兵北渡，焚族帳，故敵數侵畧境上。上遣中使密訪虛實，因奏南北通好久，但緣趙用起釁，若罪之則無事矣。頃之敵聚兵連珠等寨，亘四十里，邀邊臣會議。永遣使諭以『邊吏冒禁，已繫獄矣，何至是耶。』敵曰：『若罪人已治，能以醪糒犒師則當歸。』永令霸州遺而遣之」。

〔三〕長編：夏四月甲戌朔，「雲陰，日不見」。契丹國志、高麗史並言四月朔日食。

宋史卷一五：熙寧六年夏四月「丁丑，遼遣耶律寧等來賀同天節」。

長編：四月「己卯，遼主遣寧州觀察使耶律寧，海州防禦使馬永昌；其母遣彰聖節度使耶律昌，太常少卿乾文閣學士梁穎來賀同天節。（己卯，宋史作丁丑。）於是寧等請合使副班爲一，如南使在北朝例，乃入見。僉謂不可許。王安石勸上許之。仍遣內侍李舜舉諭旨，寧等大喜。又言南朝近所遣使，官多卑，乞如先朝例，差高官。文彥博等謂敵心無厭，不可許。安石又謂許之無傷。上曰：『自今與差學士以上官也。』彥博曰：『遼使歸，必更增飾干賞，自今人人争來生事矣。』上卒許之」。

〔三〕大金國志卷六：「望國崖在儒州望雲縣北。」參本書卷四一地理志五撫州注。

長編：五月「乙卯，斬兩地供輸人北界探事百姓王千，家屬送潭州編管。千坐放火燔日（白）溝驛廟誣北人以求賞也。先是雄州牒涿州捕賊，并指柴頭、草稈、蜀黍爲證。王安石言：『柴頭、草稈、蜀黍，豈獨北界有之。縱非兵士失火，安知非本地分人與兵士及村耆有隙，故放火以累之乎？』及千事敗，御史蔡確言：『放火罪重，千爲錢三兩千作此，恐非實。』上以語安石，安石曰：『幸於不敗，故雖重法亦不憚。又報探一事實，即今後安撫司倚信，非特三兩千之利而已。昨河東奏一報探人尚云十數年前報探郭恩事得實，必可倚信，由此觀之，即探報一事實，所僥後利，非特三兩千也。』」甲子，「王安石與上論塘泊，上以爲王公設險守國。安石曰：『誠如此。周官亦有掌固之官，但多侵民田，恃以爲國，亦非計也。太祖時，未有塘泊，然契丹莫敢侵軼。』上曰：『與之和。』安石曰：『彼自求和，非求與之和也。周世宗即不曾與之和，然世宗能拓關南地，彼乃不能侵軼。』上又以爲世宗勝契丹，適遭睡王。安石曰：『李景非常睡，亦爲世宗取淮南，今契丹主豈必勝李景，其境内盜賊不禁，諸事廢弛。若陛下異時有以勝之，然後乃可以言其無以勝李景爾。』」

高麗史卷九：文宗二十七年（一〇七三）「五月丁未，西北面兵馬使奏：『西女真酋長曼豆弗等諸蕃請依東蕃例，分置州郡，永爲藩翰，不敢與契丹蕃人交通。』制許來朝。因命後有投化者，可招諭而來。又奏：『平虜鎮近境，蕃帥柔遠將軍骨於夫及覓害村要結等告云：「我等曾居伊齊村爲契丹大完（原注：職名）。邇者再蒙詔諭，於己酉年十一月赴朝，厚承恩賚，且受官職，不勝感戴。顧所居去此四百里往復爲難，請與狄耶好等五户引契丹化内蕃人内徙覓害村附籍，永爲藩屏。於是檢得户三十五、口二百五十二，請載版圖。」蕃帥又言：「三山村谷海邊分居蕃賊，殺掠往來人物，爲我仇讎，今欲報讎，告諭化内三山村中尹夜西老等三十徒酋長，（原注：東藩黑水人，其種三十，號曰三十徒。）亦皆響應，各率蕃軍方將進討，請遣鄉人觀戰。』」於是遣定州郎將文選及將校、譯語等著蕃服與那復其村都領霜昆下蕃軍同發，文選等馳報骨面等村都領，各將兵到三山阿方浦探候賊穴，凡三所：一爲由戰村，一爲海邊山頭，一爲羅場村。賊一百五十户，築石城於川邊，置老小男女財産於城中，以步騎五百餘人逆戰。我蕃軍大呼急擊，彼衆大潰，斬二百二十級，餘衆走保其城。我蕃軍乘勝追擊，攻城縱火，生擒三百三十二人，在城拒戰者皆燒死。又進攻由戰村場，適有大雨，糧少引還。居數日。文選等復與蕃兵二千三十人進屯由戰村石城下，賊閉城固守，以城險竟不得攻，糧盡引還。羅竭村之役都領大完多於皆阿半尼等蕃軍將六百八十餘人力戰破賊，文選等十五人監戰有功。請行恩賞，以示勸懲。門下侍中崔惟善等十三人議奏三山村賊本非犯邊之寇也。今蕃軍等不因朝旨，專仗閫威，以報私讎，請勿行賞。從之」。

長編：六月丙申，「雄州言：『北界巡馬五百餘騎入兩屬地。』上曰：『北人漸似生事，今河北一路兵器皆抏敝不可用，加以將卒庸墮，何以待敵？』王安石等曰：『若陛下少飭邊備，顧亦不難。今所籍民兵，日加訓練，自餘經制材用，完繕城壘，選擇將帥，不過此數事而已。』上曰：『卿等密爲經畫以聞。』」

高麗史卷九：六月「戊寅，東北面兵馬使奏：『三山、大蘭、支櫛等九村及所乙浦村蕃長鹽漢、小支櫛、前里蕃長阿反伊，大支櫛與羅其那烏安撫夷州骨阿伊蕃長所隱豆等一千二百三十八户來請附籍。自大支櫛至小支櫛、裹應浦海邊長城凡七百里。今諸蕃絡繹歸順，不可遮設關防；宜令有司奏定州號，且賜朱記。』從之。己卯，西京將軍柳涉防守鴨緑，船兵有契丹人來投，其追捕者越入長城，逼静州，涉不能守禦，制令免官」。

〔四〕索隱卷二：「案山在阿霸哈納爾右翼東南三十五里，蒙古名惠穎都爾。」

宣府鎮志卷五：「六月辛未，夜黑雲起天河中，長五丈，南北兩首，至濁，貫尾箕。」

〔五〕高麗史卷九：「秋七月壬寅朔，有司言東北面兵馬使所奏支櫛村、那發村……等部落蕃長請貢方物、名馬，制從之。丙午，制曰：『黑水譯語加西老諭東蕃爲州縣，可授監門衛散員，賜名高孟。』」

〔六〕宋史卷一五：熙寧六年「八月壬申朔，遣賈昌衡等賀遼主生辰、正旦。」

長編：八月「癸未，權户部副使、太常少卿賈昌衡爲遼國主生辰使，左藏庫使許咸吉副之；太子中允、權監察御史裏行蔡確爲正旦使，供備庫使李諒副之；龍圖閣直學士張燾爲遼國母生辰使，西上閤門使种古副之；金部員外郎、判將作監范子奇爲正旦使，文思使夏元象副之」。長編：熙寧六年八月庚寅，「高陽關路走馬承受克基言：『市易司指使馮崇與北人賣買，不依資次，非便。』上曰：『崇不忠信，無行。可令亟還，彼自有官司，交易悉存舊規。』王安石曰：『崇一百姓牙人耳，安足責？陛下左右前後所親信，孰爲忠信，孰爲有行，竊恐有未察者。』上曰：『審是非、察忠邪，今若所難，然不忠信之人，跡狀著顯者，未嘗不行法，其未顯者，吾取其潔，不保其往也。』」

〔七〕高麗史卷九：「九月甲辰，翰林院奏：『東女真大蘭等十一村内附者請爲濱、利、福、恒、舒、濕、閩、戴、敬、付、宛十一州，各賜朱記，仍隸歸順州。』從之。」

〔八〕長編：十一月「壬寅，詔河北緣邊安撫司：『指揮歸信、容城兩縣令尉，自今遇北界巡馬，並徐行襲逐，毋得相傷。』初，北界巡馬過白溝，而歸信尉臧景射傷涿州小鷹軍使固德等，故約束之」。戊午，「契丹欲争蔚、應、朔三州地界，事有萌芽，上深以爲憂。王安石白上：『契丹無足憂。彼境内盗賊尚不能禁捕，何敢與中國爲敵？且彼坐受厚賂，有何急切，乃自取危殆。』上曰：『緣河北亦無以支吾。』安石曰：『河北人物稠衆，但措置有方，不患無以支吾，事緩即緩措置，事急即急措置。』……上曰：『先朝何以有澶淵之事？』安石曰：『先朝用將，如王超亦嘗召對，真宗與之語，退以其語與大臣謀之，臣讀史書見當時論説，終無堅決，上下極爲滅裂，如此何由勝敵。」

〔九〕宋史卷一五：十二月「丙申，遼遣耶律洞等來賀正旦」。長編：十二月丙申，「遼主遣益州觀察留後耶律洞，崇禄少卿竇景庸；其母遣左千牛衛上將軍耶律榮，太常少卿、乾文閣待制梁授來賀正旦」。（原注：賀正旦使副四人，實録失不記，今依國信名銜補書。）按北方文物一九八六年第二期梁援墓誌銘，援曾充皇太后南朝正旦國信副使。此梁授疑是梁援之誤。

高麗史卷九：「十二月庚午朔，遼遣寧州刺史大澤來賀生辰。」

十年春正月乙卯，如鴛鴦濼。〔一〕

二月癸未，蠲平州復業民租賦。戊子，阻卜來貢。〔二〕

三月甲子，如拖古烈，以耶律巢爲北院大王。〔三〕

夏四月，旱。辛未，以奚人達魯三世同居，賜官旌之。〔四〕

五月丙寅，録囚。〔五〕

六月戊辰，親出題試進士。壬申，詔臣庶言得失。丙子，御永安殿，策賢良。〔六〕

秋七月丙辰，如秋山。癸亥，謁慶陵。〔七〕

九月庚戌，幸東京，謁二儀、五鸞殿。〔八〕癸亥，祠木葉山。〔九〕

冬十月丁卯，駐蹕藕絲淀。丁丑，詔有司頒行史記、漢書。〔一〇〕

十一月戊午，高麗遣使來貢。〔一一〕

十二月〔一二〕辛巳，改明年爲大康，大赦。〔一三〕

〔一一〕長編：熙寧七年（一〇七四）春正月丁未，「詔知忻州蕭士元、秘書丞吕大忠與北界差來人議定岢嵐軍地界。上批：『北使耶律洞在館屢生事，可令曾孝寬等具折移文誡敕之。』於是備録館伴所文字，下雄州移牒涿州」。「丁巳，詔河北西路兩地供輸户：舊有弓箭社、强壯義勇之類並存留外，更不編排保甲。」甲子，（原注：「沈括筆談云：『瓦橋關北與遼人爲鄰，素無關河爲阻，往歲六宅使何承矩守瓦橋，始議因陂澤之地，瀦水爲塞。欲自相視，恐其謀泄，日會僚佐，汎船置酒賞蓼花，作詩數十篇，令坐客屬和，畫以爲圖，傳至京師，人初莫喻其意，自此始壅諸淀。慶曆中，内侍楊懷敏復踵爲之。至熙寧中，又開徐村、柳莊等諸濼，皆以徐、鮑、唐、沙等河，叫猴、雞距、五眼等泉爲之源。東合滹沱、漳、淇、易、淶等水，下并大河。於是自保州西北沈遠濼，東盡滄州泥沽海口幾八百里，悉爲瀦潦，闊者有及六十里者，至今倚爲藩籬。或謂侵蝕民田，歲失邊粟之入，此殊不然。深、冀、滄、瀛間，惟大河、滹沱、漳水所淤，方爲美田；淤澱不至處，悉是斥鹵，不可種藝。異日惟是聚集遊民，刮鹹煮鹽，頗干鹽禁，時爲寇盜。自爲瀦濼，姦鹽遂少，而魚蟹菰葦之利，人亦賴之。』括筆談或附和王安石説，今附注。」此事見夢溪筆談卷一三，保州原誤涼州，頗干鹽禁，脱「頗干鹽」三字，並補正。）按此即今白洋淀所因以形成。

〔二〕長編：二月己巳朔，「上憂契丹。安石曰：『豈有萬里而畏人者哉，如不免畏人，必是事尚有可思處。』」辛未，「上憂契丹，以爲全未有備，語執政且與協力措置。……」壬申，「詔（韓）縝以瀛州事付河北東路都轉運使劉瑾，亟乘驛赴闕。時契丹將遣泛使蕭禧來，召縝館伴故也。上謂王安石曰：『契丹若堅要兩屬地奈何？』安石曰：『若如此，即不可許。』上曰：『不已，奈何。』安石曰：『不已，亦未須力争，但遣使，徐以道理與之辯而已。』上曰：『若遽交兵奈何？』安石曰：『必不至如此。』上曰：『然則奈何。』安石曰：『以人情計之，不宜便至如此。契丹亦人爾。』馮京以爲我理未嘗不直。上曰：『江南李氏何嘗理曲，爲太祖所滅。』安石曰：『今地非不廣，人非不衆，財穀非少，若與柴世宗、太宗同道，即何至爲李氏。若獨與李氏同憂，即必是計議國事，猶有未盡爾。不然，即以今日土地、人民、財力，無畏契丹之理。』」（原注：陳瓘論曰：「安石所欲建立、所欲排陷，必造神考聖訓，欲以文飾前非，歸過宗廟，其言其事，不可以一二數也，至於何嘗理曲之言歸于神考，則矯誣乖悖，尤爲甚矣。」）丙子，「上召對輔臣于天章閣。以諜報契丹欲復求關南地也。王安石曰：『此事恐無。縱有之，亦不足深致聖慮。』上曰：『今河北都無備，奈何？』安石曰：『其使來果出此，徐遣使以理應之；若又不已，亦勿深拒，但再遣使議，要須一年以上，足可爲備。』」「庚辰，上語及遼國與董氊結姻，於西夏有犄角之勢，曰：『彼不自修其政事，而託婚數千里之外，所謂舍己之田而耘人之田者也。』王安石曰：『誠如聖諭，此吳起所以務在富國强兵……』上曰：『……欲富國强兵，則冗費不可以不省。』」辛卯，「上論及河北財用器械，患契丹之强，自太宗以來不能制。王安石曰：『太祖經略諸僭僞，未暇及契丹，然契丹亦不敢旅拒，自太宗以來遂敢旅拒者，非爲我財用少，器械不足故也。止以一事失計故爾。……即憸巧能憑附左右小人者，必得握兵爲用，雖有犯法，必獲遊説之助以免，如此，則契丹何爲不旅拒？……』上聞此矍然」。

〔三〕長編：三月乙巳，「上患修河北守備而北敵疑，以問輔臣，王安石曰：『明告其使，北朝屢違誓書要求，南朝於誓書未嘗小有違也，今北朝又遣使生事，即南朝不免須修守備。修守備緣不敢保北朝信義故耳。若南朝固不肯違誓書，先起事端。如此則彼亦或當知自反。』上以爲然」。「壬子，上問輔臣曰：『聞汎使來，人甚恐，如何？』王安石曰：『汎使來，不知人何故恐。但不逞多口之人，因此妄説爾。』」

契丹國志卷二〇：「契丹道宗遣林牙、興復軍節度使蕭禧來致書。書曰：『維咸雍十年，歲次甲寅，三月，大遼皇帝謹致書於大宋皇帝闕下：（以上十五字，長編、統類、宋會要并亡。）竊以累朝而下，講好以來，互守成規，務敦夙契。雖境分二國，克保於懽和；而義若一家，共思於悠永。事如間於違越，理須至於敷陳。其蔚、應、朔三州土田一帶疆土，祗自早歲曾遣使人止於舊封，俾安鋪舍。庶南北永標於定限，往來悉絶於姦徒。洎覽舉申，輒有侵擾。於全屬當朝地分，或營修戍壘或存止居舍，皆是守邊之冗員，不顧睦鄰之大體。妄圖功賞，深越封陲。今屬省巡，遂令按視。備究端實，諒難寢停。至縷細之緣由，分白之事理，已具聞達，盡令拆移。既未見從，故宜申報。（長編下有「爰馳介馭，特致柔緘，遠亮周隆，幸希詳審。」十六字。）據侵入當界事理，所起鋪堠之處，各差官員，同共檢照，早令毀撤，卻於久來元定地界再安置外，其餘邊境，更有生創事端。委差去使臣到日，一就理會。如此則豈惟疆埸之内，不見侵踰；兼於信誓之間，且無違爽。兹實穩便，顒俟准依。」

長編：三月丙辰，「先是，執政多以爲蕭禧來，必復求關南地。王安石曰：『敵情誠難知，然契丹果如此，非得計，恐不至此。此不過以我用兵於他夷，或漸見輕侮，故生事遣使，示存舊態而已。既示存舊態而已，則必不敢大段非理干求，亦慮激成我怒別致釁隙也。』禧書未拆，上猶以爲疑。安石謂必無他，或是争河東疆界耳。及拆書，果然。上諭禧曰：『此細事，疆吏可了，何須遣使？待令一職官往彼計會，北朝一職官對定如何？』禧曰：『聖旨如此，即不錯。』上問禧復有何事。禧言：『雄州展托關城，違誓書。』上曰：『誓書但云不得創築城池，未嘗禁展托。然此亦細事，要令拆去亦可。』禧曰：『北朝只欲南朝久遠不違誓書。』上曰：『若北朝能長保盟好，極爲美事。』又問禧復有何事，禧曰：『無他事也。』」（原注：「此據王安石日録，乃蕭禧初對時事，實録於禧辭日方書之，未知孰是。今兩存俟考實削一處。據蘇轍龍川畧志，則禧初至時，上既面諭之矣。事見八年正月二十二日。張方平墓誌云：蕭禧至，以河東疆事爲辭，上復以問公，公曰：『嘉祐二年（清寧三年）敵使蕭扈嘗言之，朝廷討論之，詳命館伴王洙詰之。扈不能對，録其條目，付扈以歸。』因以藁上之。禧當辭，偃蹇卧驛中不起，執政未知爲言，公班次二府，因朝，謂樞密使吴充曰：『禧不即行，使主者日致饋而勿問，且使邊吏以其故繳敵中可也。』充奏用其説，禧即日行。按方平六年十二月知陳州，七年十月徙南京過闕。蕭禧初來，方平蓋未嘗在朝也。恐墓誌誤，或指禧再來時則可。」）「壬戌，命權判三司開拆司太常少卿劉忱、河東路商量地界知忻州禮賓使蕭士元，檢詳樞密院兵房文字秘書丞吕大忠同商量地界。（宋會要畧同。原注：綱要云：「會其臣樞密副使蕭素等於代州境上共議之。」）忱子襄州司户參軍唐老隨行書寫機宜文字。大忠言：『竊聞敵主孱懦，朔、應諸州，久不知兵，習以畏戰。可遣諜者遊説，以撓其謀。遷延數年，繕我邊計，因彼釁隙，乃可得志。其餘諸羌，可以傳檄而定。其合召募錢帛，乞下經畧司應副，委臣稱事優給，如商量地界未定，或敵使未至，乞臣以點檢爲名，因於河外召募。』從之。仍下河東轉運司支錢二千緡，如須金帛於數内給。」（原注：邵氏聞見録云：熙寧七年春，契丹遣汎使蕭禧來言，代北對境有侵地，請遣使同分畫。神宗許之，而難其人，執政議遣太常少卿判三司開拆司劉忱爲使，忱對便殿曰：『臣受命以來，在樞密府考核文據，未見本朝有尺寸侵敵地，且鴈門古名塞，雖跬步不可棄，奈何欲委五百里之疆以資敵乎。臣既辱使指，當以死拒之，惟陛下主臣之言幸甚。』帝韙之。忱出疆，帝手敕曰：『敵理屈則忿，卿姑如所欲與之。』忱不奉詔，以秘書丞吕大忠爲副使，命下，大忠丁家艱，詔起復，未行，忱亦使回，敵又遣蕭禧來，帝開天章閣召執政與忱、大忠同對資政殿，論難久之。帝曰：『凡敵争一事，尚不肯已，今兩遣使，豈有中輟之理，卿等爲朝廷固惜疆境誠是也，然何以弭患？』大忠進曰：『彼遣使相來，即與代北之地，若萬一有使魏王英弼者來求關南之地，則何如？』帝曰：『卿是何言也。』大忠曰：『陛下既以臣言爲然，今代北安可啟其漸。』忱曰：『大忠之言，社稷大計，願陛下熟思之。』執政皆知不可奪，罷忱爲三司鹽鐵判官，大忠乞終喪制。）「癸亥，遼使蕭禧辭於崇政殿，上面諭：『蔚、應、朔三州地界，俟修職官與北朝職官就地頭檢視定奪。雄州外羅城乃嘉祐七年因舊修葺，元計六十餘萬工，至今已十三年，纔修五萬餘工，即非創築城隍，有違誓書，又非近年事也。北朝既不欲如此，今示敦和好，更不令接續增修。白溝驛館，亦俟差人檢視，如有創蓋樓子、箭窗等，並令拆去。創屯兵級，並令抽回。朝廷已來約束邊臣，不令生事，如昨來趙用擅入全屬北朝地分，雄州職官十餘人，並已停降。今來郭庠侵入，全屬南界地分，兼先放箭射傷巡人，理須應敵。況北朝近差巡馬，已是創生事端，其郭庠事並其餘細故，並循常例，別無違越，無可施行。』禧奉詔而退。（宋會要畧同。）投以報書曰：『辱迂使指，來既函封，歷陳二國之和，有若一家之義。固知鄰寶，深執信符，獨論邊鄙之臣，嘗越封郵之守，欲令移徙，以復舊常。竊惟兩朝，撫有萬宇。豈重尺寸之利，而輕累世之驩。況經界之間，勢形可指；方州之內，圖籍俱存。當遣官司，各加覆視。倘事由夙昔，固難徇從；或誠有侵踰，何悋改正。而又每戒疆吏，令遵誓言，所論創生之事端，亦皆境候之細故。已令還使，具達本國。緬料英聰，洞垂照悉。暄和方季，保育是祈。』時復差韓縝往報聘之。」（暄和方季以下十七字據宋會要蕃夷二增。按考異引呂惠卿集回大遼國書云：

「具達本國句下有『自今已還，凡此之類，只委守臣之移檄，免煩使節之交馳，庶邦好之不渝，亦民疑之交釋。』六句，與此不同，當是密院削去。」）

宋史卷一五：七年三月「丙辰，遼遣林牙蕭禧來言河東疆界，命太常少卿劉忱議之」。

長編：三月「甲子，兵部郎中、天章閣待制韓縝假龍圖閣直學士、給事中爲回謝遼國使（張誠一副之）」。副使原缺，據同書熙寧八年四月丙寅補。

東都事畧卷一二三：「熙寧七年，（遼）遣蕭禧來言代北對境有侵地，請遣使同分畫。神宗許之。遣太常少卿劉忱爲使，祕書丞吕大忠爲副。已而大忠丁家難，有詔起復，忱對使殿奏曰：『……當以死拒之。』忱出疆。……洪基又遣蕭禧來……時劉忱、吕大忠執不可與，執政知不可奪，乃罷忱，許大忠終制。於是王安石曰：『將欲取之，必固與之。』以筆畫其地圖。以天章閣待制韓縝奉使，盡舉與之，蓋東西棄地五百餘里。」葉夢得石林詩話卷上：「元豐初，虜人來議地界，韓丞相名縝自樞密院都承旨出分畫。玉汝（韓縝字）有愛妾劉氏，將行，劇飲通夕，且作樂府詞留別，翌日，神宗已密知，忽中批步軍司遣兵爲搬家，追送之，玉汝初莫測所自，久之方知其自樂府發也。劉貢父，玉汝姻黨，即作小詩寄之以戲云：『嫖姚不復顧家爲，誰謂東山久不歸，卷耳幸容攜婉孌，皇華何啻有光輝。』」

〔四〕長編：夏四月「癸酉，遼主遣利州觀察使耶律永寧，祺州團練使韓宗範；其母遣奉國軍節度使耶律和，衛尉卿趙孝傑來賀同天節（宋會要畧同，未著使名）」。「甲午，河東路同商量地界祕書丞呂大忠言：『伏見北使蕭禧至闕，爭辨地界，聞遣韓縝報聘，乞下樞密院録前後照據文字，令縝齎至敵庭，庶令北朝稍知本末。』詔：『縝詳大忠所奏及照驗文字、地圖以往。俟至彼面言：自通好以來，本朝遵守舊規，未嘗先起爭端，誠以祖宗誓約，各欲傳之子孫，長無窮已，如白溝館驛，本待兩朝信使往來，隨宜增葢屋宇，及安墻眼，此乃常事。北朝不欲存留，已令毁拆。雄州舊有關城，歲久頽圮，元檢工料六十餘萬，十餘年來，才役數萬人，又非創築，於誓書無妨。亦已住修。河東界至前後，已經分畫，北朝更欲辨正，不欲相違，已專遣人與北朝差來官商量。然恐北朝所差官，不肯依理同議，對執爭占，失兩朝敦守歡好之禮。如蘇直等莊一帶地，前此南北各已遣官定奪，標界分白，歲月未久，又欲變移。彼此大國，須存信約，如此展轉，何以準憑。雖委所遣官商量，恐北朝未悉知，須至畧陳本末，大意如此，更委縝隨宜應答。』縝至敵庭，不果致，但與押宴蕃相李相熙畧相酬對而還」。丁酉，「遼主遣其樞密副使、同中書門下平章事蕭素，樞密直學士梁穎議河東地界于代州境上」。

宋史卷一五：「夏四月丁酉，遼遣樞密副使蕭素議疆界于代州境上。」

〔五〕長編：五月戊戌朔，「詔募河北饑民修瀛州城」。「甲寅，上批河東諜知北界點集軍甚急，可令雄、定州并河北緣邊安撫司、經畧安撫司厚以錢物體問敵中動静以聞。」乙丑，「初，契丹遣蕭禧來議河東疆事，諜者謂敵必稱兵。詔以問劉庠，庠對：『敵必不敢稱兵。』代州、岢嵐軍求濟師皆不應，時敵主植牙雲中，遣數騎涉吾地，邊吏執之，敵檄紛爭不已，或疑庠啟釁，庠奏：『敵意在畫疆耳。臣刺知敵重兵皆不在行，料應艱食，願朝廷緩答而峻拒之。方盛夏，敵未必至，惟以有備待非常，乃得計。願遣劉忱等至境上，姑以理諭，臣俾將佐飭兵觀釁而動，此事機也。』朝廷以敵使言順禮恭及持敦睦和好之説，乃録敵主書，付庠諭以地界且通商論。庠復奏曰：『臣竊疑北人此舉非本心，蓋見朝廷近來克復河湟，北界不爲脣齒之計，故以此嘗我爾。今欲争辨積年已定之疆界，曲固不在中國而在彼，則泛使之來，禮宜偃蹇而反恭順，辭宜高抗而反卑遜，臣竊恐姦意別有所在也。北人無厭，朝得寸，暮求尺，必又有僥倖之請，宜峻拒之，或與其不當得之地，既墮其姦，未必不疑中國有謀，用此以餌之者，若妄意於我背盟伺隙，恐非歲月可解也。』後竟以臨河爾山分水嶺地與之」。

吕陶浄德集卷二一：「樞密劉公（諱庠字希道）墓誌銘：「……契丹議侵疆，諜者謂有稱兵意。朝廷問公，以爲未必然。岢嵐、雁門求濟師，皆不應。契丹主駐雲州，遣數騎涉吾境，邏者得之，契丹馳檄紛辯不已。公奏曰：『契丹意在疆埸，持此爲端爾。臣刺知雲州無兵，朔、應艱食。願朝廷緩答而峻拒之，方盛夏，兵未必至。惟以有備待非常，乃得計。願遣劉忱等至境上，姑以理論，臣俾將佐，飭兵觀釁而動，此事機也。』時朝廷以契丹使言順禮恭及持敦睦和好之説，乃録契丹主書付公，諭以地界且通商。公復奏曰：『臣竊疑契丹此舉非本心。蓋見朝廷尚未克復河湟，不得不爲脣齒之計，故以此嘗我爾。今欲争辨積年已定之疆界，曲固不在中國而在彼，則泛使之來，禮宜偃蹇而反恭順，辭宜高抗而反卑遜，臣竊恐其意別有所在也。敵意無厭，朝得寸、暮求尺，必又有僥倖之請，宜直以拒，或與以不當得之地，既杜其姦，若必不疑中國有謀，用此以餌之者。若妄意於我，背盟伺隙，恐非歲月可解也。』後竟以黄嵬山分水嶺地與之。」

〔六〕元好問遺山文集卷二九顯武將軍吴君阡表：「君諱璋，字器玉，姓吴氏。石晉末，有官獻州、從少帝北行者，又自遼陽遷泰州，其子孫遂爲長春人。六世祖匡嗣，遼開府儀同三司、同中書門下平章事陳國公。五世祖昊，咸雍十年劉霄榜登科。」蘇軾東坡先生文集卷六八題跋：「昔余與北使劉霄會食，霄誦僕詩云：『痛飲從今有幾日，西軒月色夜來新。公豈不飲者耶？』虜亦喜吾詩，可怪也。」周密癸辛雜識别集上：「金人天會中，皇子郎君破真定，拘境内進士，立試場。褚承亮字茂先，宣和中已擢第，至此匿不出，軍中知其才，遂押赴安國寺對策。大抵以徽宗無道，欽宗失信爲問，舉人承風旨極行詆毁。茂先詣主文劉侍中云：『君父之過，豈臣子所宜言耶。』即揖而出。劉爲變色，劉侍中名霄，遼咸雍中狀元，怨宋人海上之盟故發此問。」

〔七〕長編：七月戊午，「上批：『已遣劉忱往河東與北人議地界，今韓縝方使敵，慮於敵帳議論有涉今商量事節，宜令縝回至雄州，先遣王宣齎一行語録赴闕。』」（原注：御集九十八卷：八年七月五日問王宣元降赴闕指揮，乃是沈括非韓縝，然此時未差沈括也。恐御集或與此不同。）長編：八月丁丑，「兵部郎中、集賢殿修撰張蒭爲遼主生辰使，皇城使、忠州刺史石鑑副之；屯田郎中、權管勾三司開拆使韓鐸爲正旦使，内殿崇班王謹初副之；知制誥章惇爲遼國母生辰使，引進使忠州團練使苗綬副之；衛尉少卿宋昌言爲正旦使，西京左藏庫副使郭若虚副之。綬辭疾，改命引進使周永清，永清又辭母病，改命東上閤門使李評。既而以惇爲察訪，命知制誥許將代之。時敵以兵二十萬壓代州境，遣使請地，歲聘使多憚行，將獨欣然承命，張芻請代州事，詔答以不知，將入對曰：『臣備侍從，朝廷大議，不容不知。北人度臣不敢及代州事，言稍相侵，不有以折之，則傷國體。』即詔詣樞密院閱文書，遂爲例。及至敵，館伴蕭禧果以代州事問將，將屢屈之，乃不敢言」。（原注：此據將本傳增入。）王謹初，錢表作王謹。

長編：熙寧八年七月癸未，「詔知丹州宋昌言降通判差遣，文思副使郭若虚降一官，坐使遼不覺翰林司卒逃遼地不獲故也」。

〔八〕按二儀、五鑾兩殿在上京，不在東京，下文本史卷二四大安二年九月謁此兩殿，亦在上京。「東京」應是上京。

〔九〕長編：九月戊申，「詔劉忱、蕭士元會蕭素、梁穎于大黄平。以吕大忠丁父憂不至也。初，素以平章事欲正南面坐，自云：『北朝使相有此廟坐儀。』餘乃序官坐，仍欲以墩分高下。忱等皆不從，移文詰難。自七月至于是月，事聞，乃得國信所言：至和元年，國信使蕭德帶平章事與館接使行馬坐次，皆分賓主以報。素、穎乃不敢争。初，詔劉忱等與北人會議天池廟、黄嵬山麓土斷有明據，可以理譬喻之，其餘地界如數議不諧，可以南北堡鋪中間爲兩不耕地，又不可，則許以中間畫界，其中間無空地，即以堡鋪外爲界。是月戊申（原注：即十三日）也。其後李舜舉言：『近至遠探鋪，遥望大黄平會議處，盡見地形。問防拓人，云欲直以大黄平、横都谷爲界，蓋鋪屋。使者在境，又聲言再遣汎使，自知理屈，故作虛聲。臣料敵情，會議有必得之望，不與相見。止於循舊址增移鋪屋，即是議與不議等。若慮絶好起釁，必不在此。設欲屑就其議而與之，不若聽敵人無名自占。俟我兵儲有備，明曲在彼而復之，朝廷若以封疆爲意，特須主張，如大石等五寨禁地，並當理取，仍舊以關口守把交蹤，或且爲羈縻之策。』乃詔九月戊申指揮，更不施行，然其後竟盡與之。（原注：「實録：熙寧八年四月丙寅，遼使蕭禧等辭。」）初，朝廷既遣劉忱、蕭士元詣河東理辨疆界，而契丹亦令蕭素、梁穎會於境上，忱以疾不即至，又命呂大忠代士元，素、穎頗倔强，未肯見忱等。一日，蕃人引兵萬衆入代州界，焚鋪屋，與官軍相射。既而素、穎徑入横都谷，施帳幕，邀忱等相見，忱等不往，又欲設次於西陘東谷（即車場溝），忱等以侵地愈深，不許，竟會於大黄平。凡三四見，議地界不能决。初指蔚、應、朔三州分水嶺土壠爲界，忱等偕素、穎行視無土壠，乃但云以分水嶺爲界，蓋山皆有分水嶺，概言分水嶺爲界，則至時可以罔取，此黠敵之微意也。與忱等相持久之，復遣禧來。……范育作薛向行狀，載向密奏乞令劉忱緩行，以老敵師，上用向計，敵食盡遂去。）癸丑，「敵議雲中地界久不決，（蔡）挺請盡召還河北緣邊戍兵，示以無事，兼可積蓄邊儲，因是更制，將有正副，皆給虎符。又以河北兵教習不如法，緩急不足用，奏乞於陝西選兵官訓練」。甲寅，「二府合奏可行之事凡十有四……（其）四：『近降度僧牒三百與定州安撫司，充訓練義勇保甲及募刺事人之費。其緣邊州軍，宜并依定州例，量賜本錢出息，令鈎致北人之能知其國事者，或質所愛，使採問敵中任事主兵人姓名、材能、性識、所管兵數、武藝强弱、屯泊處所、城壘大小、糧食多少及出兵道路，刺其的實，逐旋以聞。候到參互比較有實者，編類成書，準備照用。其邊臣不能使人到前後探事，尤無實者，當移降。』」

契丹國志卷九：咸雍十年九月，「遼使蕭素再詣宋議疆事，宋遣劉忱、吕大忠與之共議於代州。遼指蔚、應、朔三州分水嶺土壠爲界，及劉忱與之行視無土壠，乃但云以分水嶺爲界，凡山皆有分水嶺，相持久之，不決。」

宋史卷一五神宗紀：熙寧七年三月，「遼遣林牙蕭禧來言河東疆界，命太常少卿劉忱議之」。四月，「遼遣樞密副使蕭素議疆界於代州境上」。東都事畧卷一二三附録及吕大忠傳：是年遼使再來，皆蕭禧，無蕭素，素乃以四月與忱、大忠議於代州境上，未嘗來聘也。東都事畧卷八神宗紀云：四月遼主遣蕭素、梁穎來，而不言議疆界於境上，契丹國志載境上之議，又不在夏而在秋，蓋以四月蕭素之議與九月蕭禧之聘，錯認爲一人一事也。宋史於神宗紀九月不書蕭禧復來，偶失之耳。觀下十月詔韓琦等條代北事宜，而東都事畧卷一二三附録載是詔亦在蕭禧再來之後，則來在九月從可知也。又宋史吕大忠傳，蕭禧復來，神宗但召執政與劉忱及大忠議而無遣往代北之事。東都事畧亦同。是知忱行視分水嶺當在四、五月間。契丹國志以爲九月，非也。

〔一〇〕長編：十月丙子，「沿邊舊有鄉巡弓手，後悉廢罷，而北界巡馬如故。數漁界河剽取舟船。馮行己請復置鄉巡弓手，以杜侵争之端。上手詔嘉納」。（原注：「此據行己本傳，不知端的月日。

王安石熙寧六年四月一日日録載行己不欲復鄉弓手，與本傳特異。行己舊傳亦同新傳，不知史官何故畧不參照日録，當是日録不可信也。」）

〔一一〕長編：十一月「丙申，入内供奉官李舜舉言：『劉忱等與蕭素、梁穎商量地界，語不條暢，縱有開發，多失機會。已具奏，乞移文理辨，望早裁處。』詔改差吕大忠替蕭士元。初，大忠既受命，以父憂去。是歲九月，詔奪喪，權衣墨服，與劉忱密議，不與北人相見，至是以舜舉奏罷，士元還忻州，起復大忠爲西上閤門副使知石州，與北人相見，如大忠請，許不聽樂，候食畢會議」。（述按：以下長編重引實録入正文至相持久之，參注〔一〇〕。增「議不能決，及大忠至，屢以理折素、穎，素、穎稍屈，然訖不肯從大忠等議也」。）「壬戌，河東路商量地界，劉忱等言：『北人盜侵横都谷，邊臣觀望，不即驅逐，七月中，又侵據大黄平，雖移書詰問，偃蹇自如，又欲僭禮正坐，不以賓主。賴朝廷不從，稍沮姦慝。今已設次於車場溝，頗有順從之意，似當稍以聲勢乘之。北人常以姑息期我。一旦見形如此，彼必動心。與之會議，庶有可合。欲乞朝廷暫令郭逵以巡邊爲名，權駐代州，協力應副疆事。』不報。」

〔一二〕據全遼文卷九蕭德温墓誌銘，應補：「以皇太后覆誕，行再生禮。」誌云：「是年冬十有二月，皇太后覆誕之辰，詔授公左金吾衛上將軍。」

〔一三〕高麗史卷九：文宗二十八年（一〇七四）「冬十二月甲子朔，遼遣崇禄卿賈詠來賀生辰。」長編：十二月「己丑，遼主遣益州觀察使耶律寧，太常少卿史館修撰李貽訓，其母遣安遠軍節度使耶律用政，衛尉少卿、乾文閣待制李之才來賀正旦」。「是月戊辰、辛未，劉忱、吕大忠與蕭素、梁穎再會於大黄平。大忠屢折穎，穎不能堪，遂獨以語觸大忠，謂大忠不當取掉子閱文字，且截斷其語，仍對之摇膝，因道相鼠及鸜鵒、猩猩等章句，大忠忍弗與校，但具奏乞歸奉几筵。素、穎既再會議，再屈，乃言待親去帳前取稟，別遣使來。由是惟以公牒往還，不復會議。尋詔忱、大忠赴闕。」

大康元年春正月乙未，如混同江。壬寅，振雲州饑。〔一〕

二月丁卯，祥州火，遣使恤災。乙酉，駐蹕大魚濼。丁亥，以獲鵝，加鷹坊使耶律楊六爲工部尚書。〔二〕

三月乙巳，命皇太子寫佛書。〔三〕

夏四月丙子，振平州饑。乙酉，如犢山。〔四〕

閏月丙午，振平、灤二州饑。庚戌，皇孫延禧生。〔五〕

五月甲子，賜妃之親及東宫僚屬爵有差。〔六〕

六月癸巳，以興聖宫使奚謝家奴知奚六部大王事。戊戌，知三司使事韓操〔七〕以錢穀增羨，授三司使。癸卯，遣使按問諸路囚。以惕隱大悲奴爲始平軍節度使，參知政事柴德滋武定軍節度使。乙卯，吐蕃來貢。丙辰，詔皇太子總領朝政，仍戒諭之。以武定軍節度使趙徽爲南府宰相，樞密副使楊遵勗參知政事。〔八〕

秋七月辛酉朔，獵平地松林。丙寅，振南京貧民。〔九〕

八月庚寅朔，日有食之。〔一〇〕

九月乙亥，駐蹕藕絲淀。己卯，以南京饑，免租稅一年，仍出錢粟振之。〔一一〕

冬十月，西北路酋長遏搭、雛搭、雙古等來降。〔一二〕

十一月辛酉，皇后被誣，賜死；殺伶人趙惟一、高長命，並籍其家屬。〔一三〕

十二月己丑朔，〔一四〕以南京統軍使耶律蘗奴爲惕隱，漢人行宮都部署耶律霂樞密副使，同知東京留守事蕭鐸剌夷離畢。庚寅，賜張孝傑國姓。壬辰，以西京留守蕭燕六爲左夷離畢。〔一五〕

〔一〕長編：熙寧八年（一〇七五）正月「詔張方平歸宣徽院供職。……上問：『蕭禧將復來，敵意安在？』方平曰：『敵自與中國通好，安於豢養，吏士驕惰，實不欲用兵。昔蕭英、劉六符來，仁宗命二府置酒殿廬與語，英頗泄其情，六符數目之，英歸，竟以此得罪。（按蕭英，即蕭特末，本史卷八六有傳，使還，稱旨加官，宋人誣以得罪不確。）今禧黠人願如故事，令大臣與議，無屈帝尊與彼交口。』上曰：『朕念慶曆再和之後，中國不復爲善後之備，故修戎事爲應兵耳。』方平曰：『應兵者，兵禍之已成者也。消變於未成，善之善者也。』又問河東地界，方平曰：『嘉祐二年，敵使蕭扈嘗言之，朝廷討論之詳，命館伴王洙詰之，扈不能對，録其條目，付扈以歸。』因以稾上之」。（原注：蘇轍龍川畧志云：「予從張安道判南都，聞契丹遣汎使求河東界上地，宰相王安石謂咫尺地不足惜，朝廷方置河北諸將，後取之不難，及北使至，上親臨軒諭之曰，此小事，即指揮邊吏分畫，使者大喜，出告人曰：『上許我矣。』有司欲與之辨，卒莫能得。予聞之，以問安道，安道曰：『……今兩朝地界，犬牙相入，非朝廷所詳，若以實答之，一付邊臣議定以聞，邊臣以疆場爲職事，敢不盡力，而其可否尚在朝廷，事莫便於此，何必面與之決。』」按蕭禧初以七年三月十九日來，此時方平實在陳州，未除南京。禧再以八年三月八日來，此時方平實在宣徽院供職，與轍言此事，當是七年在陳州時，及是冬還朝，上聞禧當復來，因問方平，方平遂具以白上也。或方平既白上後，在南方更與轍追説舊事耳。方平所論，蓋專與王安石相反，故詳記之。陳師道談叢云：「故事，歲賜契丹金繒服器，召二府觀焉。熙寧中，張文定公以宣徽使與召，衆謂天子修貢爲辱，而陛下神武，可一戰勝也。公獨曰：『陛下謂宋與契丹凡幾戰，勝負幾何，兩府八公皆莫知也。』神宗以問公，公曰：『宋與契丹大小八十一戰，惟張齊賢太原之戰，才一勝耳，陛下視和與戰孰便？』上善之。」）

〔二〕獲鵝謂獲頭鵝。楊六加官，與下文五年三月孝傑加官同。

長編：二月壬申，「同商量河東地界呂大忠言：『臣與劉忱再會北人大黃平，蕭素、梁穎詞理俱屈，雖議論反覆，迷執不回，竊原其情，技亦止此。爲今之計，莫若因而困之，伏望就除劉忱一本路差遣，置地界局於代州，以蕭士元爲副，來則與之言，去則勿問。在我則逸，在彼則勞，歲月之間，庶可決議。久寓絶塞，人情皆非所堪，速希成功，實恐有害機事。……今日素、穎言，必顧惜歡好，決無倉卒起兵之端。臣之去留，似無所繫，乞聽臣罷歸，以終喪制。』又言：『北人窺伺邊疆，爲日已久，始則聖佛谷，次則冷泉村，以致牧羊峯、瓦窰塢，共侵築二十九鋪。今所求地，又西起雪山，東接雙泉，盡缾形、梅回兩寨，繚繞五百餘里，蔚、應、朔三州侵地，已經理辦，更無可疑，惟瓦窰塢見與北界商量，蕭禧未過界時，臣先奏論，乞朝廷主此定議。禧至又皆許之。今西陘以東，皆有明據，此地不能固争，它處亦恐難保。』」「甲戌，上批：『聞河東路旱災，百姓多流入外界。邊吏縱弛，漫不之禁，自寧化軍一路入北界者，已千餘户，恐他郡亦逃亡。令轉運、安撫、察訪、提點刑獄司，速體量以聞。議所以賑恤之。』」庚辰，「手詔：『外國刺事人，令都亭驛、開封府密遣人迹捕，告獲一人，賞錢千緡，仍與班行；即居停知情人能告首，原罪外亦與酬賞。』時北人泛使將至，慮有姦人竊覘中國也」。甲申，「詔代州西陘寨主、内殿崇班秦懷信移合入差遣，以契丹議地界於大黃平，即車場溝口施帳幕，在懷信所部，不即時約闌故也。（宋會要同。）先是，敵以河東地界議久不決，復使蕭禧來，詔太常少卿向宗儒、皇城使兼閤門通事舍人王澤接伴，於是宗儒等言：『蕭禧至雄州白溝驛，不肯交馬馱，欲至城北亭，非故事。』上批：『蕭禧於白溝住幾十日，至今未聞起離。向宗儒等雖再三執以舊例，禧殊未有順從之意，欲更遷延，深恐彼情愈肆彊忿，或出不遜之言，或以巡馬擁送南來，益難處置。雄州使人約闌，又致喧爭，萬一擾攘，或傷官吏，恐不可收拾。去歲蔡確接伴，（原注：去歲接伴蕭禧使太常少卿蔡確、副使皇城使兼閤門通事舍人李惟賓，此據國信名銜，實録不書也。至於向宗儒、王澤職位，亦據國信名銜。）已許馬馱依常使車乘例於雄州交割。今必難卻其情，可詳度止作。朝廷據接伴奏，特許依去年例，作兩節交換，庶幾稍通其情，於疆事易爲商議。』又批：『北使久留白溝，已經累日，自通好以來無此事，朝廷處置，實不可緩，蓋所争者小，而所顧者重。議者若謂恐北人因此得以占據兩屬之土，是甚不然。且北人前後執作證據，以爲屬彼者，豈獨一事。如春秋二税，借地蓋館，雄州門側搭立標竿，及巡馬不住往來之類，不待更增交割馬馱一節，乃可占據，況人夫一半，已於白溝代還，在理委無深害，可速議指揮。』遂遣内侍諭旨，人夫負擔於白溝交割，其馬馱即比常歲車乘，聽至城北亭」。

宋史卷一五：八年三月「庚子，遼蕭禧再來，遣韓縝往河東會議」。秋七月戊子，「命韓縝如河東割地」。

〔三〕長編：三月「庚子，遼主再遣林牙、興復軍節度使蕭禧來致書，見於紫宸殿，書曰：『昨馳一介之輶傳，議復三州之舊封，事已具陳，理應深悉。期遵誓約，各守邊陲。至如創生事端，侵越境土，在彼則繼有，於此則曾無。乃者蕭禧纔迴，韓縝續至。薦承書翰，備識誠悰。言有侵逾，理須改正。斯見和成之義，且無違拒之辭。尋命官僚，同行檢照。於文驗則甚爲顯白，其鋪候則盡合拆移。近覽所司之奏陳，載詳茲事之縷細。謂劉忱等雖曾會議，未見準依，自夏及冬，以日逮月，或假他故，或飾虛言，殊無了絶之期，止有遷延之意。若非再憑緘幅，更遣使人，實虞詭曲以相蒙，罔罄端倪而具達。更希精鑒，遐亮至懷。早委邊臣，各加審視。别安戍壘，俾返舊常。一則示靡礙於鄰懽，一則表永敦於世契。儻或未從擗劃，仍示稽違。任往復以難停，保悠長而豈可。徹陽戒候，善畜爲宜。（統類一六、宋會要蕃夷同。）』（原注：三月八日庚子，禧初入見，四月五日丙寅，禧辭，留二十七日。七月，戊辰猶不行，留二十九日，行日未見。閏四月三日甲午，上云：「蕭禧才去，便無人論此事。」）上批付韓縝等：『聞蕭禧今日見罷歸館，意甚不樂。來日會食次，卿等可且以歡和接之。早來垂拱殿已曾再三諭卿等，以自雁門寨新鋪以西，直接古長城，便是邊人指爲分水嶺，及蕭禧齎來劄子内地理亦合。因何適來禧叩問南朝指分水嶺係近裏地分，要得的確所在？卿等可執定指示與禧，令曉然準信。』（原注：兩朝誓書册内韓縝等館伴泛使，所受御前劄子凡六道，此第一道也，不知是何月日，姑附蕭禧入見後。）辛丑，召輔臣對資政殿，命兵部郎中、天章閣待制韓縝，西上閤門使樞密副都承旨張誠一乘驛往河東及遼人會識地界，速結絶以聞。（宋會要畧同。長編原注：縝初使乃七年三月二十七日。舊紀云：縝、誠一，代劉忱、吕大忠。）」「乙巳，大宴集英殿，蕭禧預焉。」

「己酉，上批：『昨日擬定廻付蕭禧劄子，雖有「已差官商量結絶」之語，尚慮禧以未有擗劃明白指揮，不肯承受。卿等可詳議。』中書、樞密院言：『北書既云「早委邊臣，各加審視，別安戍壘，俾返舊常」，審視見有無侵越遠近，然後可別安戍壘。今慮劉忱等堅執前議，難有商量。所以改差官令計會遼國所差官，商量結絶。即於北書之意，別無違阻。惟是蕭禧於北書意外，堅求果決，恐難徇從。臣等議欲止依昨日擬定。』從之。罷呂大忠河東路同商量地界。先是大忠屢求罷，上雖許，猶須蕭禧還，乃聽終喪。已而上召執政議，大忠與劉忱俱入對，上意頗欲從敵所請，衆未及對，大忠進曰：『敵他日若遣魏王英弼來，盡索關南地，陛下將欲從之乎？』忱復進曰：『大忠所言，社稷至計也。願陛下熟思之。』上默然。於是改命韓縝。令大忠返喪服。」「癸丑，右正言、知制誥沈括，假翰林院侍讀學士爲回謝遼國使，西上閤門使榮州刺史李評假四方館使副之。蕭禧久留不肯還，故遣括詣敵廷面議。括時按獄御史臺，忽有是命，客皆爲括危之。括曰：『顧才智不足以敵愾爲憂，死生禍福非所當慮也。』即日請對。上謂括曰：『敵情難測，設欲危使人，卿何以處之？』括曰：『臣以死任之。』上曰：『卿忠義固當如此，然卿此行繫一時安危。卿安則邊計安，禮義由中國出，較虛氣無補於國，切勿爲也。』」「甲寅，改命太子中允、開封府推官王欽若加太常少卿，送伴遼使，皇城使兼閤門通事舍人夏伸副之。代向宗儒、王澤也。宗儒、澤仍各罰銅二十斤。初，宗儒等接伴蕭禧，禧欲以行李至雄州北亭交轄，宗儒等止之，禧有不能更去之語，上怪宗儒等爲國生事，仍坐嘗奏請約回汎使及在道問蕭禧是來理疆界否，特罰之。上批：『今遣沈括等行，而事有當豫慮者：蕭禧未還，止之不令過界，一也；接伴久不至，二也；

過界三五程，止之令俟蕭禧，三也；到敵帳先問來意，直俟以分水嶺爲界，方得朝見，四也，雖得朝見，延之穹廬中，須令用分水嶺爲界，五也；使人既來許以分水嶺爲界，即引兵拆移鋪屋，徐遣括等還，持慢書來報云「既商量不從，已令兵馬往彼拆移訖」，使朝廷知，既未是絶好，如何爲處，六也；使人至輒苦辱之，或授以惡馬，使顛仆於山谷中，或詐爲賊潛來傷害，既不顯國中之意，如何爲處，七也；中書、樞密院其議應之所宜。』中書、樞密院言：『分水嶺既不可許，蕭禧又未肯辭，欲通兩國之情，則汎使不可不遣，彼以禧未還而不納，或納而接伴未至，容或有之，然且遷延境上，以示我無絶好之意，於我無傷，則彼亦難怪禧之稽留，無由發怒。若必邀使人以分水爲界，則許與不許，豈使人所敢專，就令屈從，豈足爲信，若不候使還，彊移鋪屋，前已詳議，屈伸在我，且爲後圖。本朝與之通好，多歷歲年，使人之來，禮義甚厚，今雖未允所求，固無激怒之事，苦辱使人，恐無此理。』上然之。」己未，「詔北使所過州、軍、縣、鎮、監、驛，使臣不許差出」。「辛酉晦，召迴謝遼國使沈括，副使李評對資政殿。括於樞密院閱案牘，得契丹頃歲始議地畔書，指古長城爲分，今所爭乃黄嵬山，相遠三十餘里，表論之。是日，百司皆出沐，上開天章閣門，召對資政殿，喜愕，謂括曰：『兩府不究本末，幾誤國事。』上自以筆畫圖，使内侍李憲，持詣中書、樞密院。切讓輔臣，使以其圖示敵，使議乃屈。上遣中貴人賜括銀千兩。曰：『微卿無以折邊訟。』（原注：沈括乙卯入國奏請并別録，今附注此。二月二十六日，奏乞宣諭館伴等俱曉分水嶺本末事云：「臣等竊聞昨夜蕭禧在驛，與館伴將元執到白劄子商量王吉地、義兒鋪、黄嵬大山、古長城、瓦窑塢等處已定，只是尚執分水嶺未肯了當，臣等今有所見，雖不知是否，或恐有助對答折難之意如後：一、蕭禧既承認黄嵬大山北面爲界，則明知元不以雪山、黄嵬山、牛頭山照望爲界之意。自黄嵬之南，界至已定，乞令館伴通曉，宜無稍及照望之語。一、蕭禧堅執以分水嶺爲界，臣等以謂若令館伴及定地界官依下項劈折得事理分明，即除黄嵬大山一處，已經定奪不可改移外，其餘雖悉許以分水嶺爲界，亦無所妨。今具逐段地分如後：王吉地及瓦窑塢見今標與北人處，已是分水嶺，别無可争。鴈門寨即今來移退義夷鋪及三小鋪處，已是分水嶺，别無可争。西陘寨地分第一第二、第三、第四、第五遠探、白草鋪一帶便是分水嶺。當初本朝爲執定長連城爲界，則分水嶺是近裏地分，今來既自白草、遠探等鋪一帶照望古長城割與北人，即已是用分水嶺。竊慮館伴不見得此意，度尚惑牛頭、雪山照望爲分水嶺，多方迴避，卻致北人猜疑。據三次國信文字，北人之意，元不至此，欲乞仔細宣諭館伴及定地界官，令具曉本末，但指望定白草鋪一帶是分水嶺。卻明與此處以分水嶺爲界不妨。」又三月二十八日資政殿進呈所争界至、地名白劄子云：「一、蔚州地分，本朝元以秦王臺、古長城爲界，北人稱以分水嶺爲界，所争地東西約七里以上。一、朔州地分，往前已經定奪，以黄嵬大山北脚爲界，今來北人稱以黄嵬大山分水嶺爲界，所争地南北約三十里。一、武州地分，本朝以烽火鋪爲界，北人稱以瓦窑塢分水嶺爲界，所争地南北十里以上。一、應州地分，本朝以長連城爲界，北人稱以水峪内分水嶺爲界，其分水嶺即無山名，元不指定的實去處，後來因劉忱等累行問難，須要指定分水嶺山名。後來梁穎等對答稱，自雪山照望黃嵬大山、牛頭山一帶分水嶺爲界，所爭地南北約十七八里。」貼黃：「治平二年，因北人侵越地分採木蓋鋪，代州累曾移牒北界，請嚴行戒約，卻準順義軍牒稱，勘會圖經，元載西自雪山南邊嶺至黃嵬大山東北照望牛頭山一帶分水嶺爲界。又上項治平二年順義軍牒內又稱：『貴州於當界地分赤泥泉、段家堡招誘户民，請射住佃，其長城自西陘口取黃嵬大山北面過赤泥泉、段家堡，並是當道近裏地方。請先拆去上項村堡，當道即於西陘、雁門口內長城北久遠安立鋪形。』又日後凡係與北人言語文字，且乞都不令涉着蘆芽、雪山、牛頭山照望之意。卻恐緣此引惹詞說，又所爭處地里，只是畧訪問得定地界使臣口說，別未有文字照證。又耶律榮執到文字，內有以古長城爲界，於地界內第一册內簽出。又蕭禧執到文字，內有以古長城爲界，於地界內第一册內簽出。又梁穎稱雪山照望牛頭山文字，在河東路商量地界第五册內簽出。臣等早來於資政殿進呈白劄子一道，并續簽貼到事節，謹具繳連進呈。」三月二十八日又奏云：「臣等伏見朝廷近以北人邀請地界，累有文字據理折難，斷在不與。今來始聞聖慈，爲民敦好，欲議俯從，所降指揮，若復具存折難之言，然後與之。萬一禧有難受之意，改之則愈損事體，不改又恐未即祇受。且契丹微弱，但當藐之，彼自不能窺測，使詔辭稍近平易，免致改易頻數，則朝廷之體自重。」）

契丹國志卷九：「三月，遼復遣蕭禧賫國書詣宋，以劉忱等遷延爲言，宋命沈括爲報使詣遼面議。括尋於樞密院閱案牘，得契丹頃歲始議地畔書指古長城爲分界，今所爭乃黃嵬山，相遠三十里，其議遂決。」

續通鑑：「括詣樞密院閱故牘，得頃歲所議疆地書，指古長城爲分界，今所争乃黄嵬山，相遠三十餘里，表論之，帝喜，詔括曰：『大臣殊不究本末，幾誤國事。』命以畫圖示禧，禧議始屈。乃賜括白金千兩。使行。括至遼，遼樞密副使楊遵勗來就議，括得地訟之籍數十，預使吏士誦之，遵勗有所問，則顧吏舉以答，它日復問，亦如之。遵勗無以應。謾曰：『數里之地不忍，而輕絶好乎？』括曰：『師直爲壯、曲爲老，今北朝棄先君之大信、以威用其民，非我朝之不利也。』凡六會，竟不可奪，遂舍黄嵬而以天池請，括乃還。在道圖其山川險易迂直，風俗之淳龐，人情之向背，爲使契丹圖上之。」

范太史集卷四〇郭逵墓誌銘：「……故相龐公籍鎮并門，俾公權知忻州，契丹請天池廟以爲故疆，久不決，龐公委公往議，公於故牘得興國中契丹移文天池縣曰：『遥祀天池廟有應，以屬南朝地，未敢擅修。』公以示龐公，龐公喜，命公自爲報命，遼遂伏。……充河東路經畧安撫使、馬步軍都總管、知太原府，明年，復宣徽南院使，時遼人遣蕭禧來議地界，上遣吕大忠、李舜舉與禧議，手詔問公方畧，公悉奏之。」

索隱卷二：「案山在蒿齊忒右翼旗北二百十二里，名買示爾屯漏渴克。」犢山，即拖古烈。見本書卷一一六國語解興宗紀注。

〔四〕長編：「夏四月癸亥，王安石白上曰：『契丹無足憂者，蕭禧來是何細事而陛下連開天章召執政，又括配車牛驢騾，廣糴河北芻糧，擾擾之形，見於江淮之間。即河北京東可知，契丹何緣不知。臣卻恐契丹有以窺我，要求無已。』上曰：『今中國未有以當契丹，須至如此。』安石曰：『惟其未有以當契丹，故不宜如此。凡卑而驕之，能而示之不能者，將以致敵也。今未欲致敵，豈宜卑而驕之，示以不能。且契丹四分五裂之國，豈能大舉以爲我害，方未欲舉動，故且當保和爾。』上曰：『契丹豈可易也。以柴世宗之武，所勝者，乃以彼睡王時故也。』安石曰：『陛下非睡王，契丹主非柴世宗，則陛下何爲憂之太過。……』又言：『蕭禧不當滿所欲，滿所欲則歸而受賞，是開契丹之臣以謀中國求賞，非中國之利也。』又言：『外敵强則事之，弱則兼之，敵則交之。宜交而事之則納侮，納侮而不能堪則争，争則啟難。故曰示弱太甚，召兵之道也。』然安石本謀，實主棄地。雖對語云爾，竟弗克行。（原注：邵伯温聞見録云：「敵争河東地界，韓琦、富弼、文彦博等答詔，皆主不與之論。會王安石再入相，獨言『將欲取之，必固與之』，以筆畫地圖，命韓縝悉與之，蓋東西棄地五百餘里，韓縝承安石風旨，視劉忱、吕大忠誠有愧。」蘇氏龍川别志亦云：「安石謂咫尺地不足争，朝廷方置河北諸將，後取之不難。」據此，則棄地實安石之謀。今日録四月二日對語，乃謂許蕭禧不當滿其欲，與蘇、邵所記特異，疑蔡卞等後來增加，實非當日對語也。仍畧著安石本謀，庶後世有考云。）」

甲子，「（上）又批：『劉忱等相視地界，畫圖不審，令具析以聞。』上初怒忱甚，王安石言：畫圖不分明，此乃吕大忠罪，忱無罪也。』」（原注：王安石所對，據實録乃初二日事。御集云不審，實録云不至審實，今從御集。兩朝誓書册内有韓縝等所受御札，其一與劉忱相關，今附注此。御札云：「今日朝廷已有降去文字。卿等示與蕭禧次，可先讀與聖旨畫一事，庶幾便肯收接。今蕭禧既堅執定以分水嶺爲界，卿等若依下項畫一劈析，得逐項事理分明，即敵人自當無詞，疆議遂決。一、李福蠻地及瓦窑塢，見今已擗撥於北界處，便爲分水嶺，更無可争。一、雁門寨，即今移退義兒馬鋪及三小鋪處，其山頭便是分水嶺，已行擗割，更無可争。一、西陘地方第一，第二，第三，第四，第五遠探、白草鋪山頭一帶，便是分水嶺，當初本朝爲執定長連城爲界，則分水嶺爲近裏地方，今來既是白草、遠探等鋪一帶分水嶺取直，照望古長城擗割與北人，即以是用分水嶺分畫了畢，何處更有分水嶺。竊慮卿等不見得此意，度尚惑牛頭、雪山照望爲分水嶺，多方回護，御致敵人猜疑。蓋據三次國信文字，北人之意，元不至此，皆是劉忱等昏迷亂道。四月二十三日。」按四月二十三日，蕭禧無緣猶在京師，此月日必誤，或是四月二日，或是四月三日也。姑存之。兩朝誓書册内又有付劉忱等兩書，不知是何年月，今姑附注此。其一云：「今月十三日申時，據李舜舉備録到蕭素等來牒，大抵止言不容他和同商量，及稱再三令人來計會，並不應答等事。契勘，今月十二日已有朝旨，令卿等速與相見，和會商量，許以見今兩界鋪屋中間分畫爲界，卿等見在遵禀，依準商量，無信僥倖忿躁輕淺小人妄作使氣，擊觸敵人，結成大釁，國事體大，不同小故，萬一因兹引惹，無謂朝廷不曾預有此戒約，至時卿等一身，恐不可當其責矣。付劉忱等。」其二云：「李昭回等麄率武人，不量國體，一向持强使氣，極爲不便，宜痛切戒約，令每見素等及來人，須存守禮容，温言謹恪，以歡心接之，則敵人雖欲凌我，料須銷其半矣。所有素等差來計會事使臣，卿等亦宜厚與管待，不要失體辱慢，但命官優待，設以酒食，使其意樂，則諸事易爲也。付劉忱等。」）「丙寅，遼國信使蕭禧等辭於紫宸殿，置酒垂拱殿，答遼主書曰：『兩朝繼好，六紀于兹，事率故常，誼存悠久。比承使指，諭及邊陲，已約官司，偕從辨正。當守封圻之舊，以需事實之分。而信介未通，師屯先集，侵焚堠戍，傷射巡兵，舉示力争，殊非和議。至欲當中獨坐，位特改于臣工；設次横都，席又難于賓主。數從理屈，纔就晤言。且地接三州，勢非一概。輒舉西陘之偏説，要該諸寨之提封。屢索文憑，既無據驗；欲同案視，又不準從。職用乖違，滋成濡滯。竊慮有司之失指，曾非與國之本謀。兹枉軺車，再垂函問；重加聘幣，彌見歡悰。然論疆事之侵，盡置公移之顯證；述邊臣之議，獨尤病告之愆期。深認事端，多非聞達。重念合天地鬼神之聽，共立誓言；守祖宗疆土之傳，各完生聚。不啻金繒之巨萬，肯貪壤地之尺尋。特欲辨論，使無侵越。而行人留館，必於分水以要求；樞府授辭，期以興師而移拆。豈其歷年之信約，遂以細故而變渝。已案輿圖，遥爲申畫；仍令職守，就改溝封。遐冀英聰，洞加照悉。』參知政事吕惠卿之辭也。（按考異云：「此書與實録所載同，只有『豈期歆約，遂爾渝歡』改八字爲十四字耳。」又吕惠卿集書末有「方臨炎燠，尚顧保頤」八字。）初，蕭素、梁穎既與劉忱、吕大忠會議地界，久不能決，故遣禧復來，命韓縝、王師約館伴，禧既致國書，又出其國劄子一通以進，其大指如素、穎所言，且以忱等遷延爲言。縝等日與禧論難，禧但執以分水嶺爲界，然亦不别白何處爲分水嶺也。詔諭以兩朝和好年深，今既欲委邊臣，各加審視，尚慮忱等所奏，未得周悉，已改差績同張誠一乘驛詣境上，和會商量。令禧以此歸報，禧不受命，又遣内侍李憲齎詔示之，許以長連城、六蕃嶺爲界，而徙並邊遠探鋪舍于近裏。長連城、六蕃嶺，治平二年，契丹嘗於此置鋪矣。邊人以其見侵毁之，後不復來。至是許其即舊址置鋪，而禧猶不從，執議如初。上不得已，議先遣沈括報聘。于是樞密院言：『本朝邊臣見用照證長連城、六蕃嶺爲界，公牒六十道，多是北邊聲説關口、把鋪等處，捉賊或交蹤並在長連城、六蕃嶺之北，内順義軍重熙二年三月十八日牒稱：「南界送到山後長連城兩界分水嶺上，收捉賊人張奉遠等，不合過界，準法斷訖。」又順義軍清寧九年十月牒：捉到截奪南界代州崞縣赤埿膠主户白友牛賊人事，既指長連城分水嶺上爲兩界，并稱白友係代州崞縣主户，顯見不以古長城并近裏分水嶺爲界。治平二年起移北界鋪舍，即無侵越地界。今聖旨只爲兩朝通和歲久，所以令於長連城、六蕃嶺南，依舊址修蓋，已是曲敦和好。今禧更指分水嶺爲界，緣所在山嶺，水勢分流，皆謂之分水嶺。昨蕭素等所執照證文字三道，除大石、義興冶兩寨，已爲北界侵越，不經治平年發遣，見不以長連城爲界外，其西陘寨執張慶文字爲據，言分水嶺上有土壠，據所指處即無土壠，兼張慶文字指雁門寨地至北界遮虜軍十一里，今雁門寨至長連城，約八九里。長連城至遮虜軍約二里，又證得長連城爲界，兼忱等曾牒素等，令指定是何山名爲分水。素等牒回，但稱「沿邊山名地里界至，南界足可自知，豈可移文會問」。顯見原無指定去處，今禧所執與素等同，全無照驗文字，欲令沈括等到北朝日，將見用照證文字，一一聞達北朝。』詔：『國家與契丹通和年深，終不欲以疆埸細故，有傷歡好大體。既許以治平年蓋鋪處，依舊址修蓋。務從和會，即更不論有無照證，若不指定分水處，即恐檢視之時，難爲擗撥。一、李福蠻地，許以見開壕塹處分水嶺爲界；一、水峪内義兒馬鋪并三小鋪即挪移近南，以見安新鋪山頭分水嶺爲界；一、自西陘寨地方以第一、第二、第三、第四、第五遠探、白草鋪山頭分水嶺向西接古長城爲界；一、黄嵬山地，已經仁宗朝差官與北界官吏於聶再友等已侵耕地外，標立四至訖，及天池廟，順義軍牒稱地理係屬寧化軍，並無可商議；一、瓦窑塢地，前來兩界官司商量未了，今已指揮韓縝等一就檢視，擗撥處以分水嶺爲界。』上遣使者持報書示禧，禧乃辭去。括候禧去乃行。故事：使者留京不過十日。禧至以三月庚子，既入辭，猶不行，與縝等争論或至夜分，留京師幾一月。蕭禧之再來，上遣入内供奉官、勾當内東門司裴昱，賜韓琦、富弼、文彦博、曾公亮手詔曰：『朝廷通好北朝幾八十年，近歲以來，生事彌甚，代北之地，素有定封，而輒造釁端，妄來理辨。比敕官吏，同加案行，雖圖籍甚明，而詭辭不服。今横使復至，意在必得，朕以祖宗盟好之重，固將優容，敵情無厭，勢恐未已，萬一不測，何以待之。古之大政，必詢故老，卿素懷忠義，歷相三朝，雖爾身在外，乃心罔不在王室，其所以待遇之要，禦備之方，密具以聞，朕將親覽。』琦言：『……宜遣使報聘，優致禮幣，開示大信，達以至誠，具言朝廷向來興作，乃修備之常，與北朝通好之久，自古所無。豈有他意，恐爲諜者之誤耳。且疆土素定，當如舊界，請命疆吏，退近者侵占之地，不可持此造端，欲隳祖宗累世之好，永敦信約，兩絶嫌疑。……萬一聽服，則可遷延歲月，陛下益養民愛力，選賢任能……如其不服，決欲背約，則令河北諸州，深溝高壘，足以自守。……至於清野之法，則難盡行。』」「丁卯，遼主遣永州觀察使耶律景熙，崇禄少卿韓詵；其母遣懷德軍節度使耶律達，廣州防禦使劉從祐來賀同天節。」

戊寅，「知廣信軍狄詠等言：『契丹移新木、内城村兩鋪近邊，欲以本軍張瓜村、新河口兩鋪亦移近邊，與彼相直。』詔河北沿邊安撫司遣官相度，如全屬南地即如所請。知雄州王道恭言：『北界改移鋪屋，見移文詰問，未敢再令毁拆。』詔候契丹防守人馬退則毁拆」。「命新知代州周永清代張誠一同韓縝分畫地界。上以承旨司及閤門闕官，故留誠一也。永清入對，言：『疆境不可輕以予人，臣職守土，不願行。』因遣之。（原文作因，按文義似是固字之誤。）王安石爲上言：『契丹大而無畧，則多隙可乘，且并諸國及燕人爲一，四分五裂之國也。』上曰：『中國兼燕、秦、楚、越萬里之地，古所以勝外敵之國皆有之，能修政刑，則契丹誠不足畏。』安石曰：『中國如大物，要以大刀操而運之耳。』」庚辰，「河北西路轉運司言：『北兵過界，畧真定府北寨横巡節級杜辛等。』上批：『此安撫司事也，轉運司何預，令具析以聞。』」

高麗史卷九：文宗二十九年（一〇七五）「夏四月丙寅，遣刑部侍郎崔奭如遼賀天安節，殿中内給事全咸正賀坤寧節，都官員外郎趙惟阜賀正，殿中侍御史許忠進方物」。

〔五〕按閏四月壬辰朔，庚戌爲十九日。范仲熊北記云：「延禧，乙卯歲（大康元年）四月二十九日生。」

全遼文卷一一張世卿墓誌銘：「每年四月二十九日天祚皇帝天興節。」並與此異。蓋天祚生於閏四月十九日，而閏月非每年所有，故以四月二十九日爲天興節。

長編：閏四月甲午，「上謂輔臣曰：『蕭禧才去，便無人論北事，須是大家惻怛憂邊。』……又議契丹事，安石曰：『卑而驕之乃是欲致其來，如傳聞契丹甚畏我討伐，若彼變其常態，卑辭以交我，不知我所以遇之將如何？……我不可示彼以憚事之形，示以憚事之形，乃所以速寇也。』」丙申，「詔雄州移牒涿州，沈括回謝不可以『審行商議』爲名。先是契丹欲改括使名爲『審行商議』，涿州已再牒雄州。又同日牒稱括趁五月二十三日入見，上與輔臣謀之，王安石言：『彼誠有爭心，則必不肯令括過界，候改得「審行商議」，指揮乃令括過界，今同日牒令過界，則其事非堅可知，設若彼要括商議，但答云：「受旨回謝，不合預商議，然南朝本自不欲爭小故，務存大體，所以不較曲直，割地與北朝，今北朝卻要審行商議，必是顧信義，不欲無名受地，但請遣汎使盡齎合照證文字來南朝，理辨曲直，庶早得了當。」緣契丹習見朝廷憚其汎使，故每言難免往復，今明許其來，來有何傷。』上以爲然。詔雄州牒涿州如安石言。既而復令進呈牒本，謂安石，『彼若果遣汎使來當如何？』安石曰：『彼以爲我憚其汎使，今示以無所憚，彼或不遣，示以憚遣，則其來決矣。汎使於我何苦而憚其來也。』上曰：『來此偃蹇不去如何？』安石曰：『鄉者蕭禧來，陛下兩開天章閣議事，又連遣使就商量地界，乃所以長其偃蹇，今若復遣汎使來，待彼說一句即答一句，若不說則勿語，或不肯去，即厚加館餼，節次牒報契丹，彼亦無所發怒，何由使至交兵。然邊探屢云：契丹欲傳國與耶律濬。濬好殺，不更事，恐爲其國干賞蹈利之臣所誘，或妄生邊隙，不可不戒，宜早爲之備。』上曰：『善。』令只依前牒指揮。安石曰：『前指揮雄州未得發牒，今令依前指揮，緣雄州機事從來不密，傳聞契丹或有以窺我，謂宜少變前指揮，使不測所以，止住前牒之意。』乃改云候沈括過界數日，即牒過」。「庚子，命龍圖閣待制曾孝寬兼權河北西路察訪司事，沈括出使契丹故也。」

〔六〕長編：五月「戊辰，定州路安撫司言，北人引兵焚廣信軍新河口鋪及擄卻廣信、安肅軍界居民。詔：『知廣信軍狄詠斥堠不嚴，知安肅軍郭忠嗣失覺察，各罰銅二十斤。』軍士鬥敵傷重，遷一資，不願者，賜絹二十疋，傷輕，十疋，其遂城、安肅兩縣尉，委安撫司選舉使臣代之。』」癸酉，「上批付韓縝等：『勘會昨朝辭日，曾面諭卿等，候卿到邊上，先約與北人，於水峪地分相見分畫訖，將以次地分商量。今得卿等今月十九日奏，與（蕭）禧、穎相見，因何卻將東至團山鋪，西至瓦窑塢一起，並與北人議定，遂致貪婪麻谷地分，不肯了當，可速分析奏聞，其水峪以次地分，不管更致促迫，須候一處開壕立堠一切了當，方得躬親往彼按視分畫。』」

〔七〕本史卷九八劉伸傳、全遼文卷一〇王師儒墓誌銘、卷八韓資道墓誌銘，長編並作韓造。

宣府鎮志五：「五月壬戌，有星出尾東，如太白，西南速行，至濁没，赤黄有尾跡。」

〔八〕長編：「六月戊申，詔：『緣北邊寨鋪使臣所管界至退縮，並故縱人出入者，劾罪，不以去官赦降原減，界至退縮者並統轄官以聞。』上謂王安石曰：『河北邊事，自蕭禧去後便緩。』安石曰：『事要當不在急，若措置雖急卻不當，但害事，何補邊計。』」己酉，「詔：『邊民典賣地與北界，論如私相交易律，皆配黄河南本城，許人告，畝賞錢十千，所典賣地，勒犯人家或地鄰贖歸。犯人家財不足，官爲借給。已有北人居者，官司婉順發遣。其典買北人地者，錢不追，地不得耕。兩地供輸與全屬南人典賣地者，立法有差。』先是邊民以地與敵交易，久則疆畔不明，往往生事。慶曆中，賈昌朝嘗爲約束，後屢申明，不能禁止，至是又著爲法」。壬子，「上謂王安石曰：『沈括奏契丹地界事，似已説得了當，不知實如此否，彼或更不遣汎使來。』安石曰：『契丹固宜無他，既見朝廷許再遣汎使，無所憚，則必不再遣也。』括初至雄州，敵遮境不納，責地不已，數火邊候，以示必舉。留雄州二十餘日。蕭禧還，乃納使人。括草遺奏，付其兄雄州安撫副使披，其大意言：『臣不還，敵必傾國爲寇。敵之器甲材武，皆不逮中國，所恃者惟衆，而習勞苦，不持糧。制敵之術，惟聚兵定武，合西山之衆，以守磁、趙。黎陽河狹而岸近，折箠可濟，當分澶、魏之甲，以塞白馬之津，懷、衛堅壁，以塞洞道，敵不得而西，必出中路，以趨河橋，則決齊賈以灌之，雖百萬可使之爲魚矣。唐河出於西山，以囊壅之，待其師還，決囊以斷其軍，鎮、定之師尾其後，可蓬卷而覆也。』括至敵庭，敵遣南宰相楊益戒就括議，括得地訟之籍數十於樞密院，使吏屬皆誦之。至是，益戒有所問，顧吏屬誦所得之籍，益戒不能對，退而講尋，他日復會，則又以籍對之。益戒曰：『數里之地不忍，終於絶好，孰利？』括應之曰：『國之賴者義也，故師直爲壯，曲爲老，往歲北師薄我澶淵，河潰，我先君章聖皇帝不以師徇，而柔以大盟，慶曆之初，始有黃嵬之訟，我先皇帝仁宗於是有樓板之戍，（原注：武經邊防：代州崞縣有樓板塞，西至忻州雲内砦二十里，北至契丹界。）以至於今，今皇帝君有四海，數里之瘠，何足以介，國論所顧者，祖宗之命，二國之好也。今北朝利尺寸之土，棄先君之大信，以威用其民，此遺直於我朝，非我朝之不利也。」凡六會，敵人環而聽者千輩，知不可奪，遂舍黃嵬而以天池請。括曰：『括受命黃嵬，不知其他。』得其成以還」。戊午，「詔：『岢嵐、火山軍堪耕種地，如均給遷移弓箭手有餘，更益以西陘等寨未耕官地堪耕種者，以漸增募弓箭手。』時河東與敵人分畫疆土，而弓箭手有遷移者，故籍曠土分給之」。

〔九〕長編：秋七月壬戌，「代州言：『真定府北寨卒杜辛等十六人爲契丹所畧，害之。』詔賜辛等家絹各二十匹。後契丹復歸辛等，未嘗殺也」。「丙寅，教八軍營陣副將、左班殿直、閤門祗候臧景權發遣廣信軍，景有武畧，前此知雄州歸信、容城縣，遼人憚之。使者薦其才，召見，以爲營陣副將，又擢之而有是命，仍詔景自今移文北界假洛苑副使兼閤門通事舍人。」丙子，「韓縝等圖上河東緣邊山川地形堡鋪分畫利害。詔：『雙井、水峪、瓦窑塢分畫地開壕立堠，增置鋪屋控扼處，並依奏，石門子鋪如在三小鋪外，更不拆移，其見安新鋪以東，接胡谷寨地元非分畫處，若北人言及，即以此拒之。如固争執，奏取朝旨，其白草鋪，西接古長城，先從北與之議，毋得過分畫地界，其古長城以北弓箭手地聽割移。』上與王安石日論契丹地界曰：『度未能争，雖更非理，亦未免應副。』安石曰：『誠以力未能争，尤難每事應副，國不競亦陵故也。若長彼謀臣猛將之氣，則中國將有不可忍之事矣。』」「戊寅，太白晝見。四方館使、榮州刺史李評往河東同分畫地界，評使遼甫還，上復遣之，尋有詔促評起發。」癸未，「詔知丹州宋昌言降通判差遣，文思副使郭若虛降一官。坐使遼不覺翰林司卒逃遼地不獲故也」。戊子，「上批：『契勘河東分畫地界所，已兩次承準北人公牒，欲於雙井地分期約相見，至今韓縝等未見迴報，可速降指揮，令具約定何月日與北人相見，急遞以聞。』」

高麗史卷九：「秋七月乙丑，遼東京兵馬都部署牒告，改咸雍十一年爲大康元年。」「癸酉，遼東京兵馬都部署奉樞密院劄子移牒，請治鴨江以東疆域。己卯，遣知中書院事柳洪，尚書右丞李唐鑑同遼使審定地分，未定而還。」又卷九五朴寅亮傳：「遼嘗欲過鴨綠江爲界，設船橋越東岸，置保州城，顯宗以來，屢請罷，不聽。（文宗）二十九年，遣使請之，寅亮修陳情表曰：『普天之下，既莫非王土王臣；尺地之餘，何必曰我疆我理。』又曰：『歸汶陽之舊田，撫綏弊邑；回長沙之拙袖，抃舞昌辰。』遼主覽之，寢其事。」

〔一〇〕長編：八月壬辰，「河東經畧司言：『準分畫地界所牒，已差晉州、麟州、代州通判赴所當句當公事及委使臣馬仲良等五人準備使喚。已發遣去訖。』上批：『契勘分畫地界，開壕立堠，自有諸寨使臣及逐處巡檢。未知用許多文武官作何使喚？可劄與韓縝等，令留合用句當的確人外，餘並放令歸本任。』」「癸巳，定州路安撫司上相度到沈括所奏敵人出入道路，合先據地利安置營寨事。詔樞密院籍記。先是，括察訪河北，言定州北蒲陰、滿城皆有廢壘，若北騎入寇，可以發奇遮擊故也。括初至定州日，與其帥薛向畋獵，畧西山、唐城之間二十餘日，盡得山川險易之詳，膠木屑鎔蠟，寫其山川以爲圖，歸則以木刻而上之，自是邊州始爲木圖。定州城北園有大池，謂之海子，括與向議展海子直抵西城中山王塚，悉爲稻田，弓（弓，應是引字）新河水注之，彌漫凡數里，使定之城北，不復受敵。議者或欲傍西山阻嶮爲山寨，以處避寇之民，括以爲不然，曰：『民當使之同安逸，共患難。若縱其寇至而潰，則君誰與守。兼頓斃道路，先自屠戮，足以助敵勢，非策也。』乃嚴爲入保之法，仍設關梁以止逃者，設旍鼓興召之令，舉河北西路可得丁百萬，以臨邊圉，皆兵也。元氏銀冶，發轉運司置官收其利，括以爲不可，曰：『耕墾利於近，商賈利於遠，今開銀冶於極塞，客聚之民，一旦成市，仰哺邊粟，日耗軍食，近寶則國貧，其勢必然，人衆則囊橐姦僞何以檢察？朝廷歲遺單于銀以數十萬，以其非北方所有，故價重。而契丹利之。昔日銀城縣坊城皆没於契丹，蓋北人未知鑿山之利也。若啓之使能自致，則國中之幣益輕，復何賴於歲餉之物，其勢必攜鄰，釁將自此始矣。』時契丹畧漢境，民不安於鄙。傅城自歸，而夷夏莫能辨。守者無敢納，賴敵退，鄙之人幾肉於契丹。括爲講坊市法，嚴爲防禁，使民各以鄉閭族黨相任，分坊以處之，謹啟閉之節。坊有籍，居有類，出入有禁，邊人爲安。河北阻於大河，惟澶州浮梁屬於河南，契丹或下西山之材爲桴，以火河梁，則河北界然援絶。括請設火備，無使姦火得發。定州北境，先種榆柳以爲寨，榆柳植者以億計，括以謂契丹依之，可蔽矢石，伐材以爲梯衝，是爲寇計也。皆請去之。時賦近畿户畜馬以備邊，不可得，民以爲病。括以爲契丹馬所生，而民習騎戰，此天地之產也，中國利彊弩，猶契丹之上騎也。舍我之長技，勉强所不能，以敵其天產，未聞可以勝人也。邊人之習兵者，平日惟以挽强爲格，括以爲挽强未必能貫革，謂宜以射遠入堅爲法。如此詔可者三十一事。」「丙申，工部郎中、直龍圖閣、判將作監謝景温爲遼主生辰使，文思使高遵路副之；太常丞、集賢校理、直舍人院李定爲正旦使，皇城使兼閤門通事舍人李惟賓副之；太常丞、集賢殿修撰侍御史知雜事張琥爲遼國母生辰使，皇城使姚麟副之；刑部員外郎、集賢校理同修起居注竇卞爲正旦使，皇城使曹誦副之。後定免行，以祠部員外部、集賢校理孫洙代之。麟遭母喪，以東作坊使向綽代之。遵路時知豊州，召未至，上批本州地控西北之地，最係極邊，不可闕正官。乃令遵路還任，以文思使王崇拯代之。」（竇卞原誤「便」，錢表作卞不誤，宋史卷三三〇有竇卞傳，書録解題有竇卞奉使語録一卷。向綽，錢表作向緯，又王崇拯代遵路事，錢表脱。）「戊申，詔真定府路安撫司：『如北人移鋪侵越疆界，先以理道說諭止約。或不從，量以兵馬驅逐，毋輒生事。』本路言，探報北人欲移鋪屋故也。」

〔一二〕長編：九月壬申，「上批付韓縝等：『今月六日得卿等繳奏北人來牒，岢嵐軍地分見守把界壕，非元初分立界至處所，詳料北敵之意，必以卿等累督其先開立蘆茅山以西壕堠，疑已尚有準擬分畫之地，謂我含而不洩，幸而議不及之，急欲承就了當，故復反覆侵貪，不肯休已。敵情若此，苟不以堅緩持之，不惟草城川地決不可與，深恐浸淫滋長，邀求大事，遂致爭競，難保盟約。卿等宜示以持久不易之意，庶幾姦貪或能阻止。昨降指揮，令卿等暫般挈家屬在彼，可速依準，庶北人伺知，信我不憚持久。前日降出雄州繳奏北界涿州來牒一道稱：「準樞密院劄子，據山西都鈐轄司申近巡歷緣山口鋪，有雙井地蔡家口，南人阻擋北界人旅過往等事。已降付樞密院訖。」看詳上件北牒，乃是昨據邊報，北廷差官特來按視，欲有争理疆事。今之來牒，乃開端耳。已後次第，必須相繼迤邐，漸漸加緊理會，故今應接之始，不可不謹。卿可於本房取索，子細看詳，照對前後文字，與樞臣面議，審擬一回牒進呈。』」

「戊子，上批付韓縝等，今月十四日據走馬承受奏，於今月十日有燕復等引領北人來黄嵬大山第四鋪，開立壕堠次，卻有弓箭手三百餘人，執持弓箭棒杖趕打北人。及貼黄稱：地界司見勾將官馮勝下防拓兵級，欲要處置等事。勘會，除古長城内有起遣著人户，朝廷已令標撥與地土外，未知因何又起遣著若干人數？可疾速分析聞奏，其弓箭手争鬬事，仍須婉順開諭，不得麤率，妄有處置。」

〔三〕長編：「冬十月己丑朔，命龍圖閣直學士、樞密都承旨曾孝寬往河東分畫地界所計議公事。時李評言：義興冶、胡谷、茹越、大石四寨堡鋪分界，與韓縝所上畫圖不同，故遣孝寬往審問。孝寬請差官案視，改正而歸。仍詔孝寬有申陳事具奏，從入内内侍省進入，及孝寬以圖籍案視，而并邊未嘗侵北境，乃奏曰：『國家所以待敵人者，恩與信也。恩不可縱，信不可失，苟細事不較，則將有大於此者矣。宜如故便。』」壬寅，「上批付韓縝等：『今月九日得卿等繳奏北人來牒，却改差蕭禧代耶律壽分畫地界事，未知遼人之意何在？可火急體量奏來，所有疆議，今後宜更再三思慮應接，無見露憚於持久，爲遼人窺度，致浸滛生事，卒難了絶。』」

〔一二〕契丹國志卷九：「冬十月彗出軫。」長編：「是夕，十月十九日丁未，彗不見，自始出至没十二日。」

〔一三〕長編：十一月壬戌，「上批付韓縝等：『聞禧、穎近已離麻谷鋪北往靈邱縣去，觀北人之意，必是別處移牒，或遣使促議，卿等宜更就彼，斟酌人情方便，羈縻留連，勿使悻然絶議北去，却恐意外別致生事，朝廷難爲酬答。』」「丙戌，上批中書、樞密院同議代北疆事，可來日就旬休於東府詳議進呈，不可更遲疑滅裂，乃議定東水嶺一帶，從雁門寨北過，分畫西陘地，令接古長城處，分畫瓦窑塢地，令案視分水嶺所在分畫，麻谷寨、木窗鋪當折移，令韓縝等先勘會聞奏。」高麗史卷九：「十一月乙亥，遼遣橫宣使益州管内觀察使耶律甫來。」

〔一四〕朔字，據本史卷四四朔考補。

〔一五〕長編：十二月「癸巳，上批付韓縝等：『今月二日據雄州繳到北界來牒，坐到牙帳指揮，仰依韓縝等所立旗表去處，於麻谷以北界分畫，尋已令樞密院劄子付卿等去訖。可疾速細詳北界牒内事節，如見禧、穎，更切和會商量，勿致譸張，庶早見了絶。』韓縝等言：『北界理辨疆界，蕭素、梁穎已歸牙帳，乞暫赴闕，奏禀。』詔縝案視畫圖，齎赴闕」。庚子，「河東經畧使郭逵言：『如北人强來侵奪封疆，未知聽其建立鋪寨或以兵焚燬？』詔：『分畫未定，如北人强來，即先以理約攔；不聽，即審觀機便，或即時應敵，或候彼人馬歸焚燬。』」辛亥，「詔河東經畧司：『指揮緣邊州軍，候北界來增置鋪屋，即對境臨邊，亦安置鋪屋，招弓箭手。』」

長編：「十二月癸丑，遼主遣安東軍節度司（使）耶律世通，太常少卿昭文館直學士李仲咨；遼國母遣奉國軍節度使蕭達，給事中王籍來賀正旦。」（並見宋史卷一五。）

高麗史卷九：「十二月戊子朔，遼遣太傅武達來賀生辰。」

二年春正月己未，如春水。庚辰，駐蹕雙濼。〔一〕

二月戊子，振黄龍府饑。癸丑，南京路饑，免租税一年。〔二〕

三月辛酉，皇太后崩。壬戌，遣殿前副點檢耶律轄古報哀于宋。〔三〕癸亥，遣使報哀于高麗、夏國。〔四〕丁卯，大赦。戊寅，以皇太后遺物遣使遺宋、夏。〔五〕

夏〔六〕六月乙酉朔，上大行皇太后尊謚曰仁懿皇后。戊子，宋及高麗、夏國各遣使弔祭。〔七〕甲午，葬仁懿皇后於慶陵。己亥，駐蹕拖古烈。壬寅，出北院樞密使魏王耶律乙辛爲中京留守。丁未，册皇后蕭氏，追封其父祗候郎君鼈里剌爲趙王，封叔西北路招討使余里也遼西郡王，兄漢人行宫都部署、駙馬都尉霞抹柳城郡王，〔八〕參知政事楊遵勗知南院樞密使事，北院樞密副使蕭速撒知北院樞密使事，漢人行宫副部署劉詵參知政事。己酉，南府宰相趙徽致仕。〔九〕

秋七月戊辰，如秋山。癸酉，柳城郡王霞抹薨。

八月庚寅，獵，遇麛失其母，憫之，不射。〔一〇〕

九月戊午，以南京蝗，免明年租稅。己卯，駐蹕藕絲淀。〔一一〕

冬十月戊戌，召中京留守魏王耶律乙辛復爲北院樞密使。〔一二〕

十一月甲戌，上欲觀起居注，修注郎不攧及忽突堇等不進，各杖二百，罷之，流林牙蕭岩壽於烏隗部。是月，南京地震，民舍多壞。〔一三〕

十二月己丑，以左夷離畢蕭撻不也爲南京統軍使。〔一四〕

〔一〕長編：熙寧九年（一〇七六）春正月癸亥，「上批：『河東分畫地界公事韓縝、李評候北使辭訖，可降與今來合分畫去處文字，仰遵守施行，仍早令起發。』」「壬申，上批：『聞代州城壕乾淺，可浚令深三十尺，闊二十五尺。以皇城副使兼閤門通事舍人劉舜卿爲西上閤門副使、知代州。』」

〔二〕長編：二月「乙未，河北緣邊安撫司言：『雄州兩屬户累值災傷，採薪芻，市蔬薪者乞不禁。』從之」。「上批：『河北分畫地界，其天池一項，近韓縝等已嘗申明奏請，朝廷雖已回降指揮，恐亦未至明顯。縝等到彼，不免又須逐旋奏禀，必是復致稽緩。可檢會近降指揮，再議與一處分，仍令縝往寧化軍按視聞奏。』」「壬寅，以壽州契丹直等五指揮赴虔州權駐泊，以備廣南東路鈐轄司追呼。」

〔三〕長編：四月己丑，「禮院言：『遼使告哀。故事，待制以上至宰臣，弔於都亭驛，黑帶去魚繫鞵，令遼使在館聞哀，請如故事。』從之。時雄州言『遼國母以三月六日卒』故也。」三月丙辰朔，六日辛酉。癸丑，「上批：『勘會河東地界非久分畫了當，深慮沿邊守把居住軍民，忿見賊人佔據素間樵採之地，衷私遞相糾率越界，依舊取打薪芻，却至引惹不得安静，宜預密下經略司，仰嚴行戒諭城寨地方當職官，常切覺察，不得小有犯違。』甲寅，遼主遣林牙、臨海軍節度使耶律孝淯來告國母之喪，是日，上發哀成服於内東門，羣臣進名奉慰，輟視朝七日，遼使見於幕殿」。孝淯，似是轄古之漢名。

長編：五月丙辰朔，「以接伴遼使主客員外郎朱温其知舒州。先是遼使耶律孝淯問温其南蠻有何事。温其曰：『南蠻爲寇，已遣人討伐。』又問：『兵一二萬乎？』温其曰：『無，止一二千爾。』又問：『誰爲將？』曰：『郭逵、趙卨。』以不豫稟朝廷，故温其坐黜，而以户部判官、度支員外郎、秘閣校理安燾代之」。「戊午，宴遼使於崇政殿。……以遼國母卒。賀同天節使於紫宸殿朝辭。告哀使未至，未輟朝，故不辭於崇政殿。」（原注：案上云宴遼使於崇政殿。此條又云告哀使未至，未輟朝，故不辭於崇政殿。宋史本紀未載。且甲寅遼遣耶律孝淯來告哀，既經成服發哀，輟視朝七日，則是告哀之使已至。）

〔四〕高麗史卷九：文宗三十年（一〇七六）「夏四月丁未，遼遣永州管内觀察使蕭惟康來告皇太后喪，詔曰：『昊天不愸，大行皇太后上僊。慈顏永訣，眇質疇依。攀戀所深，悲號無措。卿疏封王社，作翰皇家。聞報訃音，諒增哀悰。』己酉，王素瀾率百官出閤門前迎詔舉哀。」

〔五〕長編：八月「壬辰，遼國母遺留使林牙、懷化軍節度使蕭質，翰林侍讀學士、右諫議大夫、知制誥、同修國史成堯錫來見，置酒垂拱殿，不作樂，後燕紫宸殿亦如之。（原作「遼母遺留使」，文義未順。）」

蔡寬夫（居厚）詩史卷上曰：「韓襄客者，漢南女子，爲歌詩，知名襄、漢間。孟浩然贈詩曰：『只爲陽臺夢裏狂，降來教作神仙客。』襄客閨怨詩曰：『連理枝前同設誓，丁香樹下共論心。』先公熙寧中迓虜使成堯錫，見遺衣服，刺此聯於裏肚上，其下復刺丁香連理，男女設誓之狀。虜人重此句爲佳製。」

長編：三月辛巳，「雄州言，『北界於兩屬費家莊六村，各差强壯六十人置弓箭手，每夜更宿，欲移文涿州詰問』，從之。詔：『雄州、歸信、容城知縣尉，近累與北人鬬，射傷人口，令王道恭嚴約束，仍具析因依以聞。』」

宣府鎮志卷五：「五月丁丑，有星去尾北，如太白，東南速行，至濁没，赤黄有尾跡。」

〔六〕長編：四月「辛卯，遼主遣興復軍節度使耶律庶箴，（原注：「案宋史庶箴作庶幾。」述按：誤。）太常少卿、史館修撰韓君授；遼國母遺崇義軍節度使耶律測，太常少卿、乾文閣待制、史館修撰杜君謂來賀同天節。以聞遼國母之喪，罷置酒。是日測等已對，詔以聞遼國母服藥，罷垂拱殿燕。

及歸館，命以涿州公牒示之，仍宣諭輟同天節上壽，罷大燕，令測等成服於開寶寺福聖院。詔宰相以下及從官往慰，令學士院别撰與遼主書，謝國母遣使及致感惻之意，更不報國母書」。（宋會要畧同。）「乙未，同天節。以遼國母之喪輟上壽，羣臣及遼使詣閤門拜表稱賀」。五月辛酉，「河東路經畧司言：『北界人稱，燕京日閱火礮，令人於南界榷場私買硇黄焰硝，慮緣邊禁不密，乞重立告賞格。』於是審刑院大理寺申明舊條行之」。

〔七〕長編：四月「丙午，户部副使、度支郎中王克臣爲遼國母祭奠使，西上閤門副使張山甫副之；太常丞、集賢校理蒲宗孟爲遼國母弔慰使，西上閤門副使王淵副之」。西夏書事卷二四：「五月，遣使如遼弔祭。遼主詢夏國事宜，使者以國主親政告。」高麗史卷九：四月，「遣户部尚書王錫，刑部侍郎李子威如遼，奉慰、會葬。」

〔八〕按后父鼈里剌又作别里剌，漢名德温，字好謙，已死於大康元年三月，應是追封，今於原封字上補「追」字；叔余里也，漢名德良，原接上文連叙，今補「封」字；霞抹，據本史卷七一道宗惠妃蕭氏傳爲后兄非后叔，補「兄」字。

〔九〕長編：六月「壬寅，上批：『北人見争理瓦窑塢地分，可速降指揮下韓縝等，令子細遍行檢視，詳悉畫一地圖聞奏，其堡鋪、山川、人户、壯丁及水流所向，並須一一貼黄聲説，不得小有鹵莽漏落。』」癸卯，「高陽關路安撫司言：『信安、乾寧軍塘濼，昨因不修，獨流決口，至今乾涸，乞於樸椿堰南引御河水注入。』上批：『聞近歲塘水有極乾淺處，當職之官，頗失經治，可於兩路各選委監司一員，以巡歷爲名點檢，具闊狹深淺，畫圖以聞。』」壬子，「上批付郭逵等：『代北疆事，雖已分畫，北人展轉邀索不已。諜者多稱北人緣朝廷方事南討，欲乘時牽制。以此觀之，安南之舉，惟萬全速了爲上。』」

〔一〇〕長編：八月「己丑，命給事中程師孟爲遼主生辰使，皇城使、嘉州團練使劉永壽副之；度支員外郎、祕閣校理安燾爲正旦使，文思使高遵治副之」。（並見宋史卷一五。）「壬辰，遼國母遺留使林牙懷化軍節度使蕭質（等）來見。」參見本年注〔五〕。

高麗史卷九：秋八月「庚戌，有司奏，北朝於定戎鎮關外設置庵子，請遣使告奏毁撤，從之。」

長編：熙寧十年正月庚辰，「給事中程師孟罷判將作監歸班。以奉使至涿州南亭排坐次不當，遣人計會改正不從，因托疾不赴北亭餞送。涿州移牒，言其不循故事也。初詔特罰銅十斤放罪，翌日乃有此命。」（原注：前此遼主及其母俱賀生辰，故遣使者兩番至遼地，相與坐，則接伴者南鄉西上，左番南鄉東上，涿州官西鄉，右番東鄉。及遼母卒，師孟始至涿州，遼爲坐圖，接伴使副俱南鄉，涿州官西鄉，而本朝使副東鄉。師孟曰：「如此，則中國之使卑矣。」自日昃至暮爭未決，從者失色，而師孟詞氣益厲，叱儐者易之。乃更以接伴者西鄉，本朝使副東鄉，而涿州官南鄉。明日，涿人餞於郊，疾馳過之，不顧。涿人以師孟不與餞禮，移文雄州，故責之。）

〔一一〕宋史卷一五：九月「己卯，遼遣使回謝」。

長編：九月「己卯，遼國回謝使長寧軍節度使耶律英，太常少卿韓君儀見於紫宸殿，置酒垂拱殿。」（宋會要作都謝使。）

長編：十月戊子，「館伴所言：『耶律英等使人來言：「昨蕭壽、郭詠回謝，蒙賜珠子及銀合，今不蒙賜，非爲愛物，恐損體例。」臣等語之以恩賜出自特旨，館伴無由知，而英等再以爲言。』詔令送伴使副止作准館伴所牒諸處勘會，無此例，婉順諭之。」

〔一二〕長編：冬十月乙酉，「詔：『麻谷寨地，令韓縝等牒與蕭禧，係通好以前興建，終不可拆移，雖相見必難商量，候降本朝牒去文字，即約日相見。』」甲午，「河東分畫地界所奏：『準北界理辨疆界所牒，遠探鋪侵礙當界地步，并本所回牒本奏聞。』御批：『宜令韓縝等選委從京將帶去官二員，令躬親詣北人所指去處，更切子細檢視，恐後來實有侵逾，即依理速行改正訖奏。』」戊申，「河東經畧安撫使韓絳言：『北人如强來蓋鋪，乞朝廷委之邊吏，徐行驅逐。』詔降依熙寧八年十二月庚子指揮。」

〔一三〕長編：十一月丁丑，「韓縝等言，與北人分畫瓦窑塢地界，詔依水流南北分水嶺分畫。」（原注：此據密院時政記十一月二十五日事。韓縝棄地七百里，或緣此。六月十八日上批當考。蘇轍劾韓縝章有云：「縝昔奉使定契丹地界，舉祖宗山河七百餘里，以資敵國，坐使中華之俗，陷没方外，敵得乘高以瞰并、代，朝廷雖有勁兵良卒，無所復施。」章在元祐元年閏二月甲午。又云：「訪聞河東當日割地與遼，邊民數千家，墳墓田業皆入異域，驅迫内徙，哭聲振天，至今父老痛入骨髓，而沿邊嶮要，舉以資敵，此乃萬世之深慮，縝以一死爲謝，猶未塞責。」章在閏二月甲辰。

又吕陶章云云，閏二月末輸又有章，在三月戊辰，其論割地事尤詳。）

高麗史卷九：十一月庚午，「遼遣崇禄卿石宗回來致大行皇太后遺留衣服、綵緞、銀器，詔曰：『昊穹不弔，慈壼纏憂。痛極彌留，無所逭及。爰遵遺命，式示寵頒。』」

〔一四〕長編：十二月癸巳，「高陽關路走馬承受王延慶言：『北人賑濟兩屬户。』上批：『北人忽爾逾常賑卹兩屬之民，意必别有所在。可嚴責雄州及緣邊安撫司，委刺事人鉤測其端以聞。』」「庚子，河東路經畧司、真定府路安撫司乞以代州根括地招弓箭手，於寶興軍界置堡把截，及於北寨界增横巡兵，及以本寨見佃禁山地界義勇、保甲，皆爲弓箭手。詔：『真定府路安撫司北寨地，止以義勇、保甲，分番巡防把截，所乞增横巡兵，依奏。其河東寶興軍瓶形寨，更不立堡鋪，令弓箭手擇利住坐耕種，分地把截。』」「丁未，遼主遣左監門衛上將軍耶律運，西上閤門使李逵來賀正旦。（耶律運來賀並見宋史。）」

直齋書録解題卷七：「接伴送語録一卷，集賢校理沈季長熙寧九年接伴送虜使耶律運所記。」

高麗史卷九：「十二月癸未朔，遼遣崇禄卿郭善利來賀生辰。」

三年春正月癸丑，如混同江。乙卯，省諸道春貢金帛，及停周歲所輸尚方銀。〔一〕

二月壬午朔，東北路統軍使蕭韓家奴加尚父，封吴王。甲申，詔北院樞密使魏王耶律乙辛同母兄大奴、同母弟阿思世預北南院樞密之選，其異母諸弟世預夷離堇〔二〕之選。己

丑，如魚兒濼。辛卯，中京饑，罷巡幸。〔三〕

夏四月乙酉，泛舟黑龍江。〔四〕

五月丙辰，玉田、安次蝝傷稼。〔五〕癸亥，日中有黑子。己巳，駐蹕犢山。乙亥，北院樞密使耶律乙辛奏，右護衛太保查剌等告知北院樞密使事蕭速撒等八人謀立皇太子，〔六〕上以無狀，不治，出速撒等三人補外，護衛撒撥等六人各鞭百餘，徙于邊。丙子，以西北路招討使遼西郡王蕭余里也爲北府宰相，兼知契丹行宮都部署事。戊寅，詔告謀逆事者，重加官賞。〔七〕

六月己卯朔，耶律乙辛令牌印郎君蕭訛都斡誣首嘗預速撒等謀，籍其姓名以告。即命乙辛及耶律仲禧、蕭余里也、耶律孝傑、楊遵勗、燕哥、抄只、蕭十三等鞫治，杖皇太子，囚之宮中。辛巳，殺宿直官敵里剌等三人。壬午，殺宣徽使撻不也等二人。癸未，殺始平軍節度使撒剌等十人，又遣使殺上京留守速撒，及已徙護衛撒撥等六人。乙酉，殺耶律撻不也及其弟陳留。〔八〕丙戌，廢皇太子爲庶人，囚之上京。己丑，回鶻來貢。殺東京留守、同知耶律回里不。辛卯，殺速撒等諸子，籍其家。戊申，遣使按五京諸道獄。

秋七月辛亥，護衛太保查剌加鎮國大將軍，預突吕不部節度使之選，〔九〕室韋查剌及蕭寶神奴、謀魯古並加左衛大將軍，牌印郎君訛都斡尚皇女趙國公主，授駙馬都尉、始平軍節度使，祗候郎君耶律撻不也及蕭圖古辭並加監門衛上將軍。壬子，知北院樞密副使蕭韓家奴爲漢人行宮都部署。乙丑，如秋山。丁丑，謁慶陵。〔一〇〕

八月庚寅，漢人行宮都部署蕭韓家奴薨。辛丑，謁慶陵。〔一一〕

九月癸亥，玉田貢嘉禾。壬申，修乾陵廟。〔一二〕

冬十月辛丑，駐蹕藕絲淀。

十一月，北院樞密使耶律乙辛遣其私人盜殺庶人濬于上京。〔一三〕

閏十二月戊午，以北府宰相遼西郡王蕭余里也知北院樞密使事，左夷離畢耶律燕哥爲契丹行宮都部署。丙寅，預行正旦禮。〔一四〕

是歲，南京大熟。〔一五〕

〔一〕長編：熙寧十年（一〇七七）春正月甲子，「雄州言：『北界巡馬過河以來，敵情難測，忽有奔衝，則知縣、縣尉弓手不多，勢力難敵。自今遇有巡馬，許呼集應接，人馬授甲於駐泊都監，聽排敵於西北門裏，以備非常。』從之」。

〔二〕夷離菫已改南、北院大王。此用舊稱。另一種夷離菫爲石烈首領。

長編：二月丙午，「詔：『河北、河東路不許以銅及盧甘石博買，通入蕃界。』」

〔三〕長編：三月乙亥，「高陽關路走馬承受王延慶乞令緣邊安撫司，精選職員使臣，主掌刺事人。樞密院言：『熙寧七年朝旨，緣邊刺事人多互傳報，徼倖賞物，人數雖多，於事無補。可下河北緣邊安撫司，選使臣牙吏有心力、諳識敵情者，裁定人數，委長吏同募土著可以深入刺事人，每事審實以聞，量事大小給錢帛，候有符驗，再與優賜。』詔申明行下」。

〔四〕西清黑龍江外記卷一：「至遼史始有黑龍江之稱。」清一統志卷四八：「金史地理志肇州始興縣，有黑龍江。黑龍江之名，始見於金史，其上源則北史（烏洛侯傳）之完水，舊唐書（室韋傳）之室建河也。」

長編：四月辛巳，「樞密院直學士、給事中、知定州薛向爲工部侍郎再任，向辭所遷官，降詔不允。故事，前執政辭官乃降詔，兩省降詔自向始也。初契丹求地之使久留邸舍，數出不遜語。邊奏雲、應集兵，治涿、易道，謂北人渝盟有端，累詔向察其實。向還奏：『契丹欲速成地界議，故多張虛勢以動中國，使者懼朝廷不如其請，故爲嫚言，徼倖取成，且兵來不除道也。』後卒如向言」。

長編：四月「乙酉，遼主遣奉國軍節度使蕭儀、副使崇禄少卿鄭士兼來賀同天節」。（並見宋史卷一五。）

長編：「丁酉，雄州言：『北界追集兩地供輸南陽項等五十八村首領，及逃移歸業百五十四户，六百九十七人，給賑貸錢千。已牒涿州劾本縣官吏賑貸罪。』詔雄州：『體量上件所貸民户，如委闕食，相度具當如何賑濟以聞。』尋詔兩地供輸人户，見欠賑濟米豆並除放。」「丙午，定州路都監何澤言：『緣邊山口鋪無捍禦之備，近聞敵入滄州小南河寨，殺傷老幼，剽奪器甲，乞應緣邊堡寨，委安撫司增築，或北界來問，即小南之事爲辭，最爲得策。』上批：『緣彼攻劫，因而整完，其於事機，誠不可失，令諸路安撫司相度施行。』」

〔五〕蝝，音緣。蝗子之未生翅者。

〔六〕「知」「事」二字原脱。按上下文任北院樞密使者爲耶律乙辛，蕭速撒時爲知北院樞密使事，見上文二年六月。據補。

〔七〕長編：五月乙卯，「詔：『保州保塞、定州北平、曲陽唐縣尉令、定州路安撫司權舉使臣。』以北人數入爲盜故也。丙辰，詔緣邊安撫司：『北界遣人移文或押送人口至，不係承接州軍城寨，並婉順説諭，約迴令往當承接州軍。』」甲子，「詔：『雄州歸信、容城縣民游化與三班差使、知縣李澤、縣尉宋彦國各減磨勘三年。』以獲北界强盜一十一人也」。乙亥，「詔韓縝等：『昨已與北人分畫緣邊界至，其山谷地名壕堠鋪舍，相去遠近等，並圖畫簽貼及與北人對答語録編進入。』」（六月壬寅，賜韓縝、李評衣帶及銀絹各百五十。縝仍許服金帶。以分畫河東地界之勞也。燕復等各減磨勘年有差。見長編。）

〔八〕壬午，殺宣徽使撻不也等二人至乙酉殺耶律撻不也及其弟陳留，按蕭撻不也未嘗爲宣徽使，而耶律撻不也則以宣徽使見殺，見本史卷九九蕭撻不也傳及耶律撻不也傳。是死於壬午者爲耶律撻不也，乙酉被殺者爲蕭撻不也，紀文所記互舛。

〔九〕依上文二月，大奴、阿思之例，預上似應有世字。

〔一〇〕長編：秋七月乙丑，「樞密院奏：『知忻州蕭士元、持服秘書丞呂大忠昨按視河東地界，内有不於圖子上貼畫出所指地名，及分水嶺去處，未當事理。』詔：『蕭士元、呂大忠累經赦恩，並特放罪。』河東分畫地界所燕復等檢踏天池西南無横嶺地名，後再檢視，有故寨，嶺亦名横嶺。詔復等所得減年磨勘内，各除一年」。

宣府鎮志卷五：「七月庚戌，有星出尾北，如太白，東南急行，入濁没。赤黄有尾跡。」

〔一一〕長編：八月己丑，「秘書監集賢院學士蘇頌爲遼主生辰國信使，西上閤門使、英州刺史姚麟副之；太常博士、集賢校理劉奉世爲正旦國信使，内藏庫副使張世矩副之。（並見宋史。）故事，使北者冬至日與北人交相慶。是歲，本朝曆先契丹一日。契丹固執其曆爲是。頌曰：『曆家算術小異，則遲速不同。謂如亥時節氣當交，則猶是今夕，若踰刻，則屬子時，爲明日矣。或先或後，各從本朝之曆可也。』北人不能屈，遂各以其日爲節。使還，奏之，上喜曰：『朕思之，此最難處，卿對極得宜。』因問契丹山川形勢，人情向背。頌曰：『通盟歲久，頗取中國典章、禮義，以維持其政令，上下相安，未有離貳之意。昔人以謂匈奴直百年之運，言其盛衰有數也。』上曰：『契丹自耶律德光至今，何止百年。』頌曰：『……夷情之叛服不常，不繫中國之盛衰也。』」

永樂大典卷一〇八七七引蘇魏公集卷十三後使遼詩注云：「熙寧十年八月，自國史院被命假龍圖閣直學士給事中，充大遼生辰國信使，十月三日進發，明年正月二十八日還闕，道中率爾成詩，以記經見之事，及歸録之。」向忝使遼於今十稔再過古北感事言懷奉呈同事閤使（西上閤門使英州刺史姚麟）：「曾到臨潢已十齡，今朝復忝建旟行。正當朔地百年運，又過秦王萬里城。盡日據鞍消髀肉，通宵聞柝厭風聲。自非充國圖方畧，但致金繒慰遠甿。」又贈同事閤使：「山路盡陂陀，行人涉險多。風頭沙磧暗，日上雪霜和。草淺鷹飛地，冰流馬飲河。平生畫圖見，不料此經過。」（厲鶚宋詩紀事引同。）晝墁録：「熙寧中，蘇子容使遼，姚麟爲副，曰：『盍載些小團茶乎？』子容曰：『此乃供上之物，疇敢與遼人。』未幾，有貴公子使遼，廣貯團茶，自爾遼人非團茶不納也，非小團不貴也，彼以二團易蕃羅一疋，此以一羅酬四團。」

長編：八月「丙申，詔：『知雄州、四方館使王道恭罰銅二十斤，通判、殿中丞趙燮降一官。』坐兼領屯田司職，不豫計蓄稻田水及放水入塘濼故也」。

〔一二〕長編：九月己酉，「詔：『東自信安、保定軍、雄、霸、莫州，西至順安、廣信、安肅軍、保州塘濼，民有漁船者，並置籍給牌，蠲其日納錢。』」乙亥，「詔：『近劉舜卿乞留投來北人科格依於代州辨彼國刺事人，已如其所請。再詳本州密邇戎境，事無巨細，彼悉知之，前歲所留色格，已可準驗，今既存留，必引惹争理，可令發遣赴太原，候有捕獲姦人，依舜卿奏令審辨真僞。』」

〔一三〕長編：十一月乙卯，「詔：『高陽關路副總管、六宅使、帶御器械卞贇落帶御器械；都監、供備庫副使劉晟，監押、西頭供奉官張孝傑各追一官，勒停。第七將衛進，安撫使張景憲各罰銅二十斤。』」

始，高陽關募兵，契丹陰遣北界刺事人應募，主司不察，定州路安撫使薛向牒知之，吏懼罪，縱使亡去。向使人入北界誘捕得之，聞於朝，械送瀛州，戮於市。故景憲等坐責罰」。

長編：「己未，代州言：『北界西南安撫司牒稱：去年九月，南軍擅入當界，燒燬劉滿兒田禾等舍屋，請嚴行誡約及追取價直。』上批：『此與真定壤界，若不明指照據，速定分畫，即含容日久，又成争端。』乃詔安燾親詣真定窮究，即具所檢北人所種田土燒燬因依，仍選官照驗案籍，具侵與不侵省界，及當分界去處，畫圖以聞。」

長編：十二月癸巳，「韓縝等上與遼人往復公移及相見語録并地圖。詔縝同吕大忠以耶律榮等齎來文字館伴所語録及劉忱等按視疆場與北人論議及朝廷前後指揮，分門編録以聞」。

長編：十二月「辛丑，遼主遣賀正旦國信使長寧軍節度使耶律孝淯，副使太常少卿、史館修撰李儼來賀正旦。」（並見宋史）

高麗史卷九：文宗三十一年（一〇七七）「十二月丁丑朔，遼遣檢校太傅楊祥吉來賀生辰」。

〔一四〕遼以是年置閏十二月，宋以明年閏正月，故預行正旦之禮。

〔一五〕全遼文卷九覺苑神變加持經義釋演密鈔序：「越大康三年，忽降綸音，令進神變經疏鈔科，則密教司南時至矣。於是敬酬聖澤，兼副輿情；强攄鞏詮，謬成斯解。目之曰演密鈔。會於前冬，詔赴行在，面奉進呈，敕令雕印。墜典斯興，仁王之力也。」

四年春正月庚辰，如春水。甲午，振東京饑。〔一〕

二月乙丑，駐蹕掃獲野。戊辰，以東路統軍使耶律王九爲惕隱。〔二〕

夏四月辛亥，高麗遣使乞賜鴨渌江以東地，不許。〔三〕

五月丙戌，駐蹕散水原。〔四〕

六月〔五〕甲寅，阻卜諸酋長進良馬。

秋七月甲戌，諸路奏飯僧尼三十六萬。

八月癸卯，詔有司決滯獄。〔六〕

九月乙未，駐蹕藕絲淀。庚子，五國部長來貢。

冬十月癸卯，以參知政事劉伸爲保静軍節度使。

十一月丁亥，禁士庶服用錦綺、日月、山龍之文。己丑，回鶻遣使來貢。庚寅，南院樞密使耶律仲禧爲廣德軍節度使。辛卯，錦州民張寶四世同居，命諸子三班院祗候。〔七〕

十二月丁卯，以北院樞密副使耶律霂知北院樞密使事。〔八〕

〔一〕長編：元豐元年（一〇七八）正月癸亥，「降前知真定府、龍圖閣直學士、吏部侍郎致仕韓贄一官，追其孫思純將作監主簿告，通判鄭淵、簽書判官王欽臣各降一官，判官許章、推判官劉處厚各衙替，司隸參軍劉舜理以下三人勒停，北寨主楊允德以下三人除名編管，並不用赦降去官。坐牒易州捕盜，誤以解子平爲北界地，啟其爭疆之隙也」。（原注：贊知真定府乃治平二年。）閏月辛巳，「詔開封府劾權户部判官、主客郎中張充宗，内殿承制、勾當右騏驥院高遵制各追一官勒停。坐以違禁物償遼使所亡器皿，於驛舍與雜户通故也」。

〔二〕長編：二月「壬申，詔：『知雄州歸信、容城兩縣西頭供奉官李澤，尉、右班殿直朱彦圖，在任無引惹，及巡防不失事體。澤除閤門祇候，彦圖遷一官。並再任。』」

長編：三月「壬辰，詔：『賀同天節遼使見日，賜燕，下節別爲一行設座。』先是，賀正使牒館伴所，言：『舊例，燕座上、中節自爲一行，下節負壁，今乃三節並爲一行。』館伴以聞故也」。

〔三〕長編：夏四月「己酉，遼主遣崇義軍節度使耶律永寧，副使、太常少卿、乾文閣待制劉霑來賀同天節」。（並見宋史。）

庚申，「詔：『諸榷場除九經疏外，若賣餘書與北客，及諸人私賣與化外人書者，並徒三年。引致者減一等，皆配鄰州本城，情重者配千里。許人告捕給賞。著爲令。』」

〔四〕長編：五月「乙酉，詔：『械走投漢界北人王善及其妻子，蒙塞耳目至代州，牒送北界。』以上批，緣邊所收西、北界闌進人口，當送還者，並蒙塞耳目，勿令有所聞見故也」。（宋會要同。）辛丑，「管勾河東緣邊安撫司劉舜卿言：『北界西南面安撫司，自去秋因移文索姦細人李福壽等，妄指占瓶形寨地。至今春以來，漸以人馬並邊出入。臣竊料敵人覬覦，不過欲蹂踐苗稼，或强佔地域，重立鋪屋，以騷疆陲，欲止作本處意，詳度事勢支吾，不至一一申禀，以失機會。』從之」。

〔五〕據長編、宋史、契丹國志：「癸卯朔，日有食之。」

契丹國志卷九：「東南有大星出瓠瓜，聲如雷，其光燭地。」

〔六〕長編：八月「甲寅，知制誥兼侍講黄履爲遼主生辰使，皇城使、雅州刺史姚兕副之；太常博士周有孺爲正旦使，西京左藏庫副使楊從先副之。既而經畧司留兕防秋，乃以東上閤門使、榮州刺史狄諮代之。」（並見宋史。）

〔七〕長編：十一月乙未，「韓絳言：『北人郝景過南界榷場，闇畫地圖，已密遣人收捕。』詔：『定州路安撫司及河北緣邊安撫司指揮所遣人，須察知姦細實狀，方得收捕推鞫，無致引惹生事。』」

高麗史卷九：文宗三十二年（一〇七八）「十一月丁酉，遼宣賜使、益州管内觀察使耶律温來」。

〔八〕長編：十二月乙巳，「定州路安撫司言：『北界人于惟孝因傳達邊界事，爲北人收捕甚急，今乞歸明，望朝廷憫其累報北事，及嘗告捕北界刺事人李景等，特推恩。』詔：『于惟孝與三班差使，充江南指使。』（宋會要同。）河北緣邊安撫司嘗獲邊民王習所市北界馬，即送順義軍。上曰：『聞北界賣馬人法皆死，又徙其家屬，自今如北界無移文，可遣人夜於（放）界首，毋問賣馬者，免令屠戮蕃民。』」丙辰，「河北緣邊安撫司言：『準樞密院劄子，保州牒知北界燕京留守司指揮容城、歸信兩縣，鈐束拒馬河南兩屬户，毋得納雄州貸糧事，委本司考實，如實，即中書近降除放雄州歸信、容城兩輸户賑貸米指揮，且未須施行。本司勘會，南北兩界凡賑濟兩輸户及諸科率，兩界官司承例互相止約，其實彼此空文。今北界亦止循緣舊例，即非創始行移。兼兩縣自九月起催，至十一月中旬，纔納貸糧三千餘碩。自中旬北界止約，至十二月中旬已納米萬餘碩，以此較之，情實可見。兼中書近奏兩輸户納米數，乞倚閣，候秋料催納，以寬下户，乞止依此奏施行。』從之」。戊午，「詔：『真定府界塌崖嶺盜斫車輞者雅沁等三人，別無意作過，令放還北界。』」「丙寅，遼主遣寧昌軍節度使耶律隆，太常少卿、史館修撰王安期等來賀正旦。」（並見宋史。）

高麗史卷九：「十二月辛丑朔，遼遣衛尉卿吕士安來賀生辰。」

長編：十二月丁卯，「上每憤北人倔强，慨然有恢復幽燕之志，即景福殿庫聚金帛爲兵費。是年始更庫名，自製詩以揭之曰：『五季失圖，玁狁孔熾。藝祖造邦，思有懲艾。爰設内府，基以募士。曾孫保之，敢忘厥志。』凡三十三庫，後積羨贏，又揭以詩曰：『每虔夕惕心，妄意遵遺業。顧余不武姿，何日成戎捷。』」

遼史補注卷二十四

本紀第二十四

道宗四

五年春正月壬申，如混同江。癸酉，賜宰相耶律孝傑名仁傑。乙亥，如山榆淀。〔一〕

三月辛未，以宰相仁傑獲頭鵝，〔二〕加侍中。壬辰，以北院樞密使魏王耶律乙辛知南院大王事，加于越，知北院樞密使事耶律霂爲北院樞密使，北院樞密副使耶律特里底知北院樞密使事，左夷離畢耶律世遷同知北院樞密使事。〔三〕

夏四月己未，如納葛濼。〔四〕

五月丁亥，謁慶陵。以契丹行宮都部署耶律燕哥爲南府宰相，北面林牙耶律永寧爲夷離畢，同知南院樞密使事蕭撻不也〔五〕及殿前副點檢、駙馬都尉蕭酬斡並封蘭陵郡王。〔六〕

六月辛亥，阻卜來貢。丁巳，以北府宰相、遼西郡王蕭余里也爲西北路招討使。己

未，遣使録囚。是月，放進士劉瓘等百一十三人。〔七〕

秋七月己卯，獵夾山。〔八〕

八月庚申，命有司撰太宗神功碑，立于南京。〔九〕

九月己卯，詔諸路毋禁僧徒開壇。壬午，禁扈從擾民。

冬十月戊戌，夏國遣使來貢。己亥，駐蹕獨盧金。壬子，詔惟皇子仍一字王，餘並削降。丁巳，振平州貧民。己未，以趙王楊績爲遼西郡王，魏王耶律乙辛降封混同郡王，吴王蕭韓家奴蘭陵郡王，致仕。〔一〇〕

十一月丁丑，召沙門守道開壇于内殿。癸未，復南京流民差役三年，被火之家免租稅一年。

十二月丙午，彗星犯尾。乙卯，幸西京。戊午，行再生禮，赦雜犯死罪以下。〔一一〕

〔一一〕長編：元豐二年（一〇七九）正月乙亥，「罷岢嵐、火山軍市馬。先是，邊臣建議二軍市土産馬，以廣戰騎。既而北界移文稱，邊人多盗馬過界中賣，故罷之」。二月「丙午，河東經略司言：『火山軍巡檢韓渭擅領兵士入北界，與敵人相射，及誘致蕃部至廨宇，待以客禮。』詔渭衝替。令轉運司劾罪」。「庚申，詔：『近詔北界歸明人守官、致仕、分司，及牙校、軍民、僧人各具所在，并元歸明年月，見今職位姓名奏上。其西界投來及送到人口准此。所有西北界入漢地作過編配人數，亦令具年月及所在以聞。』」

〔二〕草木子卷四下：「海東青，能得頭鵝者，元朝官裏賞（鷹坊）鈔五十錠。」遼貴頭鵝與頭魚，同。本史卷三二營衛志：「皇帝得頭鵝，薦廟，羣臣各獻酒果，致賀語。」

〔三〕長編：三月「辛未，詔：『河東定奪吉伯溝地界，毋得張皇，或致生事。候究治得實，具奏聽旨。』」「戊寅，録北界人程詮、程岊爲三班借職，程景三班差使，李弼送襄州，賜地二頃，月支錢千、米一石三年。詮等嘗爲邊人刺北事，又嘗告獲姦細，事覺來歸，定州安撫使乞推恩故也。」（宋會要同。）丙戌，「河北緣邊安撫司言：『雄州兩輸户避北界差夫及科柸木修涿州城，各攜家屬，來近本州并關城居止。』上批：『兩輸户避役逃移，不免失所，其給口食賑卹，候北界科役少息，諭令復業。』」甲午，「雄州言：『北界民户以差配騷擾，併有驚移，涿州乃移文言：南界縣官以兵馬遮約，不令應役，請速遣回。』詔雄州：『具創生侵越騷擾因依，報之，及戒兩縣巡防。候北界差科稍息，即諭驚疑人户歸業。』既而緣邊安撫司言：『逃移人多客户，自言，若北界未肯罷夫，欲往他處營田作力，以爲歲計。』樞密院請詔雄州曉諭民户，田蠶及時，不可遠棄家産，候北界差科稍息，有人招呼，各歸復業。上批：『兩輸户逃移四方，雄州深以爲不便者，不過恐元佃之地，全爲北人拘占。今逃者既多客户，則浮寓之民，縱使散之他所，亦無深害。可止令出榜安慰還業。』」（宋會要畧同。原注：新、舊紀並書詔雄州兩輸户南徙者，諭令復業。）「丙申，閤門通事舍人河北緣邊安撫副使劉琯乞兩輸人已於近南居者，不得復於兩輸地來往。詔雄州已發遣歸業民户，責鄰保覺察。」

〔四〕長編：四月「甲辰，遼主遣林牙、懷化軍節度使蕭晟，左諫議大夫、知制誥張襄來賀同天節」。（並見宋史。）「壬子，遼使辭，置酒紫宸殿，不作樂。以乙卯有司薦饗太廟，是日齋故也。」高麗史卷九：文宗三十三年（一〇七九）夏四月，「西女真須于那等七人來朝，納北朝所授職牒，有司請改授元甫職，從之，賜金帛」。

〔五〕按即蕭兀納，本史卷九八有傳。

〔六〕長編：五月壬辰，「真定府路安撫司言：『北人侵耕解子平地。』詔安撫司遣人候望巡察，毋致更有侵耕，如北界以兵護耕種，候北人回，悉蹂踐之」。

〔七〕長編：六月戊戌朔，「樞密院言：『去月庚寅，北界人馬犯雄州界，射傷官兵，欲令雄州諭歸信、容城縣，如北人再至拒馬河南，且令婉順約攔，即深入近南地分，恐彼先以懦兵誘致鬥争，伏精鋭於林間，候官軍逐利，驟出圍掩，當常遠斥堠，度形勢捍禦，毋得遠追，自取理曲，仍選精强人馬以備應接。』從之」。戊申，「閤門祇候知雄州歸信、容城縣李澤遷一官，仍賜絹五十疋。時北界巡馬犯邊，澤與格鬥重傷故也。上批：『府州牧羊峯、代州梅回寨、成德軍解子平侵地，火山軍闌遺馬，廣信軍拘留百姓趙消，雄州巡馬相殺傷，涿州修城料夫，北界辦理此七事未絶，慮因常使或專遣人來，事之始末及所以應之之辭，亦宜豫爲經慮一宗文字，可專委檢詳官范育主領編録。』」辛酉，「雄州言：『北界巡馬過拒馬河南，歸信、容城縣尉、右侍禁宗彥圖禦敵有勞。』詔減磨勘三年」。

〔八〕索隱卷二：「案金志西京路雲内州柔服注，夾山在縣北六十里。一統志：夾山有二，其一在遵化州西南四十里，兩山相夾，高數百仞，東面懸崖爲水門口峽。此在遼景州；其一在鄂爾多斯左翼前旗東南六十五里，蒙古名和岳爾喀喇拖羅海。此在遼金肅州，並非雲内州之夾山。拾遺於天祚紀引張欽大同志曰：夾山在朔州城北三百四十里。又引三朝北盟會編曰：夾山者沙漠之北，是在今右玉縣南，朔縣北，與雲内州相近。」

長編：七月甲戌，「河北緣邊安撫司言：『緣邊州軍主管刺事人，乞選募，人給錢三千，以使臣、職員或百姓爲之。緣邊安撫司、廣信、順安軍各四人；雄州、北平軍各三人；霸州七人；保州、安肅軍各六人。其雄、霸州、安肅、廣信軍四榷場牙人，於北客處鉤致邊情，乞選舉通判及監官，考其偵事虛實，如至和元年詔賞罰。』從之」。

〔九〕長編：八月「甲辰，知制誥李清臣爲遼主生辰使，西上閤門使曹評副之；主客郎中范子淵爲正旦使，皇城使、雅州刺史姚兕副之，後子淵免行，以太常丞、檢正中書户房公事畢仲衍代之」。十月丁巳，又以西京左藏庫副使兼閤門通事舍人、河北沿邊安撫副使劉琯代曹評，以慈聖光獻皇后崩故也。（並見長編、宋史。）

長編：十月丁巳「（詔皇后子姪服喪……）時評爲遼國信副使，令乘驛還闕。以西京左藏庫副使兼閤門通事舍人、河北沿邊安撫副使劉琯代之。命雄州止以評疾報北界」。

〔一〇〕長編：十月己亥，「録北界歸明人武備爲下班殿侍、江南東路指使。備嘗爲邊臣伺敵中動靜，事泄，懼罪來歸，故録之」。（宋會要同）壬子，「定州路安撫使韓絳言：『北界崔士言屢至安肅軍刺事，結東京商人蘇文圖寫河北州軍城圍地理。士言爲本軍百姓誘至閻臺村南兩界首執之。』詔：『士言未過南界，遽已捕執，慮別致引惹。自今緝知北界奸細，須誘入省地，方許收捕。仍詔告捕蘇文賞錢千緡，班行内安排。』」

〔一一〕長編：十二月丙午，「定州安撫使韓絳言：『大理寺丞楊嬰尋訪得定州界，西自山麓，東接塘淀，綿地百餘里，可以瀦水設爲險固。願聽營葺。』從之。仍以引水灌田陂爲名」。壬子，「定州路安撫司言：『廣信軍民于原逃入北界，妻子初實不知。』詔：『原家屬送荆南編管。廣信軍官吏不覺察，劾罪以聞，雖遇德音不原。』」丙辰，「録北界人翟公瑾爲三班借職，差江南指使。以定州路安撫司言，公瑾屢洩契丹事，懼禍，挈妻子來歸故也」。（宋會要作公僅，餘同。）長編：十二月「庚申，遼主遣長寧軍節度使蕭寧、太常少卿、史館修撰韓君俞來賀正旦」。（並見宋史。）「辛酉，詔：『定州路安撫使韓絳提舉定州路水利事，仍以提舉定州路水利司爲名。』……時保州、廣信、安肅、順安軍，興水利屯田，詔以屯田司爲名，而絳言，恐敵疑增塘濼，故改之。」

高麗史卷九：「十二月乙未朔，遼遣起居郎馬高俊來賀生辰。」

六年春正月癸酉，如鴛鴦濼。辛卯，耶律乙辛出知興中府事。〔一〕

三月庚寅，封皇孫延禧爲梁王，忠順軍節度使耶律頗德南院大王，耶律仲禧南院樞密使，〔二〕户部使陳毅參知政事。〔三〕

夏四月乙卯，獵炭山。〔四〕

五月壬申，免平州復業民租賦一年。庚寅，以旱，禱雨，命左右以水相沃，俄而雨降。〔五〕

六月戊戌，駐蹕納葛濼。戊申，以度支使王績參知政事。庚戌，女直遣使來貢。

秋七月戊辰，觀市。癸未，爲皇孫梁王延禧設旗鼓拽剌六人，衛護之。甲申，獵沙嶺。〔六〕

九月壬寅，〔七〕祠木葉山。己酉，駐蹕藕絲淀。〔八〕

冬十月己未朔，省同知廣德軍節度使事，命奉先軍節度使兼巡警乾、顯二州。丁卯，耶律仁傑出爲武定軍節度使。庚午，參知政事劉詵致仕。癸酉，以陳毅爲漢人行宫都部署，王績同知樞密院事。辛巳，回鶻遣使來貢。

十一月己丑朔，日有食之。癸卯，召羣臣議政。〔九〕

十二月甲子，以耶律特里底爲孟父敞穩。乙丑，以蕭撻不也爲北府宰相，耶律世遷知北院樞密使事，耶律愼思同知北院樞密使事。庚午，免西京流民租賦一年。甲戌，減民賦。丁亥，豫行正旦禮。戊子，如混同江。〔一〇〕

〔一〕長編：元豐三年（一〇八〇）春正月己巳，「送伴遼使李琮等言：『大行太皇太后未葬。恐使人以故事邀過白溝置酒、作樂。』詔：『勿過白溝橋，給樂人例物如故事。』」辛未，「河北轉運判官孫迥言：『界河内北人魚船三十餘艘，白晝肆行，未有約束。』詔：『緣邊安撫司體量，如數稍多，即婉順止約。』」丙子，「龍圖閣直學士韓縝以河東分畫地界文字來上。詔録付河東經畧司，令帥臣親掌」。辛巳，「龍圖閣直學士韓縝言：『……乞以分定地界、壕堠、鋪舍照用文字，降付河東路經畧司。』從之。保州言：『北界屢有移文理會修城，乞自今三兩次移文回答一次。』從之」。乙酉，「詔：『北朝賀同天節使過界，如在百日（大行太皇太后）外，作樂。』」（宋會要同。）

〔二〕按此事已見本史卷二三咸雍九年八月。既非再任，當是重出。

〔三〕長編：三月甲戌，「詔：『遼使所過州軍，迎送、賜燕，許聽樂。至開封府界勿作。』」（宋會要同。）丁丑，「河東經畧安撫使孫永，乞聽代州缾形寨主劉進再任。上批：『進向與北人理辨本寨地界。應對之間，稍識機會，特從之。』」戊子，「詔：『西上閤門使狄詠展磨勘一年。』詠知廣信軍，契丹嘗入新河鋪，縱火，坐斥堠不嚴，贖金。至是當改官故也」。庚寅，「詔：『遼使賀同天節見辭日，止賜茶餅。十日，拜表賜節衣，並遣執政官就驛賜御筵。十一日，就驛賜射弓例物。十三日不賜御筵，餘如故事。』以在慈聖光獻皇后年内故也」。

〔四〕長編：四月「己亥，遼主遣瑞聖軍節度使耶律永芳，太常少卿、乾文閣待制劉彦先來賀同天節」。（並見宋史。）甲寅，「代州言：諜報契丹北樞密蕭堯昌等引步騎點檢緣邊鋪舍。上批：『敵若止是增飾鋪舍，必不遣如此重官，恐尚有理辦團山子以東地界之意，故假此爲名。宜下定州真定府安撫司、太原府經畧司，速募人伺敵情，仍增邊界巡守，及權移異地分内不得力使臣。』後逐司奏言：『惟點閲鋪舍而已，非有他故也。』」

〔五〕長編：五月丁丑，「河東緣邊安撫司乞移牒止約北人緣邊創置鋪屋。上批：『如北人於分劃壕堠之北，修建城池，即是有違誓書。若止增鋪屋，勿得止約。或於土門以東，接真定界以南侵犯，增鋪屋、壕堠，即先諭以理道，不從，即約闌出界。』續詔：『若北人果有創增，本界未有鋪屋，合關防處相度增置，先畫圖以聞。』（宋會要同）麟府路走馬承受陵中（宋會要作陸中）言：『聞府州久良津、賈胡疃有北人拆界壕石墻取水，詔河東路經畧司密體量當如何處置，其本處斥堠不謹，亦案劾之。』」

宣府鎮志卷五：「五月庚午，有星出尾南，如太白，速行至濁没，青白有尾跡。」

〔六〕契丹國志卷九：「秋七月，彗出太微垣。」長編：八月「戊午，彗滅。初，七月癸未，彗出於軫，長丈。丙戌，出於翼。戊子，長三丈。是月庚子，出於張。三十六日乃没」。

長編：「八月癸丑，知制誥王存爲遼主生辰使，皇城使濟州防禦使劉永保副之；太子中允、集賢校理兼同修起居注舒亶爲正旦使，西京左藏庫副使王景仁副之。仍令自今遣文臣奉使，元帶館職者並帶職，已而亶辭不行，以權發遣提舉三司帳司、司門員外郎錢勰代之。」（並見宋史。）長編：元豐四年正月「丙午，上批：『賀遼主生辰國信副使劉永保回至莫州卒，宜令高陽關路走馬承受楊安民因奏事赴闕，照管般挈付其家，令轉運司量應副。』」

〔七〕是年遼閏八月，與宋異。

〔八〕長編：元豐三年閏九月「丁巳，知定州韓絳言：『諜知遼人遣石宗回爲賀正旦副使，令於接伴等處，因語須説及本晉出帝之後，乞預令接伴使副以語折之。』詔劄與接伴使副」。

〔九〕長編：十一月「丙申，知代州劉昌祚言：『瓶形寨地有北人欲取直路趨團山鋪往來，臣已諭本寨使臣回答，不可更令希覬侵越。』詔：『如北人來境上問語言，密諭使臣等以理道婉順開説，無得先爲形迹，致敵别起爭端。』河北沿邊安撫司言：『準朝旨定移牒北界安撫司，問人船入界河北放箭因依，諜本繳奏。』上批：『移諜已數，可具止之。恐敵習玩，不以爲誡。』」「癸卯，河北沿邊安撫司奏：『信安軍地分界河内有北人漁船，知軍王惟純指揮約欄須管，却入元出來鹿角口内，而北人益以人馬，却要向下去，以致各曾放箭。本司勘會惟純雖是用心，緣未中理，若因此特有行遣，又慮北人别致生事，兼勘會界河北岸，通連北界河港不一，乞令後婉順説諭，如離元出口子已遠，止令於近便口港回歸，免致引惹爭鬥。』從之。」

〔一〇〕長編：十二月「甲申，遼主遣長寧軍節度使蕭偉，太常少卿、乾文閣待制石宗回來賀正旦」。（宋史並見。）

高麗史卷九：文宗三十四年「十二月己未朔，遼遣永州管內觀察使高嗣來賀生辰」。

七年春正月戊申，五國部長來貢。甲寅，女直貢良馬。〔一〕

二月甲子，如魚兒濼。〔二〕

夏〔三〕五月壬子，駐蹕嶺西。癸丑，有司奏永清、武清、固安三縣蝗。甲寅，以蕭撻不也兼殿前都點檢，蕭酬斡爲漢人行宮都部署兼知樞密院事。

六月甲子，詔月祭觀德殿，歲寒食，諸帝在時生辰及忌日，詣景宗御容殿致奠。丙寅，阻卜余古赧來貢。丁卯，以翰林學士王言敷參知政事，封北院宣徽使石篤漆水郡王。〔四〕

秋七月戊子，如秋山。丙申，謁慶陵。〔五〕

八月丁卯，射鹿赤山，加圍場使涅葛爲静江軍節度使。〔六〕

九月戊子，次懷州，命皇后謁懷陵。辛卯，次祖州，命皇后謁祖陵。乙巳，駐蹕藕絲淀。〔七〕

冬十月戊辰，以惕隱王九爲南院大王，夷離畢奚抄只爲彰國軍節度使。〔八〕

十一月〔九〕乙酉，詔歲出官錢，振諸宮分及邊戍貧户。丁亥，幸駙馬都尉蕭酬斡第，方

飲，宰相梁穎諫曰：「天子不可飲人臣家。」上即還宮。己亥，高麗遣使來貢。辛亥，除絹帛尺度狹短之令。〔一〇〕

十二月丁卯，武定軍節度使耶律仁傑以罪削爵爲民。辛未，知興中府事耶律乙辛以罪囚于來州。〔一一〕

〔一〇〕長編：元豐四年（一〇八一）春正月甲午，「詔：『聞代州諸寨昨經分畫地界處，尚有守鋪卒及弓箭手等闌出北界採薪，致引惹詰問。其令經界並緣邊安撫司申明約束，犯者於本地分界首斷遣。官吏不察治亦法外降黜。』」

〔一一〕長編：二月「己巳，知制誥王存言：『竊見遼人覘中朝事頗詳，而邊臣刺遼事殊疏，此邊臣任間不精也。臣觀知雄州劉舜卿議論方畧，宜可任此，當少假以金帛，聽用間於繩墨之外。』詔舜卿具所資用以聞。舜卿乞銀千兩、金百兩。詔三司給之。（宋會要同。）舜卿初至雄州，有告以巡馬大至，請甲以俟，舜卿不爲變，卒以無事。遼安捕繫州民，檄取不聽，會有使者至，因捕其徒一人取償焉。待釋乃遣。遼遣諜盜西城門鎖，舜卿密令易去舊鐍而大之，數日以鑠來歸，舜卿曰：『吾未嘗亡鎖也。』引視，納之不能受，乃慚去。諜者因得罪」。「庚辰，河東經畧司言：『準朝旨，相度代州、寧化、岢嵐、火山軍當增置鋪屋數，河東緣邊安撫司元奏，覘知北界欲增置鋪，候起修日，本界亦須增置。臣今看瓶形寨以東十鋪，若北人修蓋，亦便增修，緣不係分畫地分，顯似自作事端，乞權罷修創，其寨西欲增二十八鋪，亦恐不須爲，北界增置。其檢計數内，若控扼須至修創，乞候北人修畢增治。』詔河東經畧司：『候有北人增置鋪屋，再奏取旨，其先降即添置指揮，未得遽施行。』」三月己丑，「定州路經畧司言：『廣信軍覘遼人於易州緣邊鋪屋四面封標四十步，安肅軍覘緣邊量鋪屋圍二十餘步，以備牧馬，若增築地步置鋪，不侵犯本界地，合與不合問理？』上批：『宜遵守誓書施行。』」乙巳，「保州言：『覘知北界賀正副使石宗回言於遼主，聞南朝大閱武及藏兵於民。帳前已指揮燕京、西京等處，自今有南界投來軍士，毋擅送中京順化營，并押赴帳前。』上批：『聞賀正北使至恩、冀間，從人於驛舍羣聚合誦教法，聲聞於外，接伴祗應人有聽聞者，此乃沿邊機防不謹，有闌出亡卒漏泄其事。宜重告捕賞典，并緣邊當職官亦等第立賞罰。』」

〔三〕長編：夏四月「癸亥，遼主遣安復軍節度使耶律祐、客省使韓昭愿等來賀同天節」。（宋史同。）丙子，「鄜延路馬步軍副都總管兼第一將种諤言：『臣昨於今月庚申奏，夏國秉常爲賊臣所殺，乞朝廷興師問罪。今覘知秉常兵馬見聚於所居木寨。國母與梁相公兵馬見聚於國母巢穴。自木寨至國母巢穴約五里。今已絶河梁，南北人馬不通。梁相公者已出銀牌點集，未知從與不從。臣前奏乘其君長未定，國人離亂之際，順興王師招討，且兵尚神速，機不可後。況此西人叛亂，鄰國孰不動心？契丹自數年來，歲嘗三四以拜禮佛塔爲名，欲假道興州而意在吞併其國。西人平時已常患之，況今國内有亂，若聞中國棄而不顧，或備而遲留。萬一契丹乘此舉兵吞併，易若反掌矣。若西夏果爲契丹所併，則異日必有大患於中國。故今此事繫朝廷爲與不爲、決與不決耳。所謂楚得之則楚勝，漢得之則漢勝。今西夏疆埸，若歸中國，則契丹孤絶，彼勢既孤，則徐爲我所圖矣。兵法曰：「先發者制人，後發者制于人。」願陛下留神，早運勝算，此千載一時之會。陛下成萬世大勳，正在今日矣。』又言：『向者元昊將死，遺言：「異日勢衰力微，宜附中國，誓不可脅從契丹。中國仁愛而契丹負心，若附中國則子孫安寧，又得官爵。若爲契丹所脅，則吾族被戮無孑遺矣。」此語國人皆知之，至今相傳，今朝廷討伐，不惟易以成功，西夏素已防拒契丹，則必投戈歸命矣。』又言：『不必遠調兵賦，止發本路九將兵，裹糧出塞，直趨巢穴，兵尚神速，彼未及知，師已及境矣。』上批：『雖朝廷見遣王中正往體量確的情僞，又慮兵機一失，悔不可及，宜先令沈括、种諤密議，點集兵馬，告諭逆順，招懷并邊主兵酋首，以俟大兵併力，仍未得便舉事，先密具畫以聞。』」

高麗史卷九：文宗三十五年（一〇八一）五月「戊戌，遣閤門引進使高夢臣如遼賀天安節。右補闕魏絳謝宣賜生辰，户部郎中河忠濟進方物，閤門祇候崔周砥賀正。」

〔四〕長編：六月「丁丑，上批：『近河北諸路牒報，北界帳前指揮七月中會五京留守、及南北王府主兵官、諸招討於中京議事，未知其實。可令雄州及河北緣邊安撫司精選可信之人，厚許金帛，速覘以聞。』既而皆言無之」。

〔五〕長編：七月壬辰，「上批：『麟府路最當契丹、夏人交通孔道，今大兵追討，深慮賊勢窮蹙，遣使求援，宜豫有措置。』」

〔六〕長編：八月丙辰，「詔：『自南北通和以來，國信文字，差集賢院學士蘇頌編類。』頌因進對。上曰：『朝廷與契丹通好歲久，故事儀式遺散者多，每使人生事，無以折正。朕欲集國朝以來，至昨代州定地界文案，以類編次爲書，使後來得以稽據，非卿不可成。然此書浩繁，卿自度幾歲可畢？』頌曰：『臣願盡二年。』因令置局於樞密後廳，仍辟官檢閱文字」。辛酉，「雄州言：『涿州牒，蔚州稱雙井、新寨鋪邊吏，妄遮止北人，不令於壕北過往，請詰邊吏及擅越疆界人等罪。』詔：『河東提點刑獄黃廉往代州定驗，北人有無侵越舊界及邊人有無侵北界地樵採，具圖以聞。』」（原注：先言邊防，具注在十一月五日，明年正月十二日，又二十五日，又二月六日可考。黃廉行狀：「八月，麟府軍興，兼權轉運判官，又差定代州地界。廉條具分析，爲十二寨圖以進。且言：『建議者以分水畫界，恐地勢不能盡然，啟豺狼心，失中國險固。』其後遼人果責分水之言，包取兩不耕地。據有形勝，下臨雁門，父老于今以爲恨。」）丙寅，「詔王中正：『將來大兵出界，慮遼人亦遣兵征討，或爲援助，或於境上自防。若與諸路兵相遇，即先遣使臣說諭或移文。』以夏國内亂，囚制國主，不知存亡。朝廷回賜賀同天節，并遣使賜生日等物，無人承受。鄜延路累牒問宥州，皆不報。近又累犯邊，朝廷遣兵問罪，與北朝不相干涉，如阻隔進兵或先犯官軍，方得應敵。令中正密掌之。」（宋會要同。）「詔定州、高陽關、真定府路安撫司，河東路經畧司、河北、河東緣邊安撫司：『密戒沿邊州軍，與北界應干邊防事，一切皆循常，毋得輒創生更改。』」

八月，宋遣龐元英、文供備（供備庫使官號之簡稱。佚名。）爲賀遼主正旦使副。錢氏考異卷八三：「（元豐）四年，遼太康七年。長編失載遣使事，宋史亦無之。」此據龐元英文昌雜録卷三、卷四補。

〔七〕長編：九月庚戌，「詔：『將來北使經過新路州軍，守臣内有審官常格新差，材品凡鈍，難以酬接北人者，可從中書預選官移易，其知趙州史宗範，磁、相、邢、趙州通判，令河北轉運司體量人材，如不堪接待人使，即於轄下選官對移，並候人使回日依舊。』」

〔八〕長編：冬十月乙卯，「樞密院言定州諜報北界事。上曰：『朝廷作事但取實利，不當徇虚名，如慶曆中輔臣欲禁元昊稱兀卒，費歲賜二十萬，此乃争虚名而失實利。富弼與契丹再議盟好，自矜國書中入「南朝白溝所管」六字，亦增歲賜二十萬。其後白溝亦不盡屬我也。昔周世宗不矜功名，惟以實志取天下，故十餘年間，並無詔誥。使天假之年，其功業可比漢高祖。如李璟欲稱帝，世宗許之。蓋已盡取其淮南地，不繫其稱帝與否也。』」「丁巳，詔河東緣邊安撫司：『可作奉朝命，以夏國任事首領亂常，因廢其主。又不遵誓詔，縱部落侵犯邊城。今遣兵往追取罪人，緣調發並邊，慮北界疑惑，牒北界西南面安撫司，使諭朝廷之意。』」

〔九〕據長編：「癸未朔，日有食之。」

〔一〇〕長編：十一月丙戌，「雄州言：『準涿州牒，請早根勘經歷官司妄申舉，及深入當界地分村坊，檢問賊寇。』詔雄州：『自今凡與北人理辨邊界小事，不得全無瞻顧，務爲枝詞，致招引北界移書侮慢。』」丁亥，「河東路提點刑獄黃廉言：『準朝旨往代州定驗有無人侵北界地採薪，臣親往瓶形等十二寨緣邊界壕按視，一一詳考。委是古道，即不根究，内有道近鋪屋及密抵林木，委是人跡往還。本鋪守卒，朝夕採薪，舍遠就近，不能無之，及有避遠取直過往，雖非採薪，亦不當直過。』詔：『逐寨不覺察採柴及取直過往，寨官并本地守鋪人員，令河東路經略司劾之。』」（原注：元符二年，内殿承制吉先上書云：「昔在元豐之間，夏國囚廢其主，朝廷興師以伸弔伐之義，兵未出境而契丹應之，乃以争團山子道路爲名，移諜瓦橋云：『代州瓶形寨使臣非禮遮本國巡邊人馬，當道已指揮本地分官司禦敵拒捍去訖，請達于南朝照會。』朝廷委河東路提點刑獄黃廉詣瓶形寨按問其事。厥後未踰浹旬，北界之兵果來壓境，此蓋爲夏國之聲援也。是時臣任瓶形寨監押，覩契丹軍馬蟻聚甚衆，臣奮不顧身，入北人白刃中，以理道婉順説諭，而事以和解，尋準神宗皇帝御前劄子云：『北人開張旗幟，彀弓露刃，本欲示强，不肯回屈，本寨使臣又懼縱其侵軼之患。必與之鬥争，則恐激成邊事，今後權聽出入，别取朝廷處分。』因與契丹再分畫團山子以西邊界。臣以此知二國相援，不啻爲左右之手也。」）

高麗史卷九：十一月「壬寅，遼遣横宣使、利州管内觀察使耶律德讓來」。

〔一一〕來，原作「萊」。據本史卷三九地理志三及卷一一〇耶律乙辛傳改，參卷一六聖宗記。

長編：十二月癸酉，「滑州言，新作遼使驛已題爲武成，詔改爲通津」。「戊寅，遼主遣寧昌軍節度使蕭福全，太常少卿、乾文閣待制鄭顓來賀正旦。」

高麗史卷九：「十二月癸丑朔，遼遣崇禄卿楊移孝來賀生辰。」

八年春正月甲申，如混同江。丁酉，鐵驪、五國諸長各貢方物。〔一〕

二月戊午，如山榆淀。辛酉，詔北、南院官，凡給驛者，必先奏聞。貢新及奏獄訟，方許馳驛，餘並禁之。己巳，夏國獲宋將張天一，遣使來獻。〔二〕壬申，以耶律頗德爲南府宰相兼知北院樞密使，燕哥爲惕隱，蕭撻不也兼知契丹行宫都部署事。〔三〕

三月庚戌，黄龍府女直部長术乃率部民内附，予官，賜印綬。是月，詔行秬黍所定升斗。〔四〕

夏四月〔五〕壬戌，以耶律世遷爲上京留守。〔六〕

六月辛亥朔，駐蹕納葛濼。丙辰，夏國遣使來貢。〔七〕丁巳，以耶律頗德爲北院樞密使，耶律巢哥南府宰相，劉筠南院樞密使，蕭撻不也兼知北院樞密使事，王績漢人行宫都部署，蕭酬斡國舅詳穩。乙丑，阻卜長來貢。丙子，以耶律慎思知右夷離畢事。

秋七月甲午，如秋山。南京霖雨，沙河溢，永清、歸義、新城、安次、武清、香河六縣傷稼。〔八〕

九月庚寅，謁慶陵。丁未，駐蹕藕絲淀。大風雪，牛馬多死，賜扈從官以下衣馬有差。

冬十月乙卯，詔化哥傳導梁王延禧，加金吾衛大將軍。丙子，謁乾陵。〔九〕

十一月壬午，以乙室大王蕭何葛爲南院宣徽使，權知奚六部大王事，圖起爲本部大王。〔一〇〕

十二月癸丑，烏古敵烈統軍使耶律馬五爲北院大王。庚申，降皇后爲惠妃，出居乾陵。〔一一〕

〔一〕文昌雜録卷四：「元英昨充元豐五年賀北朝正旦國信使，行至神水驛，苦風眩，昏亂不記省，隨行小吏輩皆環坐以泣，通一夕方稍安。是年正旦接伴使杜刑部紘，至深澤縣界中，咯血，幾不可救。劉右司摯充賀同天節接伴使，沿路病傷寒，至滑州增劇，然艾數百，肩輿以歸，後累月方安。一歲中奉使者皆得疾危甚，殊可怪也。」文昌雜録卷六又云：「余奉使至雄州，五月二十二日，次白溝驛。是日晚，雨雹，其大如拳，屋瓦多碎。彼人云：『歲常如此，尤有甚於此者。』目所未覩也。」長編：元豐五年（一〇八二）春正月甲午，「上批：『代州諸寨踏成蹊徑二十有七處及瓶形寨地圖，令河東經畧司指揮代州并準備提舉管勾開壕，立堠官，候北界來計會，即自團山子鋪以西分水嶺脊，依畫圖商量取直，開立壕堠，其向西踏成蹊徑處，同行修治，俱令依舊，不得展縮。』」癸卯，「雄州言：『準涿州牒。奉留守指揮，準樞密院劄子，以夏國遣使入朝，稱爲南朝無名起兵討伐，不知事端，指揮燕京留守司委涿州移牒雄州聞達南朝會問。』上批：『夏國主秉常見受本朝封爵，昨以並邊部落來告，秉常見爲母黨囚辱，比令邊吏移問爭端，其同惡首領，專輒不報。繼又引兵數萬，侵犯邊署，義當往征。今彼以屢遭敗衄，故遣使詭情陳露，意在間惑，想彼必已悉察。令雄州具此移牒。』涿州羌人得此移，遂不至」。（並見宋史卷四八六夏國傳。）「丁未，代州言：『據瓶形寨申，有北人欲於瓶形寨地壕堠盡處取直，向東往團山子過往，當令監押吉先說諭令回。』上批：『已嘗圖付代州，候北人來立壕堠，准此施行，即是聽其過往。今却約欄，乃是全不曉事，曲煩朝廷行遣，啟侮敵國，宜令分析，聽北人取直過往。』」

〔二〕本史卷一一五西夏外記作張天益。長編：七月壬辰，「河東路經略司言，寧府寨監押、三班奉職張天翼隨高遵裕攻靈州戰沒，緣邊覘知西賊已送天翼與契丹。詔王居卿羈縻天翼家屬，具人數以聞。又詔假店宅務屋十五間，令開封府保管後詔其子，並聽先以陣亡推恩」。

〔三〕長編：二月戊午，「河東經略司言：『代州聞立壕堠，約用役兵五百，與北界分定地分。若北界人夫數多，自合對行差撥，一發開立，若數少，合用役兵比北界人數差。仍只於代州縣寨劄刷應副。』」丙寅，「詔河北緣邊州軍保甲與兩輸户連接者，更不起教。雖緣邊而無兩輸户處，不用此令」。

〔四〕長編：「夏四月壬子朔，雲陰日不見食。」宋史卷一六：「四月壬子朔，日食不見。」

〔五〕舊唐書卷四三職官志：「凡度，以北方秬黍中者，一黍之廣爲分。十分爲寸，十寸爲尺，一尺二寸爲大尺，十尺爲丈。凡量，以秬黍中者，容一千二百爲龠，二龠爲合。（唐雜令：十龠爲合。）十合爲升，十升爲斗，三斗爲大斗，十斗爲斛。凡權衡，以秬黍中者，百黍之重爲銖，二十四銖爲兩，三兩爲大兩，十六兩爲斤。（唐雜令同。）凡積秬黍爲度、量、權衡，調鐘律，測晷景，合湯藥及冠冕之制用之。」

上文紀咸雍十年十月頒行漢書。按漢書卷二一上律曆志上云：「量者，龠、合、升、斗、斛也，所以量多少也。本起於黃鐘之龠，用度數審其容。以子穀秬黍中者千有二百實其龠，以井水準其概，合龠爲合，十合爲升，十升爲斗，十斗爲斛，而五量嘉矣。」

〔六〕長編：四月「丁巳，遼主遣懷遠軍節度使耶律永端、太常少卿乾文閣待制韓資褢來賀同天節」。（並見宋史。）「丙寅，手詔李憲：『近聞夏人復遣閒使許董戩咯羅以西地求平，及契丹亦繼有使人到青唐，深慮爲夏賊成和，近鄂特淩古累請師期，未報，恐羌情生疑，奸者乘隙壞約，可於秋初，速與一期日，遣人伺問上件事實，令董戩勿聽契丹言與夏國和，其他斟酌諭之。』」己巳，「上批付苗授：『聞夏人求和於董戩甚急，累請不獲。又邀契丹使同往。以平日强弱大小之勢論之，無容自屈如此，疑必有深關國之存亡利害故爾。卿所部接羌境，必已知其情狀，大懼西蕃與官軍合趣覆其巢耳。卿宜精圖地形，博謀智者，未審可爲之否？亟以聞。』」長編：五月甲申，「詔：『遼使人不可禮同諸蕃，付主客掌之，非是。可還隸樞密院。』」（宋會要同。）

〔七〕西夏書事卷一六：「梁氏謀侵中國，遣使進奉於遼，必以兵事告。」

〔八〕長編：八月辛未，「知瀛州、承議郎、寶文閣待制韓忠彦爲遼主生辰使，引進使、榮州團練使曹評副之；朝奉郎、守禮部郎中劉贄爲正旦使，内殿承制張赴副之。後三日，以忠彦試給事中。忠彦辭使遼曰：『臣嘗使遼矣，若復往，無乃使敵人妄意中國爲乏人乎？』上曰：『西事未定，無以易卿者。』遼人使趙資睦迓，因語及西事，忠彦曰：『此固小役也，何問爲？』使參知政事王言敷燕於館。言敷問：『夏國何大罪，而中國兵不解也？』忠彦曰：『夏人之罪，中國既以報北朝矣。盍取而視諸？』言敷曰：『聞已還兵塞上何如，如此則南北之好可保也。』忠彦曰：『問罪西夏於二國之好何所與乎？』連拒言敷。及還，資睦曰：『先侍中之制置西事，有攻策，今取城砦數十，使侍中而及見之，快可知也。』忠彦歸，上遣中使勞問，面賜嘉奬」。（並見宋史。）張淏雲谷雜記卷三：「韓魏公之子忠彦聘遼，國主知其爲公子，問嘗使南朝者，形貌肖韓相公否，皆曰然，遂圖忠彦之像。」

〔九〕長編：冬十月乙卯，「承議郎、守太僕少卿吳安持等言：『奉敕接伴賀正遼使。原武河決雖已治，道路傳聞，自滑州以南，猶有横水三十餘里，若使人可以理商，理自當同舟而濟；萬一倔强，稱久例以拒朝旨，或雖肯登舟，又阻風波，不及朝會。兼去年準朝旨，國信舊路以河決不通，今已改就西路，候過界移牒照會，北人或執此爲言，猶恐上煩處置。』詔：『遣水部員外郎王謂計置新船六十艘以待濟。並檢會慶曆四年余靖奉使，九月癸亥晚至雲州，過長城渡御河入州東門，劄與吳安持。」」辛酉，「權河北緣邊安撫副使李諒言：『如塘濼內有賊盜，乞許令界河巡檢等逐捕。』詔：『沿界河巡檢追捕賊盜，並依舊條，毋得生事。』」

〔一〇〕長編：十一月乙酉，「河東路經略司言：『府州、火山軍申，黃河內有北界人船，漂至河濱，斥候堡已收救得。』詔牒還北界」。（宋會要同。）丙申，「詔新移遼使驛路所過諸州，權許不限米石數造酒」。

〔一一〕長編：十二月庚申，「上批：『河北緣邊安撫司諜知，遼人令賀正旦副使趙庭睦覘朝廷西事，慮敵人因語言探測虛實，其當酬應之辭，三省樞密院同議定，劄與館伴。』先是劉摯等使敵，陛辭日，永樂城已陷，上數言西事，面受畫一十餘條，預爲問對之語曰：『此禁中自草，又歷議所以然。』且曰：『敵多辯詐，毋爲所勝。』摯對曰：『臣以誠信自將，上憑威靈，敵雖多詐，安能勝。臣聞：「言忠信，雖蠻、貊之邦行矣。」臣謂問對之際，不必過爲遷就。』上喜曰：『誠是。』明日遣中使就郊賜茶六十斤，諭曰：『非常例也。』」「癸亥，上批：『壬申日遼使見，以在臘享致齋，不用樂，雖有舊例，然北使素以用樂燕犒爲恩禮之重。三省、樞密院且更詳度取旨。』初，閤門言：『甲戌，臘享前三日，皇帝不遊幸、不作樂，賀正旦使賜御筵撤樂，如至和二年、元豐元年故事。』已從之，而復有是詔。然卒用例。」「接伴使吳安持言：『遼使緣路事節並如舊，惟例送樂人馬一匹不至，臣等俟前路言及。』詔安持等勿問。」（宋會要同。）庚午，「御史臺言：『準詔，遼使見辭日，並特起居，其前後三日內當起居權罷。今月壬申，紫宸殿遼使見，來年正月六日，垂拱殿朝辭，若各用本殿班，即見日望參班赴，辭日六參班赴。』詔：『並用望參班。』」「壬申，遼主遣長寧軍節度使耶律儀，太常少卿、乾文閣待制趙庭睦來賀正旦。詔自今入遼使副如受禮處赴燕，遇勸酒須飲盡。」（並見宋史。）

高麗史卷九：文宗三十六年（一〇八二）「十二月丁未朔，遼遣永州管內觀察使李可遂來賀生辰」。

九年春正月辛巳，如春水。〔一〕

夏四月丙午朔，大雪，平地丈餘，馬死者十六七。〔二〕

五月，如黑嶺。〔三〕

六月己未，駐蹕散水原。甲子，以耶律阿思爲契丹行宮都部署，耶律慎思北院樞密副使。庚午，詔諸路檢括脱户，罪至死者，原之。〔四〕

閏月丁丑，以漢人行宮副部署可汗奴爲南院大王。戊寅，追謚庶人濬爲昭懷太子。丁亥，阻卜來貢。己丑，以知興中府事邢熙年爲漢人行宮都部署，漢人行宮都部署王積爲南院樞密副使。

秋七月乙巳，獵馬尾山。丁巳，謁慶陵。癸亥，禁外官部內貸錢取息及使者館于

民家。〔五〕

八月，高麗王徽薨。〔六〕

九月癸卯朔，日有食之。己酉，射熊于白石山，〔七〕加圍場使涅葛左金吾衛大將軍。己巳，以高麗王徽子三韓國公勳權知國事。辛未，五國部長來貢。壬申，召北、南樞密院官議政事。〔八〕

冬十月丁丑，謁觀德殿。己卯，南院樞密使劉筠薨。〔九〕壬辰，混同郡王耶律乙辛謀亡入宋，伏誅。〔一〇〕

十一月丙午，進封梁王延禧爲燕國王，大赦。〔一一〕以南院宣徽使蕭何葛爲南府宰相，三司使王經參知政事兼知樞密事。甲寅，詔僧善知讎校高麗所進佛經，頒行之。己未，定諸令史、譯史遷叙等級。

十二月丁亥，以邢熙年知南院樞密使事。辛卯，以王言敷爲漢人行宮都部署。高麗三韓國公王勳薨。〔一二〕

是年，御前放進士李君裕等五十一人。〔一三〕

〔一〕長編：元豐六年（一〇八三）春正月壬寅，「詔：『權開封府推官祖無頗，内東頭供奉官甘師顔各減磨勘一年。以修治開封府界至滑州北使道路畢也。』」「癸卯，詔：『滑州通判蘇汪修北使道路有勞，其先緣小吴口決衝替可特免。』」「二月丁未朔，大理寺上兩地供輸人周辛祖、順祖、六兒私過北界，與崔學郎等覘事案，犯在赦前。詔周辛祖、順祖、六兒各處斬。」辛酉，「詔提舉河北、河東路保甲司：『緣邊州軍於今不教閱地以南二十里外，方得置團教場，旁邊北人小使所行路，并移於五里外。』」「壬戌，詔遼使所過州軍通判：『令河北都轉運司體量，如有年高精神心力不逮之人，權暫對移，使過界依舊。』」三月辛巳，「詔：『北使經過處，知州曾借朝議大夫者依舊。自今更不借官。令權服金紫，不得繫金帶。其押賜御筵官仍互借。先已借朝議大夫即借中散大夫，並許繫金帶。不佩魚。』」

〔二〕長編：夏四月「辛亥，遼主遣崇儀軍節度使蕭固，衛尉卿乾文閣待制楊執中來賀同天節」。（原注：韓駒云：「北使舊乘船渡黄河，元豐間稍桀驁，欲就橋，詔許之。每歲十二月即繫浮橋。六年二月，梁壞，而北使將及境，賀同天節也。令范子奇自工部郎中督役，二十八日橋成，成三日而使至，上甚喜。及坤成節在七月，水怒漲，不可橋。詔復乘船，使不得已聽命。乞與接伴同舟而濟。」）（並見宋史。）

〔三〕長編：五月丙子朔，「于闐貢方物見於延和殿。上問曰：『離本國幾何時？』曰：『四年。』『在道幾何時？』曰：『二年。』『經涉何國？』曰：『道由黄頭回紇、草頭達靼、董氊等國。』又問：『留董氊幾何時？』曰：『一年。』問：『達靼有無頭領、部落。』曰：『以乏草粟，故經由其地，皆散居也。』上顧謂樞密都承旨張誠一曰：『達靼在唐與河西、天德爲鄰。今河西、天德隔在北境。自太祖朝嘗入貢，後道路阻絶，貢奉遂絶。』又問：『嘗與夏國戰者，豈此達靼乎？』曰：『達靼與李氏世讎也。』又問：『道由諸國，有無抄畧？』曰：『惟懼契丹耳。』又問：『所經由去契丹幾何里？』曰：『千餘里。』」「己卯，詔：『于闐大首領畫到達靼諸國距漢境遠近圖，降付李憲。』以嘗有朝旨委憲遣人假道董戩使達靼故也。」

〔四〕長編：六月「丙辰，廣信軍言：『北界西南面安撫司，累牒問置教場所因。本軍已移牒稱：「所指處乃村民莊舍，昨以兩朝通歡之意，已曲令廢毁。然莊舍深在當軍界腹内，就使是村民習射之所，築立墻院，修置射垛，於信誓全非違礙。兼於北朝了無干涉，豈煩較辨？」已而回牒稱：「自兩朝通好以來，戒約緣邊州軍不得創生事端，今起築教場練習軍伍，有違信誓，深爲不便。請速毁廢，及責問生事官吏，重加誡斷。」』詔：『觀其來牒，辭理已屈，勿更回報。』（宋會要同。）時朝廷方經武事，增修邊備，趨時者爭獻北伐之策，吕公著至定州，即爲上言：『中國與契丹通好久，邊境晏然無事。塞上屯軍亦素有節制，惟宜静以鎮之。』又嘗因走馬承受入都，附奏前説，既回傳上語論公著曰：『邊陲誠無警，更須遠斥候、廣偵伺以爲之防。』」「壬申，詔：『應緣信使往還，率民治道，計其所役日，與折春夫。』從接伴遼使賈青請也」。

〔五〕長編：「秋七月乙卯，河東緣邊安撫司言：『代州陽武等一十寨寨主、監押，每寨兩員，乞許自本路經畧安撫司及本司，於大小使臣内選擇一員，保明申吏部指差，外一員，即自吏部差注。』上批：『地接契丹界，其事甚重。宜特依所奏。』」庚申，「雄州言：『拒馬河溢，破長沙口南北界。例差兩地供輸民夫修完。』上批：『去年決口，兩界發夫，已嘗興訟，委雄州詳審處置，毋致生事。』」

〔六〕高麗史卷九順宗世家：「文宗三十七年（一〇八三）七月辛酉，文宗薨。（順宗勳）奉遺詔即位，遣左拾遺知制誥吳仁俊如遼告哀。」

長編：八月己卯，「詔：『聞契丹遣人使夏國及總噶爾，慮是西人干求契丹，欲因和解董戩，可下李憲選使臣開諭董戩、鄂特凌古，以契丹與總噶爾相去極遠，利害不能相及，令監守前後要約，協力出兵，攻討西賊。』」乙酉，「奉議郎、試起居郎蔡京爲遼主生辰使，西上閤門使狄詠副之；承議郎、駕部郎中吳安持爲正旦使，供備庫使趙思明副之」。（並見宋史。）（考異：蔡絛北征紀實云：「建北面黃旂者，當元豐初魯公以起居郎、借諫大夫，副以西上閤門使狄詠，奉使遼國行聘禮畢。而遼人老主令喻使人皇孫出閤時，（所謂皇孫，後乃天祚也。北主嫡子死，所以欲傳其孫。）其曲燕俾南朝使人預之，魯公即力辭曰：『使人將聘幣以講兩國之好，禮既畢矣，則不當與北朝事。』再三力邀不已，魯公詰其故，則曰：『上畔老矣，（北人自來呼其主『上畔』。）獨此皇孫，今亦欲分付南朝也。』魯公始曰：『北朝既有親仗大國患難相救、疾病相扶持之意，則使人敢不聽焉。』及使回，未至國門，國信所語録先上，神宗皇帝讀之，大喜，且謂得使人體。即降内批：『卿等來日可上殿來。』及朝見登對，神宗深加稱獎。因問敵中事如何，可取否？魯公奏曰：『依臣所見，似未可取。』神宗曰：『聞彼方刷水鬢，爭佩撚金香袋，奢淫若此，安得不亡。卿以爲未可取，何也？』魯公對曰：『臣聞國之將亡，禮必先顛，臣在彼時，見其野外有奚車數輛，植葦左右，繫一小繩，然過者必趨，騎者必下。臣詢謂何？則曰：太廟行宫也。觀其上下禮法嚴肅猶爲此，況號令必行。故臣以爲未可也。』神宗皇帝默然。信宿，見蔡忠懷丞相確，即語魯公曰：『吾弟前日對，上謂蔡某卻爲北人遊説，吾弟已有落職知安州之命矣。』魯公即以所奏語白忠懷，忠懷諤然曰：『吾弟不知，只十餘日前，降出一黄旂，題曰「御容中軍旂第一面」，是上有親征意。』魯公即對以：『疎遠誠不知朝廷機密，但據所見直以爲對爾。』忠懷又曰：『吾弟可少安。』翌日，爲魯公奏留。而神宗可之，曰：『必是蔡某得安石議論、安石臨行嘗戒朕以此。』魯公後每曰：『實未始聞介甫之語也。』故黄旂事獨上舊志悉之，他人亦多不知也。此事必條飾説，姑存之。」）

〔七〕索隱卷二：「按地理志，山在遼陽府境。」

〔八〕長編：九月丙寅，「吏部侍郎蘇頌上華戎魯衛信録二百二十九卷，事目五卷，總二百册。詔別録一本與樞密院。賜頌銀絹三百，檢討官、朝奉郎王汝翼升一任，通直郎李士京銀絹六十。頌又言：『昨於樞密院等處閲檢文字，欲依門聯類成册，關送樞密院宣旨庫直櫃封鎖。』從之。先是，遼使鄭顗來賀五年正旦，顗明辯有才智。頌爲館伴，上命副使張山甫諭顗以近令頌修信録，欲以固兩朝盟好，顗感激稱謝，見頌益恭，私覿禮物皆異常。時上遣使諭旨曰：『聞北使以卿儒學醞籍，贈遺特殊，今以上龍茶、琉璃器賜卿。可予之，以答其意。』顗復遺頌異錦一端，即日進之。

後因奏事語及。上曰：『宮中所無也。』」

〔九〕全遼文卷九賈師訓墓誌銘作劉雲。

〔一〇〕全遼文卷一〇王師儒墓誌銘：「（大康）九年冬，道宗孝文皇帝以今上始出閣，封梁王。……（師儒）以太常少卿、乾文閣待制，命爲伴讀。」

〔一一〕長編：十月庚辰，「內西頭供奉官馮士倫追兩官，張應之、羅安、李慶長及內東頭供奉官譚文握，內侍高品盧世永，左班殿直、寄班祗候朱伯瑜，各追一官。坐編欄國信使，不覺察車營兵與北人私交易也。詔：『今後雄州計會交割銀絹，行與涿州公牒，並稱「準尚書户部符」，更不稱三司牒。』」「是月董戩死，鄂特凌古繼立，鄂特凌古于闐人，非嘉欒氏後，其母章穆轄卜嘗侍董戩，因養鄂特凌古爲子，既而董戩得風痺病，卧帳內，委政於鄂特凌古，甚親信之。鄂特凌古又得幸於董戩妻喬氏，內外咸服，遂謀篡奪。……以母事董戩妻契丹公主，其貢朝廷猶如董戩在日，未遽以喪告。」（原注：此據哲宗實録鄂特凌古傳、汪藻青唐録、高永年隴右録增修。青唐録但云得幸於董戩妻，不指誰氏。隴右録稱董戩妻喬氏，又稱董戩妻契丹公主。蘇轍元祐二年六月奏則云，董戩妻即契丹公主，不知喬氏與契丹公主爲同爲異。）

〔一二〕高麗史卷一〇宣宗世家：「十月乙未，順宗薨。十一月遣侍御史李資仁如遼告喪。」高麗本年凡三主，文宗徽，順宗勳七月即位，宣宗運十月丙申即位。

高麗史卷九五李子淵傳附資仁傳：「宣宗即位，遣資仁如遼告喪，遼主不許入京館。詰曰：『二君連逝，必有其故，宜奏以實。』資仁曰：『國公夙有疾恙，加以哀毀，遂至大漸，實無他故。願留臣等，遣使本國究問，臣若誣罔，當服重罪。』語甚切直。遼主出城外，氈殿引見慰諭。」（東國通鑑作出御城外，氈殿引見諭慰。）

長編：十二月乙亥，「命給事人韓忠彥館伴遼使，初，命禮部侍郎李常，上批：『西邊事未定，北人至闕，須語及之。恐常不知西事本末緩急，難酬對。』故也」。癸未，「河北緣邊安撫司言：『安肅、廣信軍榷場使臣，乞許於大小使臣內選差。』從之」。

〔一三〕考古一九六二年第十二期時立愛墓誌：「大康九年，登進士第。」（金史卷七八時立愛傳畧同。）

十年春正月辛丑朔，如春水。丙午，復建南京奉福寺浮圖。戊辰，如山榆淀。

二月庚午朔，萌古國遣使來聘。〔一〕

三月戊申，遠萌古國遣使來聘。〔二〕丁巳，命知制誥王師儒、牌印郎君耶律固傅導燕國王延禧。〔三〕

夏四月丁丑，女直貢良馬。〔四〕

五月壬戌，駐蹕散水原。乙丑，阻卜來貢。丙寅，降國舅詳穩班位在敞穩之下。〔五〕

六月壬辰，禁毀銅錢爲器。

秋七月甲辰，如黑嶺。〔六〕

九月癸亥，駐蹕藕絲淀。

冬十二月乙未，改慶州大安軍曰興平。〔七〕是月，改明年爲大安，赦雜犯死罪以下。〔八〕

〔一〕長編：元豐七年（一〇八四）「二月庚午朔，河北轉運使、措置河北糴便吴雍言：『見管人糧馬料總千一百七十六萬石，奇贏相補，可支六年。河北十七州邊防大計，倉廩充實，雖因藉豐年，實亦吏能幹職，同措置王子淵在職九年，悉心公家，望考察成效，以勸才使。』詔賜子淵紫章服」。

〔二〕舊唐書卷一九九下室韋傳有蒙兀，新唐書卷二一九室韋傳作蒙瓦。

索隱卷二：「上云萌古國遣使來聘，唐之蒙瓦室韋即金代之蒙古也。此云遠萌古國，則唐室建河北落坦室韋時，以遠萌古國名之。由萌古國推之，契丹國志：『正北至蒙古里國，南至上京四千餘里。』即萌古國，非遠萌古國。」

〔三〕長編：三月庚申，「知太原府吕惠卿言：『相度開麟、府、豐三州兩不耕地，所收極厚，可助邊計。乞推之陝西路。』詔陝西路經畧司詳酌施行」。

〔四〕長編：夏四月「乙亥，遼主遣歸州觀察使蕭浹，太常少卿、乾文閣待制侯庠來賀同天節」。（並見宋史。）

丁丑，「石得一奏：『接伴遼使下親從官隨行虧法，欲乞令過位覺察。』詔許之。其入位與北人私相交易及轉達事情者察之，餘勿舉」。「庚辰，罷集英殿大燕，命宰臣賜遼使御宴於都亭驛。」高麗史卷一〇：宣宗元年「夏四月，遼遣勑祭使、益州管內觀察使耶律信，慰問使、廣州管內觀察使耶律彦等來。甲戌，祭文宗曰：『惟靈性極禮義之端，體涵中和之粹。王爵馭貴，早襲青社之封；木神則仁，全賦東方之氣。躬懷忠款以力行，職述貢儀而歲至。一匡致主，朝廷賴其勳；千里於藩，生民受其賜。方當拱手以仰成，何意上天之不遺。聞訃悼懷，輟朝增欷。嗚呼！歲陰不留，人生如寄。一千年時運之逢，五十載君臣之義。遽藏夜壑之舟，難祕東園之器。宜遄遺於韶音，俾往申於奠禮。魂兮有知，歆此至意。』丁丑，祭順宗曰：『惟靈辰象純精，嶽瀆秀氣。慶發世國，才爲王臣。甫從英妙之年，爰被寵嘉之命。撫封日域，述職天朝。翊戴輸勤，開庇底乂。方茂稱藩之績，遽纏陟岵之憂。議以奪情，俾其襲爵。指軺騑之既駕，聞驛訃之云來。復嗟殲良，益用震悼。何舟壑之不息，乃人琴之俱亡。言念忠圖，想見風矩。臨遺輪馭，往陳奠觴。冥神有知，諒我遐意。』」

〔五〕長編：五月庚戌，「雄州言：『主管覘事人馬傑探報北界事有驗。』詔與三班差使。（宋會要同。）詔：『北界牒，理會寧化軍差人過天池地分捉拏人口事，可下經畧司契勘緣故詣實，疾速依理施行，迴牒訖奏。』」

〔六〕長編：七月辛亥，「定州路安撫司言：『軍城寨言，北兵千人擁牛具過石城南，耕黄貨谷地，巡歷人不能遏，已指揮當巡官吏，毋得透漏，及牒保州沿邊安撫司移牒北界止約。』詔：『圖上北人所争地，具前後照據以聞。』」「乙卯，雄州言：『拒馬河溢破，兩輸長沙河口，已放急夫，候水落興功。』」

長編：八月「辛巳，鴻臚卿陳睦爲遼主生辰使，西上閤門使曹誘副之；奉議郎試左司員外郎范純粹爲正旦使，文思副使侍其璀副之」。（並見宋史。）

〔七〕按本史卷三七地理志，慶州玄寧軍或是由興平軍又改稱者。

〔八〕長編：十二月「戊子，河東緣邊安撫使言：『奉詔衝注損界壕處，計置北界官司同開修，勘會代州緣邊諸寨，先開立壕候界至甚明，欲應諸寨界壕有衝注填淤處，乞並候北人先計會，即施行。』從之」。「辛卯，遼主遣永州觀察使耶律襄，太常少卿、史館修撰賈師訓來賀正旦。」（並見宋史。）

大安元年春正月丁酉，如混同江。癸卯，王績知南院樞密使事，邢熙年爲中京留守。戊申，以樞密直學士杜公謂〔一〕參知政事。庚戌，五國酋長來貢良馬。〔二〕

二月辛未，如山榆淀。〔三〕

夏四月乙酉，宋主頊殂，子煦嗣位，使來告哀。〔四〕辛卯，西幸。

六月戊辰，駐蹕拖古烈。壬申，以王績爲南府宰相，蕭撻不也兼知南院樞密使事。丁丑，遣使弔祭于宋。〔五〕戊寅，宋遣王真、甄祐等饋其先帝遺物。〔六〕

秋七月乙巳，遣使賀宋主即位。〔七〕戊午，獵于赤山。

八月丁卯，幸慶州。戊辰，謁慶陵。〔八〕

冬十月癸亥，駐蹕好草淀。戊辰，夏國王李秉常遣使報其母梁氏哀。甲申，以蕭撻不也爲南院樞密使。〔九〕

十一月乙未，詔：「比者，外官因譽進秩，久而不調，民被其害。今後，皆以資給遷轉。」丁酉，以南女直詳穩蕭袍里〔一〇〕爲北府宰相。辛亥，史臣進太祖以下七帝實録。丙辰，遣使册三韓國公王勳弟運爲高麗國王。〔一一〕己未，詔僧尼無故不得赴闕。〔一二〕

十二月甲戌，宋遣蔡卞來謝弔祭。〔一三〕

〔一〕張校：「諸本改疑作謂。」檢續通鑑亦作謂，又云：「公謂，防之子也。」

〔二〕長編：元豐八年（一〇八五）春正月己亥，「詔：『賀正旦遼使，令六日門辭，授書賜例物。』」「辛丑，遼使辭於紫宸殿門外」。

〔三〕高麗史卷一〇：宣宗二年二月「癸酉，遼報改元大安。王命有司告于太廟六陵」。

〔四〕長編：三月五日「戊戌，上（神宗）崩於福寧殿」。己亥，「命閤門通事舍人宋球告哀于遼，權改名淵」。

〔五〕長編：秋七月「丙午，遼國遣奉國軍節度使耶律琚，起居郎、知制誥、充史館修撰王師儒來祭奠。

又遣寧州觀察使蕭傑，客省使、海州防禦使韓昭願來弔慰。入皇儀殿大行皇帝神御前，行祭奠之禮。移班東幄殿見上，進名奉慰」。

〔六〕長編：八年四月辛巳，「承議郎、試中書舍人王震爲大行皇帝遺留北朝禮信使，内殿承制騫育副之；遣承議郎、左司郎中滿中行充皇帝登寶位北朝國信使，左班殿直、閤門祗候焦顔叔副之。詔中行等：『到遼國，諭其館伴，以大行皇帝遺制，尊皇太后爲太皇太后同處分軍國事，典禮並依章獻太后垂簾故事，兩朝合通信使，令具此聞於北朝。』」王震，宋史卷三二〇有傳，本史作王真，誤。騫育，本史作甄祐。

〔七〕長編：十一月「己酉，遼國賀登寶位使、林牙、崇議軍節度使耶律白，副使朝議大夫、守崇禄少卿、充史館修撰牛温舒以下見於紫宸殿。次見太后太皇於崇政殿」。

〔八〕長編：八月癸酉，「刑部侍郎楊汲爲太皇太后賀遼主生辰使，皇城使、高州刺史王澤副之；朝請大夫、户部郎中韓宗道爲皇帝賀遼主生辰使，崇儀使、嘉州刺史、帶御器械劉承緒副之；光禄卿吕嘉問爲太皇太后賀遼主正旦使，左藏庫使劉永淵副之；朝請郎、衛尉少卿陳侗爲皇帝賀遼主正旦使，西京左藏庫使高遵治副之」。「丙子，月有食之，既。」「乙酉，詔：『太皇太后特送遼國生辰禮物，令御藥院依章獻太后與北朝皇太后禮物數排辦，内：冠朵，纏以金玉；腰帶，水晶；鞍轡，以玉；鞋韈，以靴代之。』」

長編：九月「丁酉，門下侍郎司馬光奏：『竊慮差臣都亭驛押賜北使御宴，爲名犯北朝諱，乞免差。』從之」。「壬寅，遼國弔慰太皇太后使長寧軍節度使耶律仲，副使太常少卿、充乾文閣直學士呂頤浩等，見于大行皇帝神座前，行祭奠禮畢，皇帝御紫宸殿，引見仲等。」乙巳，「太常少卿韓宗道等言：『奉敕差充皇帝賀北朝生辰國信使副，所有沿路過界，未經山陵祔廟禮畢。應干禮儀服飾等，伏乞下有司裁定。』詔：『如到界首，北朝接伴須要吉服聽樂，仰再三辭免。若堅不聽從，亦許依嘉祐八年賀北朝生辰使李受等過界，在仁宗喪制體例，權改吉服聽樂。』資政殿學士韓維奏：『錢幣闌出邊關，則足以資敵國，舊法爲禁甚嚴。今每貫稅錢五十文，恣聽其出中國，臣請復禁如舊法。』詔：『依嘉祐編敕施行，其熙寧申明敕更不施行，仍令河北沿邊安撫司契勘，自删定嘉祐編敕後來沿邊如何施行，今來却行禁絶，有無合隨宜措施事件，仰具事理聞奏。』」己酉，「承議郎、龍圖閣學士蔡卞爲太皇太后回謝遼國使，客省使、沂州防禦使曹評副之；中書舍人范百禄爲皇帝回謝遼國使，左藏庫副使兼閤門通事舍人高士敦副之，士敦後以疾辭，左藏庫副使知冀州劉惟清代之」。

邵經邦宏簡録卷一〇七：「蔡卞使遼，遼人聞其名，卞適有寒疾，命載以白駝車，車爲契丹主所乘，乃異禮也。」

長編：九月己酉，「樞密院言：『昨令國信使滿中行等計會北朝，依嘉祐年北朝皇太后賀仁宗皇帝生辰、正旦使人傳達禮意，皆自北朝皇帝轉達，今來北朝弔慰太皇太后，其使人傳達，卻係北朝皇帝專致傳語，使人見日回問，則并當專爲傳宣，問北朝皇帝聖體，非故事，當改正。欲令送伴北朝弔慰使副婉順説諭使人，悉依嘉祐年例。』從之」。

高麗史卷一〇：九月，「遼遣御史中丞李可及來賀生辰，不及期，人嘲之曰：使名可及，何不及耶！」

〔九〕長編：十月己巳，「詔：『緣邊禁樂，除民庶、軍營已有旨外，餘並俟三年。』初，太常寺以治平四年禁樂故事，緣邊臣僚止百日，詔俟祔廟畢弗禁。至是，雄州言：『故事，送迎北使及犒設北界取銀絹人，皆不作樂。』故復有是詔」。己丑，「韓維言：『……遼、夏二國，世爲婚姻，且有脣齒之勢，萬一遼國貽書，援先帝興師之意，以梁氏死，秉常復位爲辭，來請所失地，則先得我之義理，而又奪我之機會矣。此時朝廷欲與地，則是聽遼國之命，而恩歸於彼矣。不與，則是彰先帝之過，虧大國之信，而邊患復興矣。此地之不可棄四也……』」

〔一〇〕蕭袍里，一九六五年有王師儒撰墓誌出土，作蕭袍魯，誌稱「命公爲湯河女真詳穩……特授太子太傅，歲滿，召拜北宰相」。參本書卷九三補傳及全遼文卷九蕭袍魯墓誌銘（原書誤作裕魯）。

〔一一〕弟，原誤「子」。本史卷一一五高麗外記同誤。據高麗史卷七改。

〔一二〕長編：元豐七年二月癸酉，「太僕少卿吴安持等言，昨奉使至遼，於十二月問館伴耶律儀，知高麗使在北廷。儀言：『高麗國王徽今秋卒，長子勳嗣位。六十日又卒。今立徽次子運權知國事，已遣使封册。』」此與高麗史所記正合。

〔一三〕長編：元豐八年十一月甲辰，「河東路經畧司言：『北人於火山軍界，疊石爲墻，慮蓄姦謀，爲侵占之漸。』詔：『左藏庫副使趙宗本詣墻所體訪，畫圖以聞，如侵舊界即移牒毀拆，仍當爲先備。』未幾，復言：『北人聲言欲争據石墻，乞增兵防托。』詔緣邊安撫司：『密共覘視，若侵占有實，奏拆去。』」

高麗史卷一〇：「十一月丙午，遼遣落起復使高州管内觀察使耶律盛來。癸丑，遼遣保靜軍節度使蕭璋、崇祿卿温嶠來，册王爲特進檢校太師兼中書令上柱國食邑一萬户，食實封一千户，兼賜冠冕、車馬、圭印、衣帶、綵緞等物。」（並見東國通鑑。）

〔一三〕長編：十一月「甲子，遼國賀興龍節使寧昌軍節度使蕭忠順，副使中大夫、行起居郎、知制誥、充史館修撰趙孝嚴見於紫宸殿。次見太皇太后於崇政殿」。「戊辰，興龍節，宰臣率百官並遼國、高麗、于闐國信使副赴東上閤門，拜表稱賀。」十二月「乙酉，遼國賀正旦使永州觀察使蕭洽，利州觀察使蕭嘉；副使中散大夫、守太常卿、充史館修撰李炎，朝議大夫、守衛尉少卿趙金見太皇太后於崇政殿。次見上於紫宸殿」。蕭洽，宋史作蕭睦。「己丑，太常寺言：『來年正月朔拜表，太皇太后權同處分軍國事，遼國使人當赴内東門，立班稱賀。』從之。」

二年春正月辛卯，如混同江。己酉，五國諸部長來貢。癸丑，召權翰林學士趙孝嚴、知制誥王師儒等講五經大義。〔一〕

二月癸酉，駐蹕山榆淀。是月，太白犯歲星。〔二〕

三月乙酉，女直貢良馬。〔三〕

夏四月戊戌，北幸。癸丑，遣使加統軍使蕭訛都斡〔四〕太子太保，裨將老古金吾衛大將軍，蕭雅哥靜江軍節度使，耶律燕奴右監門衛大將軍，仍賜賚諸軍士。〔五〕

五月丁巳朔，以牧馬蕃息多至百萬，賞羣牧官，以次進階。乙亥，駐蹕納葛濼。戊寅，宰相梁穎出知興中府事。是月，放進士張轂等二十六人。〔六〕

六月丁亥朔，以左夷離畢耶律坦爲惕隱，知樞密院事耶律斡特剌兼知左夷離畢事。丙申，阻卜來朝。癸卯，遣使按諸路獄。甲辰，以同知南京留守事耶律那也知右夷離畢事。〔七〕乙巳，阻卜酋長余古赧及愛的來朝，詔燕國王延禧相結爲友。戊申，以契丹行宮都部署耶律阿思兼知北院大王事。壬子，高墩以下、縣令、録事兄弟及子，悉許敘用。

秋七月丁巳，惠妃母燕國夫人削古以厭魅梁王，〔八〕事覺伏誅，子蘭陵郡王蕭酬斡除名，置邊郡，仍隸興聖宮。戊午，獵沙嶺。甲子，賜興聖、積慶二宮貧民錢。乙酉，出粟振遼州貧民。〔九〕

八月戊子，以雪罷獵。〔一〇〕

九月庚午，還上京。壬申，發粟振上京、中京貧民。丙子，謁二儀、五鸞二殿。己卯，出太祖、太宗所御鎧仗示燕國王延禧，諭以創業征伐之難。辛巳，召南府宰相議國政。〔一一〕

冬十月乙酉朔，以樞密副使竇景庸知樞密院事。〔一二〕丙戌，五國部長來貢。丁亥，以夏國王李秉常薨，遣使詔其子乾順知國事。

十一月甲戌，爲燕國王延禧行再生禮，曲赦上京囚。戊寅，高麗遣使謝封册。癸未，出粟振乾、顯、成、懿四州貧民。〔一三〕

十二月辛卯，以蘭陵郡王蕭撻不也爲南院樞密使。〔一四〕己亥，夏國王李乾順遣使上其父遺物。〔一五〕

〔一〕長編：元祐元年（一〇八六）春正月丁未，「館伴遼使所言：『國信使蕭洽等稱：南使過本朝生饘録目，無大宋國賀正旦或生辰字，今所賜饘録，卻有「大遼國賀」字，乞除此四字，方敢收留。尋面諭以久例，豈可輒有更改，直至回程，終不收受。』詔雄州：『移牒北朝涿州，其録目俟蕭洽過界牒送，訖奏。』」

〔二〕長編：二月丙子，「吕大防言：『……臣近館伴北使，會語及夏國遣使入貢，北使却問作何人遣使，以此觀之，秉常存亡，誠未可知。』」辛巳，「河東路經畧安撫使司言：『火山軍今月九日北界西京留守等大小官十有餘人，引馬來界壕上，相度壘起石城處地界，及朔州人馬見在東偏頭村存泊，本司已牒緣邊安撫司，依先降朝旨，候北人退散，審度間便前去毀拆。』詔河東路經畧司：『依累降指揮，如合添差官員兵馬，亦仰相度選那差撥。』」丁亥，「御藥院言：『將來坤成節回答北朝禮物，乞依同天節製造。』從之。范百禄言：『北朝送伴使蕭祐於榷場中易得竹牛角。』詔河北、河東緣邊安撫司，密行指揮，覺察禁止」。

長編：閏二月，「右諫議大夫孫覺、右司諫蘇轍進對。……覺言：『臣竊見右僕射韓縝素無德望，稔有愆惡，百揆之任，非縝所宜。』轍言：『……如縝者奉使定契丹地界，舉祖宗山河七百餘里以資敵國，坐使中華之俗，陷没契丹，敵人得乘高以瞰并、代，朝廷雖有勁兵良將，無所復施。……』」（原作甲申，檢前爲壬辰後爲甲午。閏二月己丑朔，月内無甲申，疑爲癸未之誤。）甲午，「河東路經略安撫司言：『火山軍，北界順義軍牒理會壘起石墻事，已指揮沿邊安撫使，依前後朝旨，審度便毀拆，及重別定寫北界牒本去訖。』詔可」。甲辰，「右司諫蘇轍言：『……臣聞（韓）縝定界時，多與邊人燕復者商議，復勸成其事，舉祖宗七百里之地以資寇讎，復有力焉。復本河東兩界首人，親戚多在北境，其心不可知，而縝與狎暱，不持一錢，托令買馬。及事發，乃云「方欲還錢」。如此而可，則凡天下犯贓之人，無事恣意受之，有事則云方欲還主，便不書罪，則是天下更無贓吏矣。復之心迹，衆所疑畏。縝爲大臣，曾不爲國深慮，私相往還，至受賄遺。正使縝先將金錢令人買馬，亦須託善良士人，不當及復，而況不持一錢將何證明，知是欲還而未及。……訪聞河東當日割地與敵，邊民數千家，墳墓田業，皆入異域，驅迫内徙，哭聲振天，至今父老痛入骨髓，而沿邊險要，舉以資敵。此乃萬世之深患。』」丙午，「河東經略司言：『火山軍申，依朝旨拆毀壘起石墻。次日有北人二百餘騎，來張千地内，施放弓箭，射中石姓、趙立等。』詔河東經略司：『暗設隄備，以理說諭，候退，有再壘下石墻，侵越界至，即便依前拆毀。』」丁巳，「詔陝西河東路經略司：『指揮沿邊城寨使臣等，約束並邊人户及所遣探事人，今後不得於界外無故侵擾。』」

高麗史卷一〇：宣宗三年「閏(二)月甲寅，遣衛尉少卿崔思說如遼賀天安節，殿中少監郭尚獻方物，户部侍郎金士珍謝賀生辰」。

蘇轍欒城集卷三七乞責降韓縝第七狀：「去歲虜使入朝，見縝在位，使副相顧，反脣微笑，此何意也？虜誠見縝無狀，舉祖宗七百里之地，無故與之。今其爲政，我之利也。故喜而竊笑耳。北虜地界之謀，出於耶律用正，今以爲相。虜以開國七百里而相用正，理固當爾。而朝廷以蹙國七百里而相縝，臣愚所未喻也。臣聞韓琦爲太原……移文爭之，往反十數，卒得其要約，自斷邏臺以南爲漢界。及韓縝定地界，皆割與之。主户約一千五百餘户，客户三四倍之。驅迫內徙，墳墓廬舍及所種田苗皆委之而南。老幼慟哭，所不忍聞。遂以天池嶺爲界，天池北距斷邏臺尚二十五六里，異時虜欲祈福修天池廟，必諜安撫司而後敢入，以明廟之屬漢也。今亦爲虜有矣。(弓手節級)高政者，土豪也，有威名於北方。蕃漢目之爲高大王。而天池廟神亦曰『高大王廟』。方割屬虜時，政拊膺大慟，謂其徒曰：『我兄嫂今日陷蕃。』百姓數千人皆大哭。縝爲侍從，仗節出使，而賣國黨寇，曾不如一弓手節級。(燕)復，火山軍三界首唐隆鎮一商人也，邊人疑其細作，而縝與之交私狎匿，無所不至，至呼爲燕二，亦謂之二哥，割地之謀，皆出於復。虜使梁永、蕭禧本以横山下大川爲界，至七蕃嶺下乃徙入漢地圍裹，此嶺凡二十八里，意欲自此直至分水嶺界，邊民大怒，有焦家弓箭手三百餘人，毆擊北使，奪下梁永等拄斧交椅，虜不敢復南，仍自七蕃嶺北轉而西，以大川爲界。燕復至雁門寨，亦爲弓箭手所毆，匍匐入寨，閉門僅免。由此觀之，邊民皆忠憤不服，而敵人亦知理曲無詞。使縝稍有臣子忠孝不負本朝之心，則七百里之地，必不至陷於寇讎之境也。火山、寧化之間，山林饒富，財用之藪也，自荷葉、平盧、牙山、雪山一帶，直走瓦窑塢，南北百餘里，東西五十里，材木薪炭，足以供一路，麋鹿雉兔，足以飽數州，今皆失之。雪山有廟，河東一路牲幣所走，今亦爲夷鬼矣。人神共怒，皆縝之罪。中國從來控扼卓望形勢之地，如五蕃嶺、六蕃嶺、七蕃嶺、黄嵬山之類，今皆爲虜巢，下視忻、代，人馬可數。異時用精兵數十萬人，未易復取。而用兵之策，誰敢復議，以此知縝賣國之罪，百世不磨。若祖宗有靈，必不赦縝。」（并見長編元祐元年三月戊辰。集文虜字，長編均作敵，應是清人改易。）疏中所謂耶律用正即耶律頗德也。

邵伯温聞見前録卷四云敵争河東地界，韓琦、富弼等答疏（原疏聞見録已摘引，此處畧）皆主不與之論，並曰：「時王荆公再入相，獨言：『將欲取之，必固與之也。』以筆畫地圖，命天章閣待制韓公縝奉使，舉與之，蓋東西棄地五百餘里。」蘇轍龍川畧志卷四：「王安石謂咫尺地不足惜，朝廷方置河北諸將，後取之不難。」

〔三〕長編：三月壬申，「環慶路經畧使范純粹言：『……頃者聞北敵曾有文字到朝廷，請勾還西邊兵馬。臣昨充北朝國信使日，其接伴敵使嘗語及夏國之事。亦云曾有文字教南朝罷兵。臣是時隨宜應對，尋具奏聞。臣以謂西北脣齒之國，萬一北敵狡慢，或一日又以夏國失疆土爲言，即朝廷至是卻似難爲處決。今日機會，恐不可忽，此臣所謂事機貴速者也。臣竊見所得西夏舊城堡砦，如河東路葭蘆、吴堡，鄜延路米脂、義合、浮圖，環慶路安疆等寨，皆係深在賊疆，於漢界地利形勢，畧無所利，而費芻糧皆是倍價計置，及歲歲勞煩税户，遠入輸納，至於運致錢帛器械，置官遣戍，一一艱苦。今日若行斥棄，委是並無關害。惟是鄜延路塞門一寨，係當中路之衝，平川廣闊，去帥府地里甚近，别無地里控扼之險，自得塞門，增遠四十餘里，可爲中路屏蔽，粗爲邊防之利。兼此塞門一寨，舊是漢城，棄陷以來，年歲未遠，似與其餘城寨利害有殊。」

〔四〕按即謀魯斡，本史卷九五附父蕭素颯傳。與卷一一一有傳之蕭訛都斡同名。

〔五〕長編：四月己酉，「國信所言：『遼國賀坤成節使人赴闕，合差接伴、祗應人及給散行李等，未敢比附神宗皇帝同天節例施行。』詔令比附」。

〔六〕長編：五月壬戌，「雄州言：『得涿州牒，「今後若委所司於生餼目之内，書寫北朝國信使副并三節人從，經久爲便。本朝有司不空南朝字，亦議别行改更。」』詔：『令雄州移牒北朝涿郡，今後所賜國信使生餼，客省目子并折支目内，並書北朝賀逐節名，國信使副並國信下三節人從。』」高麗史卷一〇：宣宗三年（一〇八六）五月「丙子，遣尚書、禮部侍郎崔洪嗣如遼謝落起復，禮賓卿李資智賀正，知中書院事李子威，尚書左丞黄宗慤謝册命。又遣告奏使尚書右丞韓瑩。時遼欲於鴨緑江將起榷場，故請罷之」。（並見東國通鑑。）

〔七〕宣府鎮志卷五：「六月甲辰，有星出天津西，如太白，西南急流至尾北没，赤黄有尾跡，明燭地。」

〔八〕按梁王指天祚，大康六年封，但九年已徙封燕國王，此稱舊封。

〔九〕長編：七月「丙寅，遼國遣使保安軍節度耶律純嘏、副使大中大夫、守崇禄卿、充乾文閣待制呂嗣立，來賀坤成節。辛未，坤成節，羣臣及遼使拜表稱賀於内東門」。

〔一〇〕長編：八月「己亥，給事中胡宗愈爲太皇太后賀遼國生辰使，客省副使李琮副之；中書舍人蘇軾爲皇帝賀遼國生辰使，西京左藏庫副使兼閤門通事舍人高士敦副之；朝奉郎、直龍圖閣、守太僕少卿高遵惠爲太皇太后賀遼國正旦使，左藏庫使李嗣徽副之；朝散大夫、司勳郎中晁端彦爲皇帝賀遼國正旦使，供備庫使楊安立副之」。長編：元祐二年三月戊辰，原注：「初，（梁燾）使契丹回，對延和殿。」

〔一一〕長編：九月癸酉，「定州路安撫司言：『北人田文等告獲姦細人翟安歸明，乞推恩。』詔：『特與茶酒班殿侍，添差充淮南指使，仍依條給賞。』」

高麗史卷一〇：九月「甲子，遼遣守殿中監史洵直來賀生辰」。

〔一二〕全遼文卷九賈師訓墓誌銘：「大安二年，授樞密副使、右諫議大夫。」

〔一三〕長編：十一月「庚辰，詔：『自今北朝人使見、辭日，令朝參官起居。』」「癸未，詔：『免太師文彦博北使朝辭日起居。』」

〔一四〕按此與大安元年十月所記重出。

〔一五〕長編：十二月「戊子，遼國遣寧遠軍節度使耶律永昌，太中大夫行中書舍人充史館修撰劉宥來賀興龍節。」

按宋史卷三一三文彥博傳，「元祐間，契丹使耶律永昌、劉霄來聘」。蘇軾東坡續集德威堂銘述云：「公（文彥博）之在朝也，契丹使耶律永昌、劉霄來聘。」又東坡題跋（東坡全集附録書後五百六首）記虜使誦詩云：「昔予與北使劉霄會食，霄誦僕詩」云云，知劉宥爲劉霄之誤。

長編：壬寅，「中書省言：『元豐五年四月七日條，契丹使見、辭日，並特起居，其前後三日内合起居，權罷。』詔：『今後使人見、辭，前後三日内，除朔望參外，起居權罷。』」「己酉，遼國遣使利州觀察使蕭睦、高州觀察使耶律度，副使朝議大夫太常少卿史館撰修趙微、客省使廣州防禦使劉彥温來賀正旦。」微，疑作徽，趙徽本史卷九七有傳。

周煇清波雜志卷四曰：「呂正獻公以翰林學士館伴北使，使頗桀黠，語屢及朝廷政事，公摘契丹隱密，詢之曰：『北朝嘗試進士，出聖心獨悟賦，賦無出處，何也？』使人愕然語塞。」拾遺補卷二：「案此不知何年事，因呂公著爲翰林學士在神宗初年，故補録於此。（咸雍四年。）」

按宋史卷三四〇呂大防傳：「哲宗即位（大安二年，一〇八六）召爲翰林學士。……館伴契丹使，其使黠，語頗及朝廷，大防密擿其隱事，詰之曰：『北朝試進士至心獨運賦，不知此題於書何出？』使錯愕不能對，自是不敢復出嫚詞。」「（大防）謚曰正愍。」